UKURAN
IMAN

Berdasarkan kasih karunia yang dianugerahkan kepadaku
aku berkata kepada setiap orang di antara kamu
janganlah kamu memikirkan hal-hal yang yang lebih
tinggi dari apa yang patut kamu pikirkan;
tetapi hendaklah kamu berpikir begitu rupa
sehingga kamu menguasai diri menurut ukuran iman,
yang dikaruniakan Allah kepadamu masing-masing.
(Roma. 12:3)

UKURAN IMAN

Dr. Jaerock Lee

URIM
BOOKS

UKURAN IMAN oleh Dr. Jaerock Lee
Diterbitkan oleh Urim Books (Representatif: Seongkeon Vin)
235-3, Guro-dong 3, Guro-gu, Seoul, Korea
www.urimbooks.com

Sebelumnya diterbitkan pada tahun 2002 ke dalam Bahasa Korea oleh Urim Books, Seoul, Korea.

Edisi Pertama September 2011

Diedit oleh Dr. Geumsun Vin
Diterjemahkan oleh Ervina Novita Andriyani Sianturi
Dirancang oleh Biro Editorial Urim Books
Untuk informasi lebih lanjut hubungi urimbook@hotmail.com

KATA PENGANTAR

Kami berharap tiap-tiap Anda memiliki iman dengan ukuran yang penuh dari roh dan menikmati sampai akhir dan kemuliaan surgawi di Yerusalem Baru di mana terdapat tahta Allah!

Bersamaan dengan *Pesan Salib* yang baru saja diterbitkan, *Ukuran Iman* merupakan pedoman yang paling penting dan mendasar terhadap kehidupan Kristen yang baik. Saya mengucapkan syukur dan kemuliaan kepada Allah Bapa yang memberkati kerja bernilai ini untuk menerbitkan dan membangkitkan alam rohani kepada begitu banyak manusia.

Sekarang, banyak sekali manusia yang mengklaim bahwa mereka percaya tapi tidak punya kepastian terhadap keselamatan mereka. Mereka tidak mengetahui ukuran iman dan bagaimana iman yang kuat dapat mereka miliki untuk menerima keselamatan. Orang-orang berbicara satu dengan lainnya, "Orang itu memiliki iman yang kuat", atau "Orang itu memiliki iman yang lemah". Tentu saja, tidaklah mudah untuk mengetahui berapa besar iman Anda yang sungguh-sungguh diterima Allah atau untuk mengukur berapa kuat iman Anda atau berapa besar iman Anda telah tumbuh. Allah tidak menginginkan kita untuk memiliki iman kedagingan tapi iman rohani yang ditunjukkan dengan perbuatan. Orang-orang berkata memiliki iman kedagingan adalah apabila mereka hanya mendengar dan belajar firman Allah dan kemudian mengingatnya dan menyimpannya sebagai pengetahuan. Kita tidak dapat memiliki iman rohani sesuai kehendak kita; iman rohani itu diberikan kepada kita hanya melalui Allah.

Itulah kenapa Roma 12:3 mendorong kita, *"Berdasarkan kasih karunia yang dianugerahkan kepadaku, aku berkata kepada setiap orang di antara kamu jangan memikirkan hal-hal yang lebih tinggi daripada yang patut kamu pikirkan; tetapi hendaklah kamu menguasai diri menurut ukuran iman yang dikaruniakan Allah kepada kamu masing-masing"*. Bacaan ini mengatakan kepada kita bahwa setiap individu memiliki iman rohaninya masing-masing yang diberikan oleh Allah, dan jawaban dan berkat-Nya berbeda sesuai dengan ukuran dari setiap iman seseorang.

1 Yohanes 2:12 dan ayat selanjutnya menggambarkan pertumbuhan iman seseorang sebagai iman bayi, anak-anak, orang muda dan bapa. 1 Korintus 15:41-42 mengatakan, *"Kemuliaan matahari lain dari kemuliaan bulan, dan kemuliaan bulan lain dari kemuliaan bintang-bintang, dan kemuliaan bintang satu lain dengan kemuliaan bintang lain."* Bacaan tersebut mengingatkan kita bahwa tempat tinggal surgawi dan berkat dari tiap-tiap individu berbeda sesuai dengan ukuran dari iman mereka. Adalah penting untuk menerima

keselamatan dan masuk ke surga, tapi mengetahui tempat tinggal mana di surga yang akan kita masuki dan mahkota serta upah yang mana yang akan kita terima adalah lebih penting.

Allah yang pengasih menginginkan anak-anak-Nya untuk naik ke ukuran penuh dari iman, menantikan mereka masuk ke dalam Yerusalem Baru di mana di sana terdapat tahta-Nya, dan hidup bersama dengan mereka selamanya.

Sesuai dengan hati Allah dan ajaran Firman, *Ukuran Iman* menjelaskan lima tingkat iman dan kerajaan surga, dan membantu pembaca mengukur tingkat iman mereka. Ukuran iman dan tempat tinggal di kerajaan surga dibagi menjadi lebih dari lima tingkatan, tapi tulisan ini menguraikannya dalam lima tingkat untuk membantu pembaca agar lebih mudah memahaminya. Saya berharap Anda dapat menuju ke surga dengan penuh semangat dengan membandingkan ukuran iman Anda dengan para bapa iman di dalam Alkitab.

Setahun yang lalu, saya telah berdoa untuk menerima wahyu mengenai beberapa ayat dalam Injil yang sulit dipahami. Kemudian, sehari setelah itu, Allah mulai menjelaskan kepada saya bahwa kerajaan surga dibagi, dan tempat tinggal surgawi diberikan kepada setiap anak-Nya secara berbeda sesuai dengan ukuran iman mereka.

Setelah itu, saya mengajarkan mengenai tempat tinggal surgawi dan ukuran iman, dan mengedit pesan-pesan untuk menerbitkan tulisan ini. Saya mengucapkan terima kasih kepada Geumsun Vin, direktur dan banyak pekerja yang setia di dalam biro editorial. Saya juga mengucapkan terima kasih kepada biro terjemahan.

Semoga setiap pembaca *Ukuran Iman* memperoleh ukuran

penuh iman, iman rohani yang utuh, dan menikmati kemuliaan kekal di Yerusalem Baru di mana terdapat tahta Allah, saya berdoa dalam nama Tuhan kita Yesus Kristus!

Dari rumah doa saya,

Jaerock Lee

PENDAHULUAN

Saya berharap bahwa tulisan ini akan menjadi panduan yang tidak ternilai dalam mengukur iman masing-masing individu dan membawa begitu banyak manusia kepada ukuran iman yang memperkenan Allah...

Ukuran Iman meninjau lima tingkat iman dari ukuran iman rohani bayi yang telah menerima Yesus Kristus dan menerima Roh Kudus, sampai pada ukuran iman bapa yang mengenal Allah, Dia yang telah ada sejak permulaan. Melalui tulisan ini, siapapun dapat memperkirakan ukuran iman mereka.

Bab 1, "Apa Itu Iman?" menjelaskan iman dan menguraikan tentang tipe iman yang memperkenan Allah dan jenis jawaban serta berkat yang mengikuti iman yang diterima Allah. Alkitab menggolongkan iman menjadi dua jenis: "iman kedagingan" atau "iman sebagai pengetahuan", dan "iman rohani". Bab ini memberitahu kita bagaimana cara untuk memiliki iman rohani dan memperoleh kehidupan yang diberkati dalam Kristus.

Berdasarkan pada 1 Yohanes 2:12-14, Bab Kedua, "Pertumbuhan Iman Rohani", menjabarkan proses-proses pertumbuhan iman rohani dengan mengibaratkannya pada pertumbuhan umat manusia dari bayi, anak-anak, orang muda, sampai bapa. Dengan kata lain, setelah seseorang menerima Yesus Kristus, ia mengalami pertumbuhan dalam imannya: dari iman seorang bayi sampai pada iman seorang dewasa.

Pada Bab 3, "Ukuran Iman Tiap-tiap Orang", ukuran iman dari masing-masing individu dijelaskan dengan perumpamaan dari tulisan bahwa iman jerami, ilalang, kayu, batu permata, perak, dan emas teruji setelah dibakar dengan api. Allah menginginkan kita untuk memperoleh iman emas yang tidak pernah terbakar dalam berbagai ujian dengan api.

Bab 4, "Iman untuk Menerima Keselamatan", menguraikan ukuran iman terendah – yang merupakan tingkat pertama dari lima tingkat iman. Dengan jenis-jenis iman ini, seseorang menerima keselamatan yang memalukan. Ukuran iman ini juga disebut sebagai "iman bayi" atau "iman ilalang". Melalui contoh detil tersebut, Bab tersebut mendorong kita untuk secepatnya menjadi dewasa dalam iman.

Bab 5, "Iman untuk Berusaha Hidup Oleh Firman", mengatakan kepada kita bahwa kita berada pada tingkat kedua iman apabila kita berusaha tapi tidak menaati Firman, dan kita sangat sulit untuk memegang teguh iman kita dalam Tuhan pada tahap ini. Bab ini juga mengajarkan kita bagaimana untuk meningkatkan iman kita ke tingkat ketiga iman.

Bab 6, "Iman untuk Hidup Oleh Firman", meninjau proses singkat di mana iman mulai pada tingkat pertama, menjadi dewasa pada tingkat kedua, bergerak ke tahap awal dari tingkat ketiga, dan meningkat ke batu karang iman yang mana Anda akan memperoleh lebih dari 60% dari tingkat ketiga iman. Bab ini juga menguraikan mengenai perbedaan antara tahap awal dari tingkat ketiga dan batu karang iman, kenapa kita tidak harus merasa terbebani apabila kita berdiri di atas batu karang iman, dan pentingnya perjuangan terhadap dosa-dosa sampai pada titik kita menumpahkan darah.

Bab 7, "Iman untuk Mengasihi Tuhan Hingga ke Titik yang Paling Penuh", menjelaskan berbagai jenis perbedaan di antara manusia pada tingkat ketiga iman dan manusia pada tingkat keempat iman dalam konteks mengasihi Tuhan, dan mempelajari berbagai jenis berkat yang turun bagi orang-orang yang mengasihi Tuhan pada titik yang paling penuh.

Bab 8, "Iman untuk Memuliakan Allah", menjelaskan seperti apakah tingkat kelima iman. Bab ini mengatakan kepada kita bahwa untuk memperoleh tingkat kelima iman, kita tidak hanya harus menyucikan sepenuhnya diri kita seperti Henokh, Elia, Abraham, atau Musa, tapi juga menjadi beriman dalam segenap rumah Allah dengan melakukan semua tugas yang diberikan Allah kepada kita. Selain itu, kita harus menjadi sempurna sampai pada titik kita memberikan semua kehidupan kita bagi Tuhan dan memiliki iman Kristus, yaitu iman roh yang penuh. Terakhir, Bab ini menguraikan mengenai berbagai berkat yang dapat kita harapkan untuk dinikmati apabila kita memperkenan Allah pada tingkat kelima Iman.

Bab berikutnya, "Tanda-tanda yang Menyertai Mereka yang Percaya", mengatakan kepada kita bahwa apabila kita memperoleh iman sempurna, iman kita akan disertai oleh tanda-tanda mukjizat. Selain itu, didasarkan pada janji Yesus dalam Markus 16:17-18, Bab tersebut menjelaskan dengan detil tanda-tanda ini satu demi satu. Dalam Bab ini, penulis juga menekankan bahwa seorang pengkhotbah harus menyampaikan pesan kuat yang disertai dengan tanda-tanda mukjizat dan bersaksi kepada Allah yang hidup dengan mukjizat tersebut untuk memberikan iman yang kuat kepada banyak orang, dalam sebuah masa di mana dunia dipenuhi oleh dosa dan kejahatan.

Terakhir, Bab 10, "Perbedaan Tempat Tinggal Surgawi dan Mahkota", menyatakan bahwa terdapat sejumlah tempat tinggal di kerajaan surga, siapapun dapat masuk ke dalam tempat tinggal yang lebih baik dengan iman, dan bahwa kemuliaan serta upah yang diperoleh akan cukup berbeda dari satu kerajaan surga ke yang lainnya. Secara khusus, untuk membantu pembaca menuju ke tempat tinggal yang lebih baik dengan harapan untuk surga dan iman, Bab membuat kesimpulan dengan menggambarkan secara singkat keindahan dan keajaiban Yerusalem Baru di mana tahta Allah berada.

Apabila kita memahami bahwa terdapat perbedaan besar dalam tempat tinggal surgawi dan upah sesuai dengan ukuran iman tiap-tiap individu, maka sikap seseorang dalam kehidupan Kristen akan menjadi niscaya dan sepenuhnya berubah.

Saya berharap bahwa setiap pembaca Ukuran Iman akan memiliki jenis iman yang memperkenan Allah, menerima apapun yang mereka minta, dan sungguh-sungguh memuliakan Dia.

Geumsun Vin
Direktur Biro Editorial

DAFTAR ISI

Bab 1

APA ITU IMAN?

UKURAN IMA

~

"Iman adalah dasar dari segala yang kita harapkan,
dan bukti dari segala sesuatu yang tidak kita lihat.
Sebab oleh imanlah telah diberikan kesaksian kepada nenek moyang kita.
Karena iman kita mengerti
bahwa alam semesta telah dijadikan oleh firman Allah,
sehingga apa yang kita lihat telah terjadi
dari apa yang tidak dapat kita lihat."
(Ibrani 11:1-3)

~

Berkali-kali dalam Alkitab, kita menemukan bahwa kita apa yang tidak dapat kita harapkan benar-benar terjadi dan hal yang mustahil dengan kekuatan manusia dilakukan dan diselesaikan dengan kuasa Allah.

Musa memimpin Israel melewati Laut Merah, dengan membelahnya menjadi dua dinding air, dan mereka melintasinya seperti mereka sedang berjalan di atas tanah kering. Yosua menghancurkan kota Yerikho dengan mengelilinginya tiga belas kali. Melalui doa Elia, surga mengirimkan hujan setelah tiga setengah tahun kekeringan. Petrus membuat seorang yang lahir lumpuh berdiri dan berjalan, sementara rasul Paulus membangkitkan seorang muda yang jatuh dari lantai tiga dan mati. Yesus berjalan di atas air, meredakan gelombang badai dan angin, membuat yang buta melihat, dan membangkitkan kembali orang yang telah dikubur selama empat hari.

Kekuatan iman tidak dapat diukur dan segala sesuatu menjadi mungkin dengannya. Sebagaimana Yesus mengatakan kepada kita dalam markus 9:23, *"'Apakah kamu bisa?' Semua hal menjadi mungkin untuk mereka yang percaya"*, Anda mampu untuk menerima apapun yang Anda minta apabila Anda memiliki iman yang dapat diterima Allah.

Iman seperti apa, yang diterima Allah dan bagaimana Anda dapat memilikinya?

1. Definisi Iman yang Menerima Allah

Banyak orang saat ini mengklaim bahwa mereka percaya pada Allah yang mahakuasa, tapi tidak menerima jawaban-Nya untuk doa mereka karena mereka tidak memiliki iman sejati. Ibrani 11:6 mengatakan, *"Tetapi tanpa iman tidak mungkin orang berkenan kepada Allah, sebab barangsiapa berpaling kepada Allah, ia harus percaya bahwa Allah ada, dan bahwa Allah memberi upah kepada orang yang sungguh-sungguh mencari Dia"*. Allah secara eksplisit mengatakan kepada kita bahwa kita harus memperkenan-Nya dengan iman sejati.

Tidak ada yang mustahil apabila Anda memiliki iman sempurna. Iman adalah dasar dari kehidupan Kristen yang baik dan kunci untuk berkat dan jawaban Allah. Juga, terdapat begitu banyak orang yang tidak dapat menikmati berkat-Nya atau menerima keselamatan karena mereka tidak mengetahui atau tidak memiliki iman sejati.

Iman adalah dasar dari segala sesuatu yang kita harapkan dan bukti dari segala sesuatu yang tidak kita lihat

Kemudian, iman seperti apa yang menerima Allah? Kamus *The Webster's New World College* mendefinisikan "iman" sebagai "percaya tanpa mempertanyakan yang tidak memerlukan bukti atau pembuktian" atau "percaya tanpa mempertanyakan dalam Allah, prinsip-prinsip keagamaan, dll". Iman disebut pistis dalam bahasa Yunani, yang berarti "Berpegang teguh atau beriman". Hal ini didefinisikan dalam Ibrani 11:1 sebagai berikut: *"Iman adalah dasar dari segala sesuatu yang kita harapkan dan bukti dari segala sesuatu yang tidak kita lihat"*.

"Iman adalah dasar dari segala sesuatu yang kita harapkan" merujuk kepada bahwa kita mengharapkan apa yang terlihat sebagai kenyataan karena kita memastikan bahwa hal tersebut sudah menjadi nyata. Sebagai contoh, apa yang paling diinginkan oleh orang yang sedang menderita sakit? Secara alami, keinginannya adalah disembuhkan dari penyakitnya dan menjadi sehat, dan ia harus memiliki cukup iman untuk memperoleh kesembuhan. Dengan kata lain, kesehatan yang baik menjadi kenyataan untuknya apabila ia memiliki iman sempurna.

Berikutnya, "bukti dari segala sesuatu yang tidak kita lihat" merujuk kepada elemen-elemen dan materi di mana kita berada, dengan iman rohani, bahkan dalam kenyataan tidak semua hal dapat terlihat dengan mata telanjang.

Oleh karena itu, iman membuat Anda mampu untuk percaya bahwa Allah menciptakan semua benda dari ketiadaan. Para bapa iman menerima "dasar dari segala yang kita harapkan" sebagai kenyataan dengan iman, dan "bukti dari segala sesuatu yang tidak kita lihat" sebagai benda dan kejadian nyata. Dengan cara itu, mereka mengalami kuasa Allah yang menciptakan sesuatu dari ketiadaan.

Seperti yang dilakukan oleh para bapa iman, orang yang percaya bahwa Allah menciptakan semua benda dari ketiadaan akan mampu untuk percaya bahwa Ia menciptakan semua benda langit dan bumi oleh firman-Nya pada permulaan. Adalah benar bahwa tidak seorang pun menyaksikan mengenai penciptaan yang dilakukan Allah di langit dan bumi dengan matanya sendiri, karena hal tersebut terjadi sebelum manusia diciptakan. Tentu saja, manusia yang beriman tidak pernah meragukan bahwa Allah menciptakan semua benda dari ketiadaan karena mereka percaya.

Oleh karena itu, Ibrani 11:3 mengingatkan kita, *"Karena iman kita mengerti, bahwa alam semesta telah dijadikan oleh firman Allah, sehingga apa yang kita lihat telah terjadi dari apa yang tidak dapat kita lihat"*. Ketika Allah mengatakan, "Jadilah terang". maka jadilah terang (Kejadian 1:3). Ketika Allah mengatakan, *"Hendaklah tanah menumbuhkan tunas-tunas muda: tumbuh-tumbuhan yang berbiji, segala jenis pohon buah-buahan yang menghasilkan buah yang berbiji, supaya ada tumbuh-tumbuhan di bumi"*, semuanya berjalan sesuai dengan apa yang diperintahkan Allah (Kejadian 1:11).

Semua hal di alam semesta yang terlihat dengan mata telanjang kita tidak dibuat dari materi-materi yang dapat terlihat. Meskipun demikian, banyak orang berpikir bahwa semua hal dibuat dari benda-benda yang dapat terlihat, mereka tidak percaya bahwa Allah menciptakan mereka dari ketiadaan. Orang-orang tersebut tidak pernah belajar, melihat, atau mendengar bahwa sesuatu dapat diciptakan dari ketiadaan.

Tindakan ketaatan adalah bukti iman

Supaya Anda dapat mengharapkan hal yang mustahil dan membuatnya menjadi kenyataan, Anda harus memiliki bukti iman yang dapat diterima Allah. Dengan kata lain, Anda harus memperlihatkan bukti menaati firman Allah karena kepercayaan Anda dalam Firman-Nya. Ibrani 11:4-7 menyebutkan tentang para bapa iman yang dinyatakan sebagai orang benar oleh karena iman mereka sebab mereka memiliki dan mendemonstrasikan bukti nyata dari iman mereka: Habel dipuji sebagai orang yang benar dengan mempersembahkan kepada Allah korban darah yang diterima Allah; Henokh dipuji sebagai seorang yang memperkenan Allah dengan menjadi sepenuhnya kudus; dan Nuh menjadi pewaris kebenaran dengan membangun bahtera keselamatan dengan iman.

Perkenankan kita selidiki cerita Kain dan Habel dalam Kejadian 4:1-15 untuk memahami iman sejati yang dapat diterima Allah. Kain dan Habel adalah anak Adam dan Hawa yang dilahirkan di bumi setelah mereka diusir dari Taman Eden akibat ketidaktaatan mereka terhadap perintah Allah, *"Tetapi pohon pengetahuan tentang yang baik dan yang jahat janganlah kau makan buahnya"* (Kejadian 2:16-17).

Adam dan Hawa menyesali ketidaktaatan mereka karena mereka telah mengalami sakitnya bekerja keras dengan mencucurkan keringat pada kening dan sakit melahirkan yang lebih besar di bumi yang terkutuk. Adam dan Hawa dengan rajin mengajari anak-anak mereka akan pentingnya ketaatan. Mereka telah mengajari Kain dan Habel bahwa mereka harus hidup oleh Firman Allah, dan menekankan kepada mereka bahwa mereka jangan pernah melanggar perintah Allah.

Selain dari itu, mereka pasti telah mengajarkan kepada anak-anak mereka bahwa mereka harus mengambil seekor hewan sebagai persembahan dan memberikan kepada Allah korban darah untuk pengampunan dosa mereka. Oleh karena itu, Kain dan Habel sudah mengetahui bahwa mereka harus memberikan Allah korban darah untuk pengampunan dosa-dosa mereka.

Setelah lama, Kain mengkhianati Allah seperti ibunya Hawa yang tidak menaati firman Allah. Ia adalah seorang petani dan memberikan persembahannya dengan biji-bijian dari tanah yang ia dianggapnya layak. Sedangkan Habel adalah seorang penggembala dan mempersembahkan anak pertama dari ternaknya yang paling gemuk, seperti yang diperintahkan Allah kepadanya melalui orangtuanya. Allah menerima persembahan Habel tapi tidak menerima persembahan Kain yang tidak menaati perintah-Nya. Sebagai akibatnya, habel dipuji sebagai orang yang benar (Ibrani 11:4). Cerita mengenai Kain dan Habel ini mengajarkan kepada kita bahwa Allah mempercayai dan menerima Anda sampai pada tahap Anda mempercayai firman-Nya dan menaatinya; peristiwa Musa dan Henokh juga memberikan kesaksian pada kenyataan ini.

Bukti iman adalah tindakan ketaatan. Oleh karena itu, Anda harus ingat bahwa Allah menerima dan menjamin Anda apabila Anda memperlihatkan kepada-Nya bukti iman Anda dengan menaati firman-Nya dengan perbuatan sepanjang waktu, dan berusaha untuk menaati-Nya dalam keadaan apapun.

Iman membawa jawaban dan berkat

Dengan cara ini, Anda harus mengikuti firman Allah supaya Anda dapat memulai dari "apa yang Anda harapkan" dengan iman dan mencapai "dasar dari segala yang kita harapkan". Apabila Anda tidak mengikuti perintah Allah seperti Kain yang tersesat, karena beralasan bahwa hal itu membebani atau sukar untuk Anda pikul, maka Anda tidak dapat menerima jawaban dan berkat Allah sesuai dengan hukum alam rohani.

Ibrani 11:8-19 mengatakan kepada kita dengan rinci mengenai Abraham yang memperlihatkan tindakan ketaatannya pada firman Allah sebagai bukti dari imannya. Ia meninggalkan negerinya dengan iman sebagaimana diperintahkan Allah. Bahkan saat Allah memerintahkan kepadanya untuk memberikan korban berupa anak tunggalnya Ishak, yang diberikan Allah kepadanya saat usianya 100 tahun, Abraham langsung menaatinya karena ia berpikir bahwa Allah akan mampu untuk membangkitkan kembali anaknya dari kematian. Ia diberikan berkat besar dan jawaban dari Allah karena imannya diterima dengan tindakan ketaatannya:

Untuk kedua kalinya berserulah malaikat TUHAN dari langit kepada Abraham, katanya, 'Aku bersumpah demin diriku sendiri, demikianlah firman TUHAN, karena engkau telah berbuat demikian dan engkau tidak segan-segan untuk menyerahkan anakmu yang tunggal kepada diri-Ku, maka aku akan memberkati engkau berlimpah-limpah dan membuat keturunanmu sangat banyak seperti bintang di langitdan seperti pasir di tepi laut, dan keturunanmu itu akan menduduki kota-kota musuhnya. Oleh keturunanmulah semua bangsa di bumi akan mendapat berkat, karena engkau mendengarkan firman-Ku'. (Kejadian 22:15-18).

Selain dari itu, kita menemukan dalam Kejadian 24:1 yang mengatakan, *"Adapun Abraham telah tua dan lanjut umurnya; serta diberkati TUHAN dalam segala hal"*. Yakobus 2:23 juga mengingatkan kita, *"Dengan jalan demikian genaplah nas*

*yang mengatakan, 'Lalu percayalah Abraham kepada Allah,
maka Allah memperhitungkan hal itu kepadanya sebagai
kebenaran', karena itu Abraham 'isebut sebagai sahabat
Allah'''.*

Yang terpenting dari semua itu, Abraham diberkati
dengan sangat dalam segala hal karena ia percaya Allah yang
mengendalikan semua hal hidup dan mati, berkat dan kutuk,
dan menyerahkan segala sesuatu kepada Dia.. Dengan cara
yang sama, Anda akan mampu untuk menikmati berkat Allah
dalam segala aspek kehidupan Anda dan menerima jawaban dari
apapun yang Anda tanyakan apabila Anda memahami definisi
yang benar dari iman dan memperlihatkan bukti iman Anda
dengan tindakan ketaatan yang sempurna, seperti yang telah
begitu sering dilakukan Abraham.

2. Kekuatan Iman Tidak Ada Batasnya

Anda dapat memiliki hubungan dengan Allah oleh iman
karena iman serupa dengan jembatan pertama alam rohani
dalam dunia empat dimensi. Hanya dengan melalui jembatan
pertama, barulah pendengaran rohani Anda terbuka sehingga
Anda dapat mendengar firman Allah, dan mata rohani Anda
terbuka sehingga Anda dapat melihat alam rohani.

Sebagai hasilnya, Anda akan hidup oleh firman Allah,
menerima apapun yang Anda minta dengan iman, dan hidup
bahagia dengan pengharapan akan kerajaan surga. Lebih dari itu,
saat hati Anda diisi dengan kebahagiaan dan rasa syukur dan saat
harapan akan surga memenuhi hidup Anda, maka Anda akan

mengasihi Allah di atas segalanya dan memperkenan Dia. Kemudian, dunia tidak lagi berarti untuk Anda dan iman Anda karena Anda tidak hanya menjadi saksi Tuhan dengan kuasa yang diberikan kepada Anda oleh Roh Kudus, tapi juga menjadi beriman sampai pada titik kematian dan mengasihi Allah dengan seluruh hidup Anda, seperti yang dilakukan oleh rasul Paulus.

Dunia tidak layak menerima kuasa iman

Dalam menjabarkan kuasa iman, Ibrani 11:32-38 menggambarkan iman dari para bapa iman,

Dan apa lagi yang harus aku sebut? Sebab aku akan kekurangan waktu, apabila aku hendak menceritakan tentang Gideon, Barak, Simson, Yefta, Daud dan Samuel, dan para nabi, yang karena iman telah menaklukan kerajaan-kerajaan, mengamalkan kebenaran, memperoleh apa yang dijanjikan, menutup mulut singa-singa, memadamkan api yang dahsyat, mereka telah luput dari mata pedang, telah beroleh kekuatan dari kelemahan, telah menjadi kuat dalam peperangan dan telah memukul mundur pasukan-pasukan dari tentara asing. Ibu-ibu telah menerima kembali orang-orangnya yang telah mati, sebab dibangkitkan, tetapi orang lain membiarkan dirinya disiksa dan tidak mau menerima pembebasan, supaya mereka beroleh kebangkitan yang lebih baik, ada pula yang diejek dan didera, bahkan yang dibelenggu dan dipenjarakan. Mereka dilempari, digergaji, dibunuh dengan pedang, mereka mengembara dengan berpakaian kulit domba dan kulit kambing sambil menderita kekurangan, kesesakan dan siksaan, dunia ini tidak layak bagi mereka, mereka mengembara di padang gurun dan pegunungan, dalam gua-gua dan celah gunung.

Orang-orang yang memiliki iman yang menganggap dunia tidak berarti dapat memberikan tidak hanya kehormatan dunia dan kekayaannya, tapi juga nyawanya. Sebagaimana Yohanes 4:18 mengatakan, *"Di dalam kasih tidak ada ketakutan; kasih yang sempurna melenyapkan ketakutan, sebab ketakutan mengandung hukuman dan barangsiapa takut, ia tidak sempurna di dalam kasih",* ketakutan akan sirna sesuai dengan ukuran kasih Anda.

Apa yang mustahil oleh kekuatan manusia menjadi mungkin dengan kuasa Allah. Salah satu nabi-Nya Elia bersaksi terhadap Tuhan yang hidup dengan menurunkan api dari langit. Elisa menyelamatkan negerinya dengan menemukan, sesuai dengan ilham dari Roh Kudus, di mana letak kemah musuh. Daniel selamat di dalam kAndang singa yang lapar.

Dalam Perjanjian Baru, ada banyak orang yang menyerahkan nyawanya untuk injil Tuhan. Yakobus, salah satu dari dua belas murid Yesus Tuhan kita, menjadi martir pertama di antara mereka saat ia dibunuh dengan pedang. Petrus, murid utama Yesus Kristus, disalib terbalik dengan kepala di bawah dan kaki di atas. Dalam kasihnya yang besar kepada Tuhan, rasul Paulus berbahagia dan bersyukur kepada Allah bahkan di dalam sel penjara meskipun ia hampir mati dan dipukuli berkali-kali. Dan pada akhirnya, kepalanya dipenggal dan menjadi martir untuk Tuhan.

Selain itu, tidak terhitung banyaknya orang Kristen yang dimakan singa di dalam Koloseum Roma atau harus hidup dalam Catacomb tanpa pernah melihat sinar matahari sampai mereka mati akibat siksaan berat yang dilakukan oleh Kekaisaran Roma. Rasul Paulus memegang teguh imannya dalam semua keadaan dan mengalahkan dunia dengan iman yang kuat. Kemudian ia bersaksi, *"Siapakah yang akan memisahkan kita dari kasih Kristus? Penindasan atau kesesakan atau penganiayaan atau kelaparan atau ketelanjangan atau bahaya atau pedang?"* (Roma 8:35)

Iman memberi jawaban untuk setiap masalah

Ada sebuah kejadian di mana Yesus melihat iman dari seorang yang lumpuh dan teman-temannya, dan berkata kepadanya dalam Markus 2, *"Nak, dosa-dosamu telah diampuni"* (ayat 5), dan orang lumpuh tersebut disembuhkan seketika di tempat itu juga. Apabila orang-orang mendengar bahwa Yesus berada di Kapernaum, maka banyak orang akan berkumpul sehingga tidak ada ruang tersisa, bahkan sampai di luar pintu. Orang lumpuh itu, dibawa oleh empat temannya, tidak dapat masuk menemui Yesus karena kerumunan yang berdesak-desakan, maka teman-temannya membuat sebuah lubang di atap tepat di atas Yesus, dan setelah membuat lubang, mereka menurunkan kasur di mana orang yang lumpuh tersebut berbaring. Yesus menghargai tindakan mereka sebagai bukti iman dan mengampuni orang lumpuh dari dosa-dosanya, dengan mengatakan, *"Nak, dosa-dosamu telah diampuni"* (ayat 5).

Meskipun demikian, beberapa ahli Taurat bersikap skeptis dan berpikir, *"Kenapa orang itu berkata demikian? Dia sedang menghujat! Siapa yang dapat mengampuni dosa kecuali Allah sendiri?"* (ayat 7) Kepada mereka, Yesus berkata:

> *Tetapi Yesus segera mengetahui dalam hati-Nya, bahwa mereka berpikir demikian, lalu Ia berkata kepada mereka, "manakah lebih mudah, mengatakan kepada orang lumpuh ini, dosamu telah diampuni, atau mengatakan, bangunlah, angkatlah tilammu dan berjalan?" (Markus 2:8-9).*

Kemudian, Yesus memerintahkan orang lumpuh tersebut, *"Aku berkata kepadamu, bangunlah, angkat tilammu dan pulanglah ke rumah"* (ayat 11). Orang yang menderita lumpuh tersebut berdiri, mengangkat tilamnya, dan berjalan keluar rumah dalam pAndangan semua orang yang hadir di sana. Mereka yang terpukau dan memuji Allah, berkata, *"kami belum pernah menyaksikan yang seperti ini"* (ayat 12).

Cerita ini mengatakan kepada kita bahwa semua masalah dalam kehidupan kita dapat dipecahkan apabila kita diampuni dari dosa-dosa kita dengan iman. Itulah kenapa sekitar 2000 tahun lalu, Yesus juru selamat kita membuka jalan keselamatan dengan menebus kita dari semua masalah dalam hidup seperti dosa, kematian, kemiskinan, penyakit, dan istirahat (Untuk lebih jelas mengenai hal ini, silahkan lihat pada buku *Pesan Salib*). Anda dapat menerima apapun yang Anda minta apabila Anda diampuni dari dosa-dosa Anda akibat tidak hidup menurut firman Allah. Ia menjanjikan kepada Anda dalam 1 Yohanes 3:21-22 yang mengatakan, *"Saudara-saudaraku yang kekasih, jikalau hati kita tidak menuduh kita, maka kita mempunyai keberanian percaya untuk mendekati Allah; dan apa saja yang kita minta, kita memperolehnya dari pada-Nya karena kita menuruti segala perintah-Nya dan berbuat apa yang berkenan kepada-Nya"*. Dengan begitu, orang-orang yang tidak memiliki dinding dosa terhadap Allah dapat meminta kepada-Nya dengan mudah dan menerima apapun yang mereka minta.

Oleh karena itu, di dalam Matius 6 Yesus menekankan bahwa Anda tidak perlu khawatir mengenai apa yang akan Anda pakai, apa yang akan Anda makan, dan di mana Anda akan hidup, tapi sebaliknya carilah dulu kerajaan Allah dan kebenaran-Nya:

Karena itu Aku berkata kepadamu, janganlah kuatir akan hidupmu, akan apa yang hendak kamu makan atau minum, dan janganlah kuatir pula akan tubuhmu, akan apa yang hendak kamu pakai. Bukankah hidup itu lebih penting daripada makanan dan tubuh itu lebih penting daripada pakaian? PAndanglah burung-burung di langit, yang tidak menabur dan tidak menuai dan tidak mengumpulkan bekal dalam lumbung, namun diberi makan oleh Bapamu yang di sorga. Bukankah kamu jauh melebihi burung-burung itu? Siapakah di antara kamu yang karena kekuatirannya dapat menambahkan sehasta saja pada jalan hidupnya? Dan kenapa kamu kuatir akan pakaian? Perhatikanlah bunga bakung di ladang; yang tumbuh tanpa kerja dan tanpa memintal, namun aku berkata kepadamu, Salomo dalam segala kemegahannya pun tidak berpakaian seindah salah satu dari bunga itu. Jadi jika demikian Allah mendAndani rumput di ladang, yang hari ini ada dan besok di buang ke dalam api, tidakkah ia akan terlebih lagi mendAndani kamu? Hai orang yang kurang percaya! Sebab itu janganlah kamu kuatir dan berkata, 'apakah yang akan kami makan? apakah yang akan kami minum? apakah yang akan kami pakai?' Semua itu dicari-cari oleh semua bangsa yang tidak mengenal Allah, akan tetapi Bapamu yang di sorga tahu, bahwa kamu memerlukan semuanya itu. Tetapi carilah dahulu kerajaan Allah dan kebenarannya, maka semuanya itu akan ditambahkan kepadamu. (Matius 6: 25-33).

Apabila Anda sungghu-sungguh percaya dalam firman Allah maka Anda akan mencari kerajaan Allah dan kebenaran-Nya. Janji Allah sangat terpercaya seperti cek bersertifikat, dan Ia menambahkan semua hal yang Anda perlukan sesuai dengan janji-Nya, sehingga Anda tidak hanya akan memiliki keselamatan dan hidup kekal tapi juga dapat menjadi makmur dalam apapun yang Anda kerjakan dalam hidup ini.

Iman bahkan mengendalikan fenomena alam

Melalui Matius 8:23-27, kita belajar mengenai kuasa iman yang melindungi Anda dari bahaya cuaca dan iklim apapun, dan memungkinkan Anda untuk mengendalikannya. Semua hal menjadi mungkin dengan iman.

Lalu Yesus naik ke dalam perahu, dan murid-murid-Nya pun mengikuti-Nya. Sekonyong-konyong mengamuklah angin ribut di danau itu, sehingga perahu itu ditimbus gelombang, namun Yesus tidur. Maka datanglah murid-murid-Nya membangunkan Dia, katanya, "Tuhan, tolonglah, kita binasa!" Ia berkata kepada mereka, "Kenapa kamu takut, kamu yang kurang percaya?" Lalu bangunlah Yesus menghardik angin dan danau itu, maka danau itu menjadi teduh sekali. Dan heranlah orang-orang itu, katanya, "Orang apakah dia ini, sehingga angin ribut dan danau taat kepada-Nya?"

Kisah ini menceritakan kepada kita bahwa kita tidak perlu takut terhadap badai maupun gelombang dahsyat tapi kita bahkan dapat mengendalikan pada fenomena alam seperti itu hanya apabila kita memiliki iman. Apabila kita ingin mengalami kekuatan besar iman yang dapat mengendalikan cuaca dan iklim, kita harus mencapai jaminan penuh iman seperti Yesus, yang dengannya semua hal menjadi mungkin. Itulah kenapa Ibrani 10:22 mengingatkan kita, *"Karena itu marilah kita menghadap Allah dengan hati yang tulus ikhlas dengan keyakinan iman yang teguh, oleh karena hati kita telah dibersihkan dar hati nurani yang jahat dan tubuh kita telah dibasuh dengan air yang murni"*.

Alkitab mengatakan kepada kita bahwa kita dapat menerima

jawaban untuk apapun yang kita minta dan melakukan hal-hal yang lebih besar dari apa yang dilakukan Yesus apabila kita memiliki jaminan penuh iman.

Aku berkata kepadamu, sesungguhnya barangsiapa percaya kepada-Ku, ia akan melakukan juga pekerjaan-pekerjaan yang Aku lakukan, bahkan pekerjaan-pekerjaan yang lebih besar daripada itu, sebab Aku pergi kepada Bapa. Dan apa juga yang kamu minta dalam nama-Ku, Aku akan melakukannya, supaya Bapa dipermuliakan di dalam Anak. (Yohanes 14:12-13).

Oleh karena itu, Anda harus memahami bahwa kuasa iman sangat besar dan Anda harus mencapai iman yang di minta oleh Allah yang dengannya Ia berkenan. Hanya dengan demikian barulah Anda tidak hanya akan menerima jawaban terhadap apapun yang Anda minta dan selain itu juga dapat melakukan hal-hal yang lebih besar dari yang dilakukan Yesus.

3. Iman Kedagingan dan Iman Rohani

Saat Yesus berkata kepada kepala pasukan yang datang kepada-Nya dengan iman, *"Pulanglah dan jadilah kepadamu seperti yang engkau percaya"*, hamba dari kepala pasukan tersebut disembukan seketika (Matius 8:13). Dengan begini, iman sejati secara alami disertai oleh jawaban Allah. Lalu, kenapa banyak orang tidak mampu menerima jawaban terhadap doa mereka meskipun mereka mengklaim bahwa mereka percaya kepada Tuhan?

Itu karena terdapat iman rohani yang dengannya Anda dapat memiliki persekutuan dengan Allah dan menerima jawaban-Nya, dan iman kedagingan yang dengannya Anda tidak dapat menerima jawaban karena hal itu tidak ada sangkut-pautnya dengan Dia. Selanjutnya perkenankan kami mempelajari perbedaan antara dua jenis iman tersebut.

Iman kedagingan adalah iman sebagai pengetahuan

"Iman kedagingan" merujuk pada jenis iman yang dengannya Anda percaya sesuatu karena Anda dapat melihatya dengan mata Anda dan hal ini sesuai dengan pengetahuan atau akal sehat Anda. Iman seperti ini sering disebut sebagai "iman sebagai pengetahuan" atau "iman yang sesuai logika".

Sebagai contoh, mereka yang tidak melihat proses pembuatan meja kayu tapi mendengar mengenai hal ini tanpa ragu percaya apabila orang lain berkata, "Meja dibuat dari kayu". Seseorang dapat memiliki iman jenis ini karena ia percaya bahwa sesuatu dibuat dari sesuatu. Sehingga, orang selalu berpikir bahwa perlu hal-hal yang kelihatan untuk membuat hal lainnya.

Orang-orang memasukkan dan menyimpannya ke dalam sistem ingatan otak mereka dari sejak mereka dilahirkan. Mereka mengingat apa yang mereka lihat, dengar dan apa yang mereka pelajari dari orang tua mereka, saudara kandung, tetangga atau di sekolah, dan menggunakan ingatan pengetahuan tersebut saat mereka memerlukannya.

Di antara pengetahuan yang disimpan, terdapat banyak ketidakbenaran yang bertentangan dengan firman Allah.

Firmannya adalah kebenaran yang tidak pernah berubah, tapi kebanyakan dari pengetahuan Anda adalah ketidakbenaran yang berubah seiring dengan berlalunya waktu. Meskipun begitu, orang-orang menganggap ketidakbenaran sebagai kebenaran karena mereka tidak mengetahui apa kebenaran itu sesungguhnya. Sebagai contoh, orang-orang menganggap teori evolusi adalah benar karena hal tersebut adalah apa yang mereka pelajari di sekolah. Oleh karena itu, mereka tidak percaya bahwa sesuatu dapat dibuat dari ketiadaan.

Iman kedagingan adalah iman yang mati tanpa perbuatan

Pertama-tama, orang-orang yang memiliki iman kedagingan tidak dapat menerima bahwa Allah menciptakan sesuatu dari ketiadaan walaupun mereka datang ke gereja dan mendengarkan firman Allah, karena pengetahuan yang mereka peroleh sejak lahir bertentangan dengan firman Allah. Mereka tidak percaya dengan keajaiban yang tertulis dalam Alkitab. Mereka percaya firman Allah apabila mereka dipenuhi oleh Roh Kudus dan berkat, tapi mulai ragu apabila mereka kehilangan berkat tersebut. Mereka bahkan mulai berpikir bahwa jawaban yang mereka terima dari Allah diperoleh karena kebetulan.

Karenanya, orang-orang yang memiliki iman kedagingan memiliki pergumulan di dalam hati mereka, dan tidak mengaku dari dasar hati mereka, walaupun dengan bibirnya mereka mengaku percaya. Mereka tidak memiliki persekutuan dengan Allah dan mereka tidak dikasihi Allah karena mereka tidak hidup menurut Firman-Nya.

Ini adalah sebuah contoh. Secara luas, memang dibenarkan untuk membalas musuh, tapi Alkitab mengajarkan kepada kita bahwa kita harus mengasihi musuh dan memberikan pipi kiri kita apabila seseorang menampar pipi kanan kita. Seseorang dengan iman kedagingan akan memukul balik supaya merasa puas apabila seseorang memukulnya. Karena ia telah seumur hidup seperti itu, maka akan menjadi mudah baginya untuk membenci, iri atau cemburu kepada orang lain. Juga, terasa berat baginya untuk hidup menurut firman Allah dan ia tidak dapat hidup dengan bersyukur dan bersukacita karena hal itu tidak sesuai dengan pemikirannya.

Sebagaimana kita temukan dalam Yokobus 2:26, *"Tubuh tanpa roh adalah mati, demikian juga iman tanpa perbuatan adalah mati"*, iman kedagingan adalah iman mati tanpa perbuatan. Orang-orang yang memiliki iman kedagingan tidak dapat menerima keselamatan maupun jawaban Allah. Mengenai hal ini Yesus mengatakan kepada kita, *"Bukan setiap orang yang berseru kepadaku, Tuhan, Tuhan, akan masuk ke dalam kerajaan surga, melainkan dia yang melakukan kehendak Bapa ku yang di surga"* (Matius 7:21).

Allah menerima iman rohani

Iman rohani diberikan apabila Anda percaya, bahkan apabila Anda tidak dapat melihat apapun dengan mata telanjang Anda atau sesuatu tidak sesuai dengan pengetahuan atau pemikiran Anda. Iman rohani adalah percaya bahwa Allah menciptakan sesuatu dari ketiadaan.

Orang-orang dengan iman rohani percaya tanpa keraguan

apapun bahwa Allah menciptakan langit dan bumi oleh Firman-Nya, dan Ia menciptakan manusia dari debu tanah. Iman rohani adalah sesuatu yang dapat Anda miliki karena Anda menginginkannya, iman rohani diberikan hanya oleh Allah. Orang-orang yang memiliki iman rohani tanpa ragu percaya dengan mukjizat yang ditulis dalam Alkitab, jadi tidak sulit untuk mereka hidup oleh firman Allah dan mereka menerima jawaban terhadap apapun yang mereka minta dengan iman.

Allah menerima iman rohani yang disertai dengan perbuatan dan oleh hal ini Anda dapat diselamatkan, masuk ke surga, dan menerima jawaban untuk doa Anda.

Iman rohani adalah "iman hidup" yang disertai dengan perbuatan

Apabila Anda memiliki iman rohani, Allah menerima Anda dan menjamin hidup Anda dengan jawaban dan berkat-Nya. Sebagai contoh, misalkan ada dua petani yang bekerja pada tanah tuan mereka. Dalam kondisi yang sama, salah satu dari mereka memanen lima kantong beras dan yang lainnya memanen tiga kantong. Yang mana dari dua petani tersebut yang lebih disukai oleh tuan tanah? Secara alami, petani dengan lima kantong beras akan lebih disukai oleh tuan tanah tersebut.

Kedua petani tersebut memperoleh panen yang berbeda di tanah yang sama sesuai dengan usaha mereka. Petani yang memanen lima kantong beras pasti telah membersihkan gulma dan mengairi lahan pertaniannya dengan rajin dan dengan lebih banyak keringat. Sebaliknya, petani yang satu lagi memanen tidak lebih dari tiga kantong beras karena ia malas dan sering mengabaikan pekerjaannya.

Allah menilai tiap orang sesuai dengan buahnya. Hanya apabila Anda memperlihatkan iman Anda dengan perbuatan, barulah Allah menghargai iman rohani Anda dan memberkati Anda.

Pada malam Yesus ditangkap, salah satu dari muridnya yaitu Petrus mengatakan kepada-Nya, *"Biarpun mereka tergoncang imannya karena Engkau, aku sekali-kali tidak"* (Matius 26:33). Yesus menjawab, *"Aku berkata kepadamu sesungguhnya malam ini, sebelum ayam berkokok engkau telah menyangkalku tiga kali"* (a. 34). Petrus mengakui dengan seluruh hatinya tapi Yesus mengetahui bahwa Petrus akan mengkhianati-Nya apabila hidupnya terancam.

Petrus masih belum menerima Roh Kudus dan menyangkal Yesus tiga kali saat hidupnya berada dalam bahaya setelah Yesus ditangkap. Meskipun demikian, Petrus berubah sepenuhnya setelah ia menerima Roh Kudus. Imannya sebagai pengetahuan berubah menjadi iman rohani, dan ia menjadi rasul dengan kuasa untuk mengajarkan injil dengan berani. Ia pergi ke jalan kebenaran sampai ia disalibkan secara terbalik.

Oleh karena itu, Anda mampu untuk percaya dan menaati Allah dalam segala situasi apabila Anda memiliki iman rohani. Untuk memiliki iman rohani, Anda harus berusaha keras menaati sepenuhnya firman Allah dan memperoleh hati yang teguh. Melalui iman rohani yang hidup dan disertai dengan perbuatan, Anda dapat menerima keselamatan dan hidup kekal, berubah menjadi manusia yang benar sempurna, dan menikmati berkat berlimpah dalam roh dan dalam tubuh.

Meskipun demikian, dengan iman kedagingan yang mati

tanpa perbuatan, Anda tidak dapat menerima keselamatan maupun jawaban dari Allah tidak peduli seberapa sering dan seberapa lama Anda datang ke gereja.

4. Untuk Memiliki Iman Rohani

Bagaimana Anda dapat mengubah iman kedagingan menjadi iman rohani dan membuat "apa yang Anda harapkan" menjadi kenyataan dan "apa yang tidak terlihat" menjadi bukti yang terlihat? Apa yang harus Anda lakukan untuk memiliki iman?

Menyingkirkan pemikiran dan teori daging

Kebanyakan pengetahuan yang Anda peroleh sejak dari lahir menghalangi Anda untuk memperoleh iman rohani karena hal tersebut bertentangan dengan firman Allah. Sebagai contoh, sebuah teori seperti teori evolusi yang menyangkal penciptaan alam semesta oleh Allah. Akibatnya, para penganut teori evolusi tidak dapat mempercayai bahwa Allah menciptakan sesuatu dari ketiadaan. Bagaimana mereka dapat percaya *"Pada mulanya Allah menciptakan langit dan bumi"* (Kejadian 1:1)?

Oleh karena itu untuk memiliki iman rohani, Anda harus memusnahkan setiap jenis pemikiran Anda yang bertentangan dengan firman Allah dan semua teori; seperti teori evolusi, yang menghalangi Anda untuk mempercayai firman Allah di Alkitab. Kalau Anda tidak membuang pemikiran Anda sendiri dan teori yang bertentangan dengan Firman-Nya, maka Anda tidak dapat percaya pada firman Allah yang ditulis dalam Alkitab seberapa pun inginnya Anda berusaha untuk mempercayainya.

Lebih dari itu, tidak peduli seberapa rajin Anda pergi ke gereja dan mendatangi kebaktian persembahan, Anda tidak dapat memiliki iman rohani. Itulah kenapa banyak orang berada jauh dari jalan keselamatan dan tidak menerima jawaban Allah terhadap doa mereka meskipun mereka datang ke gereja secara teratur.

Rasul Paulus sebelumnya memiliki iman kedagingan sebelum ia bertemu Tuhan Yesus di jalan menuju Damaskus. Ia masih belum mengakui Yesus sebagai Juru Selamat seluruh umat manusia tapi malah memenjarakan dan menganiaya banyak orang Kristen.

Oleh karena itu, Anda harus menghilangkan setiap jenis pemikiran dan teori yang bertentangan dengan firman Allah untuk dapat mengubah iman kedagingan Anda menjadi iman rohani. Melalui Rasul Paulus, Allah mengingatkan kita sebagai berikut:

> *Karena senjata kami dalam perjuangan bukanlah senjata duniawi, melainkan senjata yang dilengkapi dengan kuasa Allah, yang sanggup meruntuhkan benteng-benteng. Kami mematahkan setiap siasat orang dan merubuhkan setiap kubu yang dibangun oleh keangkuhan manusia untuk menentang pengenalan akan Allah, kami menawan segala pemikiran dan menaklukannya kepada Kristus (2 Korintus 10:4-6).*

Paulus dapat menjadi pengkhotbah injil yang besar hanya setelah ia memiliki iman rohani dengan menghancurkan setiap jenis pemikiran, teori dan argumen yang bertentangan dengan Allah. Ia memimpin penginjilan kepada Bangsa Kafir (Di Luar Israel) dan menjadi batu penjuru dari misi dunia. Pada akhirnya, Paulus membuat pengakuan tegas sebagai berikut:

> *Tetapi apa yang dahulu merupakan keuntungan bagiku, sekarang kuanggap rugi karena Kristus. Malahan segala sesuatu kuanggap rugi, karena pengenalan akan Kristus Yesus, Tuhanku, lebih mulia daripada semuanya, oleh karena Dialah aku telah melepaskan semua itu dan menganggapnya sampah, supaya aku memperoleh Kristus, dan aku berada dalam Dia bukan dengan kebenaranku sendiri karena menaati hukum Taurat, melainkan dengan kebenaran karena kepercayaan kepada Kristus, yaitu kebenaran yang Allah anugerahkan berdasarkan kepercayaan (Filipi 3:7-9).*

Keinginan yang besar untuk mempelajari firman Allah

Roma 10:17 mengatakan, *"Jadi iman datang dari pendengaran, dan pendengaran oleh firman tentang Kristus"*. Anda harus mendengar firman Allah dan mempelajarinya; apabila Anda tidak mengetahui Firman Allah, Anda tidak dapat hidup oleh firman Allah. Apabila Anda tidak berbuat berdasarkan firman Allah tapi hanya menyimpannya sebagai pengetahuan, Ia tidak dapat memberikan Anda iman rohani karena Anda dapat menjadi sombong dengan pengetahuan Anda.

Anggap ada seorang gadis yang berharap untuk menjadi pianis terkenal. Tidak peduli berapa banyak ia membaca buku teks dan mempelajari teori, ia tidak dapat menjadi pianis besar tanpa latihan. Hal yang sama, kalau Anda tidak menaati firman Allah, tidak ada gunanya berapa banyak Anda membaca, mendengar, dan mempelajarinya. Anda dapat memiliki iman rohani hanya apabila tindakan Anda berdasarkan firman Allah.

Menaati firman Allah

Oleh karena itu, Anda harus percaya dalam Allah yang hidup dan menaati firman-Nya dalam segala kondisi. Apabila Anda percaya firman-Nya tanpa keraguan apapun setelah mendengarnya, Anda akan menaatinya. Sebagai hasilnya, Anda dapat memiliki jaminan dalam hati Anda karena firman Allah menyertai dalam kenyataan. Setelah itu, Anda akan berusaha keras untuk hidup oleh firman Allah.

Melalui pengulangan proses ini, Anda dapat menerima iman yang membuat Anda mampu untuk sepenuhnya menaati Firman, dan berkat serta kuasa akan datang atas Anda. Anda akan dipenuhi dengan Roh Kudus dan segala sesuatu akan berjalan baik bagi Anda.

Pada saat Keluaran, terdapat sekurangnya enam ratus ribu orang Israel berumur 20 tahun ke atas. Tetapi pada akhirnya, hanya dua dari mereka – Yosua dan Caleb – yang dapat memasuki Tanah yang Dijanjikan yaitu Kanaan. Selain dari dua orang ini, tidak seorangpun mempercayai janji Allah dari hati mereka dan menaati-Nya.

Dalam Bilangan 14:11, TUHAN berfirman kepada Musa,

"Berapa lama lagi bangsa ini menista Aku? Dan berapa lama lagi mereka tidak mau percaya kepada Aku, sekalipun sudah ada segala tanda mukjizat yang Kulakukan di tengah mereka?"

Mereka mengetahui tentang Allah dengan baik, karena mereka telah menyaksikan kuasa-Nya yang telah memberikan Sepuluh Tulah pada Mesir dan membelah Laut Merah menjadi dua bagian, mereka juga berpikir bahwa mereka percaya Allah. Mereka mengalami bimbingan dan kehadiran Allah dengan sokongan api di waktu malam dan sokongan awan di waktu siang, dan memakan manna yang datang dari langit setiap hari.

Meskipun demikian, saat Allah memerintahkan mereka untuk masuk ke dalam tanah Kanaan, mereka tidak menaati-Nya karena mereka takut terhadap bangsa Kanaan. Malahan, mereka mengeluh dan menentang Musa dan Harun. Itu terjadi karena mereka tidak memiliki iman rohani untuk taat kepada Allah meskipun karena memiliki iman kedagingan setelah begitu sering melihat dan mendengar pekerjaan mukjizat dari kuasa Allah.

Untuk memiliki iman rohani, Anda harus mempercayai Allah dan menaati firman-Nya sepanjang waktu. Apabila Anda sungguh-sungguh mengasihi-Nya, Anda akan menaati-Nya dan Ia akan menjawab doa Anda dan pada akhirnya membimbing Anda menuju kehidupan kekal.

Roma 10:9-10 mengingatkan kita, *"Sebab jika kamu mengaku dengan mulutmu, bahwa Yesus adalah Tuhan, dan percaya dalam hatimu, bahwa Allah telah membangkitkan Dia dari antara orang-orang mati, maka kamu akan diselamatkan, karena dengan hati orang percaya dan dibenarkan, dan dari mulut orang mengaku dan diselamatkan"*

"Untuk percaya dalam hatimu" tidak merujuk pada iman sebagai pengetahuan, tapi iman rohani yang dengannya Anda percaya sesuatu tanpa keraguan apapun di dalam hati. Mereka yang percaya terhadap firman Allah dalam hati mereka menaatinya, menjadi kebenaran, dan secara bertahap menyerupai Tuhan. Pengakuan mereka, "Aku percaya dalam Tuhan", adalah benar dan mereka menerima keselamatan.

Semoga Anda memiliki iman rohani yang disertai dengan perbuatan untuk menaati firman Allah, dalam nama Tuhan saya berkati! Kemudian, Anda dapat memuliakan-Nya dan menikmati hidup yang dipenuhi dengan kuasa-Nya yang dengannya segala sesuatu menjadi mungkin.

Bab 2

PERTUMBUHAN IMAN ROHANI

U K U R A N   I M A N

"*Aku menulis kepada kamu hai anak-anak,*
sebab dosamu telah diampuni
karena nama-Nya.
Aku menulis kepada kamu hai bapa-bapa,
karena kamu telah mengenal Dia, yang ada dari mulanya.
Aku menulis kepada kamu hai orang-orang muda,
karena kamu telah mengalahkan yang jahat.
Aku menulis kepada kamu, hai anak-anak,
karena kamu mengenal Bapa.
Aku menulis kepada kamu, hai bapa-bapa,
karena kamu telah mengenal Dia, yang ada dari mulanya.
Aku menulis kepada kamu hai orang-orang muda,
karena kamu kuat,
dan firman Allah diam di dalam kamu,
dan kamu telah mengalahkan yang jahat."

(1 Yohanes 2:12-14)

Anda dapat menikmati hak dan berkat sebagai anak Allah apabila Anda memiliki iman rohani. Anda tidak hanya akan menerima keselamatan dan masuk surga, tapi juga menerima jawaban terhadap apapun yang Anda minta. Selain dari itu, apabila Anda memiliki iman yang memperkenan Allah dengan menaati firman-Nya, semua hal menjadi mungkin dengan iman Anda.

Itulah kenapa Yesus mengatakan kepada kita dalam Markus 16:17-18, *"Tanda-tanda ini akan menyertai orang yang percaya: dalam nama-Ku mereka akan mengusir setan-setan, mereka akan berbicara dalam bahasa-bahasa yang baru bagi mereka; mereka akan memegang ular, dan sekalipun mereka minum racun maut, mereka tidak akan mendapat celaka; mereka akan meletakkan tangannya atas orang sakit dan orang itu akan sembuh."*

Biji sesawi kecil tumbuh menjadi pohon yang besar

Yesus berkata kepada murid-muridnya bahwa mereka memiliki iman yang kecil saat Ia melihat mereka tidak mampu mengusir iblis, dan menambahkan bahwa segala hal adalah mungkin bahkan dengan iman yang sekecil biji sesawi. Ia berfirman dalam Matius 17:20, *"Karena kamu kurang percaya; sebab aku berkata kepadamu, sesungguhnya seandainya kamu mempunyai iman sebesar biji sesawi saja kamu dapat berkata kepada gunung ini, 'pindah dari tempat ini kesana', maka gunung ini akan pindah, dan takkan ada yang mustahil bagimu".*

Biji sesawi berukuran sekecil titik pada mata pulpen. Dengan iman sekecil itu, Anda dapat memindahkan gunung dari satu tempat ke tempat lain dan semua hal menjadi mungkin untuk Anda.

Apakah Anda memiliki iman sekecil biji sesawi? Apakah gunung pindah dari satu tempat ke tempat lain atas perintah Anda? Apakah segala hal mungkin untuk Anda? Karena mustahil bagi Anda untuk memahami apa arti bacaan tersebut tanpa memahami sepenuhnya arti rohaninya, mari kita mempelajari perumpamaan dari biji sesawi yang Yesus berikan:

Hal kerajaan surga itu seumpama biji sesawi yang diambil dan ditaburkan orang diladangnya, memang biji itu yang paling kecil dari segala jenis benih; tapi apabila sudah tumbuh sesawi tiu lebih besar daripada sayuran yang lain, dan bahkan menjadi pohon, sehingga burung-burung di udara datang bersarang pada cabang-cabangnya (Matius 13:31-32).

Biji sesawi lebih kecil dibandingkan dengan biji lainnya, tapi saat ia tumbuh dan menjadi pohon besar banyak butung yang datang dan hinggap di dahannya. Yesus menggunakan perumpamaan biji sesawi untuk mengajarkan kepada kita bahwa kita dapat memindahkan gunung dari satu tempat ke tempat lain, dan semua hal adalah mungkin apabila iman kecil Anda menjadi dewasa. Murid-murid Yesus harus memiliki man yang kuat yang dengannya segala sesuatu menjadi mungkin karena mereka telah bersama-Nya untuk waktu yang lama dan menyaksikan banyak mukjizat pekerjaan Allah. Meskipun demikian, karena mereka tidak memiliki iman kuat, Yesus mencela mereka.

Ukuran penuh iman

Saat Anda menerima Roh Kudus dan mencapai iman rohani, iman Anda akan menjadi dewasa sampai pada ukuran penuh yang membuat segala sesuatu menjadi mungkin. Allah menghendaki Anda agar menerima jawaban untuk apapun yang Anda minta dengan cara meningkatkan iman Anda.

Efesus 4:13-15 mengingatkan kita, *"Sampai kita semua telah mencapai kesatuan iman, dan pengetahuan tentang Anak Allah, kedewasaan penuh, ke tingkat pertumbuhan yang sesuai dengan kepenuhan Kristus. Sehingga kita bukan lagi anak-anak, yang diombang-ambing oleh rupa-rupa angin pengajaran, oleh permainan palsu manusia dalam kelicikan mereka yang menyesatkan, tetapi dengan teguh berpegang kepada kebenaran di dalam kasih kita bertumbuh di dalam segala hal ke arah Dia, Kristus, yang adalah kepala".*

Adalah hal yang umum bahwa apabila seorang bayi dilahirkan, maka kelahirannya dicatatkan oleh pemerintah, dan ia tumbuh menjadi anak-anak, kemudian orang muda. Pada saatnya, ia menikah, melahirkan anak, dan menjadi seorang bapa.

Dengan cara yang sama, apabila Anda menjadi anak Allah melalui Yesus Kristus dan nama Anda dicatat dalam Kitab

Kehidupan dalam kerajaan surga, maka iman Anda harus tumbuh setiap hari untuk mencapai iman anak-anak, orang muda dan kemudian bapa.

Itulah kenapa 1 Korintus 3:2-3 mengajarkan kepada kita, *"Susulah yang kuberikan kepadamu, bukanlah makanan keras, sebab kamu belum dapat menerimanya. Dan sekarangpun kamu belum dapat menerimanya. Karena kamu masih manusia duniawi. Sebab, jika di antara kamu ada iri hati dan perselisihan bukankah hal itu menunjukkan, bahwa kamu manusia duniawi dan bahwa kamu hidup secara manusiawi?"*

Sebagaimana layaknya bayi yang baru dilahirkan harus minum susu untuk hidup, demikian juga bayi rohani harus minum susu rohani untuk tumbuh. Jadi, bagaimana bisa seorang bayi rohani bertumbuh menjadi seorang bapa?

1. Iman Bayi

1 Yohanes 2:12 mengatakan *"Aku menulis kepadamu, hai anak-anak, sebab dosamu telah diampuni oleh karena nama-Nya"*. Ayat ini mengatakan kepada kita bahwa seseorang yang tidak mengenal Allah akan diampuni dari dosa-dosanya apabila ia menerima Yesus Kristus, dan menerima hak untuk menjadi anak Allah melalui Roh Kudus yang berdiam di hatinya (Yohanes 1:12).

Tidak ada nama selain nama Yesus Kristus yang dengannya Anda dapat diampuni dan menerima keselamatan. Meskipun demikian, orang-orang duniawi menganggap Kekristenan sejenis agama yang baik untuk penyembuhan mental dan menanyakan pertanyaan yang mencela, "Kenapa Anda mengatakan kami hanya bisa diselamatkan hanya melalui Yesus Kristus?"

Kenapa, hanya Yesus yang menjadi Juru Selamat kita? Umat manusia tidak dapat diselamatkan oleh nama lain selain Yesus Kristus, dan hanya dapat diampuni dari dosa-dosa mereka melalui darah Yesus yang mati di kayu salib.

Kisah Para Rasul 4:12 mengatakan, *"Dan keselamatan tidak ada di dalam siapapun juga selain di dalam Dia, sebab di bawah kolong langit ini tidak ada nama lain yang diberikan kepada manusia yang olehnya kita dapat diselamatkan"*. Dan Kisah Para Rasul 10:43 mengatakan, *"Tentang Dialah semua nabi bersaksi, bahwa barangsiapa percaya kepada-Nya, ia akan mendapatkan pengampunan dosa oleh karena nama-Nya"*. Oleh karena itu, ini adalah rencana dan kehendak Allah bahwa manusia diselamatkan melalui Yesus Kristus.

Sepanjang sejarah umat manusia, terdapat orang-orang yang disebut "hebat" atau "luhur" seperti Socrates, Konfusius, Budha, dan lainnya. Dari sudut pAndang Allah, mereka hanya mahluk ciptaan semata dan pendosa karena semua manusia telah dilahirkan dengan dosa mula-mula yang diwarisi dari Adam yang melakukan dosa ketidaktaatan dan juga dari bapa mereka.

Yesus memiliki kuasa rohani dan memenuhi syarat untuk menjadi Juru Selamat umat manusia: Ia tidak memiliki dosa mula-mula karena Ia dikandung dari Roh Kudus. Ia juga tidak memiliki dosa yang dilakukan sendiri selama masa hidup-Nya. Oleh karena itu, Ia memiliki kuasa untuk menyelamatkan umat manusia karena Ia tidak berdosa dan memiliki kasih besar untuk mengorbankan hidup-Nya sendiri bagi para pendosa.

Oleh karena itu, apabila Anda percaya bahwa Yesus Kristus

satu-satunya jalan keselamatan dan menerima-Nya sebagai Juru
Selamat, maka Anda akan diampuni dari semua dosa Anda, dan
menerima Roh Kudus sebagai karunia dari Allah, dan dilindungi
sebagai anak-Nya.

Iman seorang penjahat di sebelah Yesus

Saat Yesus digantung di kayu salib untuk menebus dosa-
dosa umat manusia, salah satu dari dua penjahat di sebelah Yesus
bertobat dari dosa-dosanya dan menerima-Nya sebagai Juru
Selamat sebelum kematiannya. Sebagai hasilnya, ia dilindungi
sebagai anak Allah dan masuk ke dalam Firdaus. Kepada semua
orang yang dilahirkan kembali dengan menerima Yesus Kristus,
Allah memanggil mereka sebagai "anak kecil-Ku".

Sebagian orang berpendapat, "Seorang penjahat menerima
Yesus sebagai Juru Selamatnya dan diselamatkan sesaat sebelum
kematiannya. Saya akan menikmati dunia sebanyak yang saya
inginkan dan menerima Yesus Kristus sebagai Juru Selamat saya
sesaat sebelum saya mati. Saya masih akan tetap masuk surga!"
Ide seperti itu, jelas-jelas salah.

Bagaimana penjahat itu mampu untuk menerima Yesus, yang
diolok-olok oleh orang-orang jahat dan sedang sekarat di tiang
salib? Penjahat tersebut telah memikirkan bahwa Yesus mungkin
adalah sang Mesias saat ia mendengar pesan-Nya. Ia mengakui
imannya kepada Yesus dan menerima-Nya sebagai Juru Selamat
saat ia digantung pada kayu salib disebelah-Nya. Dengan cara
itu, ia menerima keselamatan dan memperoleh hak untuk masuk
Firdaus.

Demikian juga, setiap orang memperoleh hak untuk menjadi

anak Allah apabila ia menerima Yesus sebagai Juru Selamatnya dan menerima Roh Kudus. Itulah sebabnya mengapa Allah memanggilnya "Anak kecil-Ku". Sebagai contoh, saat seorang bayi dilahirkan, kelahirannya dicatat dan ia menjadi warga negara dari negara di mana ia dilahirkan. Dengan cara yang sama, Anda dapat memperoleh kewarganegaraan surga dan diakui sebagai anak Allah apabila nama Anda dicatat dalam Kitab Kehidupan.

Oleh karena itu, iman bayi merujuk pada iman orang-orang yang baru saja menerima Yesus Kristus, diampuni dari dosa-dosa mereka dan menjadi anak Allah sebagaimana nama mereka dicatat dalam Kitab Kehidupan di surga.

2. Iman Anak-anak

Orang-orang yang dilahirkan sebagai anak Allah, dengan menerima Yesus Kristus dan memperoleh kehidupan rohani, menjadi dewasa dalam iman mereka dan memperoleh iman anak-anak. Saat seorang bayi dilahirkan dan disapih dari ibunya, ia dapat mengenali orangtuanya dan benda-benda tertentu, lingkungan sekitarnya, dan juga orang-orang.

Anak-anak masih mengetahui sedikit dan harus berada di bawah perlindungan orangtua mereka. Saat mereka ditanyakan apabila mereka mengetahui orangtua mereka, mereka akan berkata "Ya". Meskipun demikian, saat mereka ditanya mengenai rumah orangtua mereka atau keturunan keluarga mereka, mereka tidak akan mampu menjawab. Oleh karena itu, anak-anak tidak mengetahui tentang orangtua mereka secara detil, bahkan meskipun mereka mungkin saja mengatakan, "Saya tahu tentang ayah dan ibu saya".

Apabila orangtua membelikan mainan untuk anak mereka, anak tersebut dapat mengatakan mainan tersebut adalah mobil-mobilan atau boneka, tapi tidak mengetahui bagaimana mobil-mobilan dibuat atau bagaimana boneka dibeli. Oleh karena itu, anak-anak mengetahui beberapa bagian benda, mereka melihat dengan mata mereka, tapi tidak memahami detil benda-benda yang tidak dapat mereka lihat.

Secara rohani, anak-anak memiliki iman pemula untuk mengetahui Allah Bapa; mereka menikmati berkat dalam iman setelah mereka menerima Yesus Kristus dan menerima Roh Kudus. 1 Yohanes 2:13 mengatakan, *"Aku menulis kepadamu, hai anak-anak, karena kamu mengenal Bapa"*. Disini, "Kamu mengenal Bapa" menunjukkan bahwa orang-orang dengan iman anak-anak telah menerima Yesus Kristus dan mempelajari firman Allah dengan datang ke gereja.

Sebagaimana seorang bayi yang masih mengetahui sedikit tapi dapat mengenali ayah dan ibunya saat ia bertumbuh, orang percaya baru juga secara bertahap menjadi paham kehendak dan hati Allah Bapa saat mereka datang ke gereja dan mendengarkan firman-Nya. Mereka masih belum mapu untuk menaati firman karena mereka belum memiliki iman yang cukup.

Oleh karena itu, iman anak-anak adalah iman orang-orang yang mengetahui kebenaran dengan mendengarkan firman, tapi terkadang menaati firman terkadang tidak. Tingkat iman ini masih belum sempurna.

Siapa yang memanggil Allah dengan sebutan "Bapa"?

Apabila seseorang masih belum menerima Yesus Kristus tapi mengaku, "Saya mengenal Allah", maka ia sedang berbohong. Jadi, ada orang-orang yang berkata, "Saya tidak datang ke gereja, tapi saya mengenal Allah". Mereka adalah orang yang membaca Alkitab sekali atau dua kali, pernah datang ke gereja sebelumnya, atau telah mendengar Allah di sana sini. Tetapi, apakah mereka benar-benar mengenal Allah sang pencipta?

Apabila mereka dalam kenyataan sungguh mengenal Allah, maka mereka seharusnya memahami kenapa Yesus adalah Anak tunggal Allah, kenapa Allah mengutus-Nya ke dunia ini, dan kenapa Allah meletakkan pohon pengetahuan tentang yang baik dan yang jahat di Taman Eden. Mereka juga seharusnya mengetahui keberadaan surga dan neraka, serta bagaimana mereka dapat diselamatkan dan masuk surga.

Lebih dari itu, apabila mereka benar-benar memahami kenyataan ini, tidak akan ada orang yang menolak pergi ke gereja dan hidup menurut firman Allah. Tetapi yang terjadi adalah, mereka tidak datang ke gereja atau memanggil Allah dengan "Bapa" karena mereka tidak percaya Allah ataupun mengenal Dia.

Dengan cara yang sama, beberapa orang dunia yang tidak percaya dalam Allah dapat saja mengatakan mereka mengenal Allah, tapi itu bohong. Mereka tidak dapat mengenali Allah atau memanggil-Nya "Bapa" karena mereka tidak mengenal Yesus Kristus dan tidak hidup dalam firman-Nya (Yohanes 8:19).

Orang-orang memangil Allah secara berbeda

Orang percaya memanggil Allah yang sama secara berbeda sesuai dengan ukuran iman mereka. Tidak seorangpun menyebut-Nya "Allah Bapa" sebelum menerima Yesus Kristus sebagai Juru Selamatnya. Adalah hal yang alami bahwa mereka tidak memanggil-Nya "Bapa" karena mereka masih belum dilahirkan kembali.

Orang-orang percaya baru memanggil Allah dengan sebutan apa? Mereka sedikit malu dan biasa memanggil-Nya "Allah". Mereka tidak memanggil-Nya "Allah Bapa" dengan lembut tapi malah merasa canggung atau tidak biasa karena mereka masih belum melayani-Nya sebagai Bapa mereka.

Namun demikian, nama yang oleh orang percaya dipanggil Allah itu berubah seiring pertumbuhan iman mereka ke ukuran anak-anak. Mereka memanggil-Nya, "Bapa" karena mereka memiliki iman anak-anak, seperti layaknya anak-anak memanggil ayah mereka "Papa" dengan gembira. Tentu saja, tidak salah bagi mereka untuk biasa memanggil-Nya "Allah" atau "Allah Bapa". Mereka akan memanggil-Nya "Allah Bapa" atau malah "Bapa Allah" apabila iman mereka menjadi lebih dewasa. Lebih dari itu, mereka memanggil-Nya "Bapa" saat mereka berdoa kepada Allah.

Yang mana menurut Anda yang lebih terdengar lembut dan lebih intim kepada Allah: Orang yang memanggil-Nya "Allah" atau orang yang memanggil-Nya "Bapa"? Betapa senangnya Allah apabila Anda memanggil-Nya "Bapaku" dari dasar hati Anda!

Amsal 8:17 mengatakan kepada kita, *"Aku mengasihi orang yang mengasihi aku, dan orang yang tekun mencari Aku, akan mendapatkan Daku"*. Semakin Anda mengasihi Allah, semakin Ia mengasihi Anda. Semakin Anda mencari-Nya, semakin mudah Anda menerima jawaban dari-Nya.

Sesungguhnya, Anda akan hidup di surga selamanya memanggil Allah dengan sebutan "Bapa" sebagai Anak-Nya, jadi paling sesuai bagi Anda untuk memiliki hubungan yang intim dan baik dengan Allah dalam kehidupan yang sekarang juga. Oleh karena itu, Anda harus mengemban tanggung jawab Anda sebagai anak Allah dan memperlihatkan bukti bahwa Anda mengasihi-Nya dengan cara taat penuh pada perintah-Nya.

3. Iman Orang Muda

Sebagaimana anak-anak bertumbuh menjadi kuat dan menjadi remaja, iman anak-anak mendewasa dan menjadi iman orang muda. Yaitu, setelah fase kanak-kanan rohani dalam iman, melalui doa dan firman Allah, tingkat iman manusia bertumbuh menjadi orang muda yang dapat mengatakan apa kehendak Allah Bapa dan apa itu dosa.

Orang muda adalah kuat dan pemberani

Hanya sedikit anak-anak yang mengetahui hukum negara dengan baik. Mereka berada di bawah perlindungan orang tua mereka, dan bahkan apabila mereka melakukan kejahatan, orang tua merekalah bertanggung jawab untuk hal tersebut karena mereka tidak mendidik anak mereka dengan baik. Anak-anak tidak mengetahui dengan baik apa itu dosa, apa itu kebenaran, dan apa isi hati orang tua, karena mereka masih dalam proses belajar.

Bagaimana dengan remaja? Mereka kuat, mudah marah, dan mudah berbuat dosa. Mereka mudah melihat, belajar, dan mengalami segala hal dan memiliki kecenderungan untuk dekat dengan lainnya. Mereka cenderung untuk tertarik dalam segal hal, keras kepala, dan percaya bahwa tidak ada yang tidak dapat mereka lakukan.

Dengan cara yang sama, iman orang muda tidak mencari hal-hal duniawi, tapi lebih berharap kepada surga dengan kepenuhan dari Roh Kudus dan menaklukkan dosa-dosa dengan firman Allah karena mereka memiliki iman yang kuat. Mereka menjalani kehidupan yang gemilang dalam segala keadaan, mengalahkan dunia dan iblis dengan keberanian tak terhingga karena firman tinggal di dalam mereka.

Mengalahkan dan mengendalikan iblis

Kemudian, bagaimana orang muda dengan kekuatan dan keberanian iman mengalshksn dunia yang penuh dosa dan iblis? Mereka yang menerima Yesus Kristus memperoleh hak untuk menjadi anak Allah dan dalam kebenaran yang gemilang mengalahkan orang-orang jahat. Iblis, berpikir bahwa mereka kuat, tidak berani melakukan apapun terhadap anak-anak Allah. Oleh karena itu, kita menemukan dalam 1 Yohanes 2:13, *"Aku menulis kepada kamu, hai orang-orang muda, karena kamu telah mengalahkan yang jahat"*.

Anda dapat mengalahkan kejahatan apabila Anda berdiam dalam kebenaran karena firman Allah tinggal di dalam Anda.

Sebagaimana orang-orang tidak dapat menaati hukum karena mereka tidak mengetahuinya, maka Anda tidak dapat hidup oleh firman Allah tanpa mengetahuinya.

Oleh karena itu, Anda perlu untuk menjaga firman-Nya di dalam hati Anda dan hidup dengan menyingkirkan semua jenis dosa. Dengan cara itu, mereka yang memiliki iman orang muda dapat mengalahkan dunia dengan firman Allah. Itulah kenapa 1 Yohanes 2:14 mengatakan, *"Aku telah menulis kepadamu, hai orang-orang muda, karena kamu kuat dan firman Allah diam di dalam kamu, dan kamu telah mengalahkan yang jahat"*.

4. Iman Bapa

Saat orang muda dengan kekuatan dan semangat tak terhingga bertumbuh dan menjadi dewasa, mereka akan mampu untuk masuk dan memahami setiap situasi dan, setelah mengalami bayak hal, memperoleh kearifan untuk menjadi cukup bijaksana untuk bersikap rendah hati apabila diperlukan. Orang-orang dengan iman bapa mengetahui asal mula Allah secara detil dan memahami pemeliharaan-Nya karena mereka memiliki iman rohani yang sangat besar.

Siapa yang mengetahui asal mula Allah?

Bapa berbeda dibanding orang muda dalam banyak hal. Orang muda belum dewasa karena mereka kurang pengalaman, bahkan walaupun mereka telah belajar banyak hal. Oleh karena itu, ada banyak situasi dan peristiwa yang tidak dipahami oleh orang-orang muda, sebaliknya bapa memahami banyak hal dengan baik karena mereka telah mengalami berbagai aspek kehidupan.

Bapa juga memahami kenapa orangtua ingin memiliki anak, bagaimana sakitnya melahirkan, dan bagaimana repotnya mengurus anak. Mereka mengetahui tentang keluarganya: Darimana orangtua mereka berasal, bagaimana mereka bertemu dan menikah, dan hal-hal seperti itu.

Ada pepatah Korea yang mengatakan, "Hanya apabila kamu melahirkan anakmu sendiri barulah kamu benar-benar mengerti hati orangtuamu". Serupa dengan itu, hanya orang-orang dengan iman bapa yang dapat memahami sepenuhnya hati Allah Bapa. Mengenai orang Kristen dewasa 1 Yohanes 2:13 mengatakan, *"Aku menulis kepada kamu, hai bapa-bapa, karena kamu telah mengenal Dia yang ada dari mulanya"*.

Lebih dari itu, mereka yang memiliki iman bapa menjadi teladan untuk banyak orang karena mereka rendah hati dan mampu untuk berdiri kokoh pada kebenaran tanpa menyimpang dari kebenaran itu.

Apabila kita mengumpamakan iman bapa sebagai masa panen, maka iman orang muda dapat diibaratkan sebagai buah yang belum matang. Orang-orang dengan iman orang muda diibaratkan panen yang belum matang karena mereka cenderung untuk memaksakan pemikiran dan teori mereka sendiri.

Yesus memperlihatkan contoh pelayanan dengan membasuh kaki murid-murid-Nya, iman bapa, tidak seperti iman orang muda, menghasilkan buah yang matang dari perbuatan dan memberikan kemuliaan kepada Allah dengan buah perbuatan.

Untuk memiliki hati Yesus Kristus

Allah menghendaki anak-anak-Nya untuk mencapai hati Allah, yang ada dari permulaan, dan Yesus Kristus, yang merendahkan hati-Nya dan taat sampai mati (Filipi 2:5-8). Karena alasan ini, Allah memberikan ujian kepada anak-anak-Nya, dan melalui ujian ini iman mereka menjadi dewasa dan mereka memperoleh ketahanan dan harapan. Dengan cara ini, iman mereka meningkat sampai pada tingkatan bapa.

Dalam Lukas 17, Yesus mengajar murid-murid-Nya dengan perumpamaan seorang pelayan. Seorang pelayan bekerja di ladang sepanjang hari dan kembali ke rumah dengan penuh debu, tapi tidak seorangpun berkata kepadanya "Hebat! Istirahatlah dan makan malam". Malah, pelayan tersebut harus mempersiapkan makan malam untuk tuannya dan menunggunya; baru setelah itu pelayan tersebut dapat makan malam. Tidak seorangpun berkata kepadanya, "Terima kasih banyak atas kerja kerasmu", meskipun ia melakukan apapun yang diperintahkan tuannya. Pelayan tersebut hanya berkata, "Saya adalah pelayan tidak berharga; saya telah melakukan hanya apa harus saya lakukan".

Dengan cara yang sama, Anda harus bersikap rendah hati dan taat, "Saya pelayan yang tidak berharga; saya hanya melakukan kewajiban saya", bahkan setelah Anda melakukan segala hal yang diperintahkan Allah kepada Anda. Orang-orang dengan iman bapa mengatahui keadalaman dan ketinggian hati Allah ada dari permulaan, dan juga memiliki hati Yesus Kristus yang rendah hati dan menganggap dirinya sendiri sebagai bukan siapa-siapa dan bersikap taat sampai mati. Oleh karena itu, Allah mengakui dan sangat menghargai orang-orang seperti ini dan mereka akan bersinar di surga seperti matahari.

Sebagaimana halnya biji sesawi kecil tumbuh menjadi sebuah pohon besar sehingga banyak burung-burung hinggap, maka iman rohani tumbuh dari ukuran bayi menjadi anak-anak, orang muda dan bapa. Betapa diberkatinya apabila Anda mengenal Allah yang ada dari permulaan, memiliki iman yang cukup untuk memahami ketinggian dan kedalaman-Nya, dan mampu untuk melihat setelah pengembaraan jiwa seperti yang dilakukan Yesus.

Semoga Anda dapat memiliki hati Tuhan yang berlimpah dengan kasih, kemurahan hati, memiliki iman bapa, menghasilkan buah yang berlimpah, dan bersinar seperti matahari di surga selamanya, dalam nama Tuhan saya berdoa.

Bab 3

Ukuran Iman Tiap-tiap Orang

"Berdasarkan kasih karunia yang dianugerahkan kepadaku
aku berkata kepada setiap orang di antara kamu
janganlah kamu memikirkan hal-hal yang lebih tinggi
dari apa yang patut kamu pikirkan;
tetapi hendaklah kamu berpikir begitu rupa
sehingga kamu menguasai diri menurut ukuran iman, yang
dikaruniakan Allah kepadamu masing-masing."

(Roma 12:3)

Allah membuat Anda memperoleh apa yang Anda tabur dan memberi upah kepada Anda sesuai dengan apa yang Anda lakukan karena Dia adil. Dalam Matius 7:7-8 Yesus mengatakan kepada kita, *"Mintalah, maka akan diberikan kepadamu; carilah, maka kamu akan mendapatkan; ketoklah, maka pintu akan dibukakan bagimu. Karena setiap orang yang meminta, menerima dan setiap orang yang mencari, mendapat dan setiap orang yang mengetok, baginya pintu dibukakan"*.

Anda menerima berkat dan jawaban terhadap doa Anda bukan oleh iman kedagingan melainkan oleh iman rohani. Anda dapat mencapai iman kedagingan apabila Anda mendengar firman Allah dan mempelajarinya. Sedangkan iman rohani tidak diberikan secara cuma-cuma; Anda hanya dapat menerimanya apabila Allah memberikannya kepada Anda.

Roma 12:3 menekankan kepada kita, *"Hendaklah kamu berpikir begitu rupa, sehingga kamu menguasai diri menurut ukuran iman, yang dikaruniakan Allah kepadamu"*. Iman rohani setiap orang diberikan oleh Allah dan berbeda satu sama lain. Juga, sebagaimana kita temukan dalam 1 Korintus 15:41, *"Kemuliaan matahari lain daripada kemuliaan bulan, dan kemuliaan bulan lain dari kemuliaan bintang-bintang, dan kemuliaan bintang yang satu berbeda dengan kemuliaan bintang yang lain"*. Tempat tinggal surgawi dan upah kemuliaan untuk setiap orang berbeda sesuai dengan ukuran imannya.

1. Ukuran Iman Diberikan oleh Allah

"Ukuran" adalah berat, isi, kuantitas atau ukuran dari sebuah benda. Allah mengukur iman tiap-tiap individu dan memberikan orang tersebut jawaban sesuai dengan ukuran imannya.

Umumnya, orang-orang dengan iman yang besar dapat menerima jawaban apabila mereka menginginkannya dalam hati mereka, sementara orang lain menerima jawaban hanya apabila mereka berdoa dengan rajin dan berpuasa selama sehari, dan sebagian lainnya dengan iman yang kecil menerima jawaban saat mereka berdoa selama beberapa bulan atau tahun. Apabila Anda dapat "memperoleh" iman rohani sebagaimana yang Anda inginkan, setiap orang akan menerima berkat dan jawaban yang ia inginkan. Dunia akan menjadi sangat membingungkan dan tidak nyaman untuk didiami.

Anggap ada seseorang yang tidak hidup oleh firman Allah. Apabila orang tersebut meminta, "Allah, perkenankan aku menjadi kepala dari konglomerat bisnis paling terkemuka di negara ini!" atau "Aku membenci orang itu. Tolong hukum dia", kemudian doa dan keinginannya dikabulkan, akan seperti apa dunia jadinya?

Iman rohani dan ketaatan

Bagaimana Anda dapat memiliki iman rohani? Allah tidak memberikan iman rohani kepada semua orang, tapi hanya kepada mereka yang memenuhi syarat karena taat kepada Firman-Nya. Oleh karena itu, Anda dapat menerima iman rohani sampai pada tahap Anda menyingkirkan kesesatan seperti kebencian, perselisihan, iri, perzinahan, dan hal-hal serupa itu di dalam Anda, dan Anda mengasihi, bahkan musuh Anda.

Dalam Alkitab, Yesus memuji beberapa orang dengan mengatakan, "Imanmu besar!" tapi mencela yang lain dengan mengatakan, "Imanmu kecil!".

Sebagai contoh, dalam Matius 15:21-28 Seorang wanita Kanaan datang kepada Yesus dan memintanya untuk menyembuhkan anaknya yang kemasukan roh jahat. Ia berseru, *"Kasihanilah aku, ya Tuhan, Anak Daud, karena anakku perempuan kerasukan setan dan sangat menderita"* (a. 22).

Yesus menunggu untuk menguji iman wanita itu, dan menjawab, *"Aku diutus hanya kepada domba-domba yang hilang dari umat Israel"* (ayat 24). Tetapi perempuan itu mendekat dan berkata. *"Tuhan, tolonglah aku"* (ayat 25). Tetapi Yesus menjawab: *"Tidak patut mengambil roti yang disediakan bagi anak-anak dan melemparkannya kepada anjing"* (ayat 26). Ia berkata demikian karena Orang Yahudi pada saat itu menganggap orang Kafir (bukan Yahudi) sebagai anjing dan perempuan tersebut adalah orang Kafir dari wilayah yang disebut Tire.

Dalam situasi ini, kebanyakan orang akan merasa malu, patah harapan, atau tersinggung dan akan dengan mudah menyerah. Tetapi, perempuan tersebut tidak kecewa dan menerima perkataan Yesus dengan rendah hati. Perempuan tersebut merendahkan dirinya sendiri sebagai mahluk kecil dan rendah seperti anjing, dan memohon berkat-Nya: *"Benar Tuhan, namun anjing itu makan remah-remah yang jatuh dari meja tuannya".* (ayat 27). Yesus menjadi gembira dengan iman dan jawaban perempuan tersebut, *"Hai ibu, besar imanmu, maka jadilah kepadamu seperti yang kaukehendaki"* dan anak perempuan tersebut disembuhkan seketika (ayat 28).

Kita juga menyaksikan Yesus mencela murid-murid-Nya karena iman mereka yang lemah dalam Matius 17:14-20. Seorang lelaki menyerahkan anaknya yang menderita penyakit epilepsi kepada murid-murid Yesus, tapi mereka tidak mampu untuk menyembuhkan anak tersebut. Kemudian, lelaki tersebut menyerahkan anaknya kepada Yesus, dan Ia mengusir iblis dari dalam tubuh anak itu seketika dan menyembuhkannya. Setelah Yesus menyembuhkan anak tersebut, murid-murid-Nya menghampiri dan bertanya kepada-Nya, *"Kenapa kami tidak dapat mengusirnya setan itu?"* (ayat 19) Ia menjawab, *"Karena kamu kurang percaya"* (ayat 20).

Selain itu, Yesus mencela Petrus dalam Matius 14:22-23. Suatu malam, murid-murid-Nya berada di perahu dalam keadaan cuaca yang bergelombang besar, dan Yesus mendekati mereka dengan berjalan di atas air. Mereka menjadi akut saat pertama kali melihat Yesus berjalan di atas laut, dan berseru dalam ketakutan, *"Itu pasti hantu!"* (ayat 26). Yesus segera berbicara kepada mereka, *"Tenanglah, ini Aku, jangan takut"* (ayat 27).

Petrus menjadi tenang dan menjawab, *"Tuhan, apabila Engkau itu, suruhlah aku datang kepada-Mu berjalan di atas air"* (ayat 28). Kemudian, Yesus berkata, *"Datanglah"*, seperti yang ingin didengar Petrus. Lalu Petrus turun dari perahu, berjalan di atas air, dan mendatangi Yesus. Tetapi, saat ia melihat tiupan angin, Petrus menjadi takut dan mulai berteriak, *"Tuhan, tolonglah aku!"* (ayat 30) Segera Yesus mengulurkan tangan-Nya dan meraih Petrus dan berkata: *"Hai orang yang kurang percaya, kenapa kamu bimbang?"* (ayat 31)

Petrus dicela karena imannya yang lemah pada saat itu, tapi setelah ia menerima Roh Kudus dan kuasa Allah, ia melakukan mukjizat yang tidak terhitung jumlahnya dalam nama Tuhan, dan dengan imannya yang besar ia disalibkan terbalik bagi Tuhan.

2. Perbedaan Ukuran Iman dari Tiap-tiap Orang

Terdapat banyak perumpamaan dalam Alkitab yang menjelaskan ukuran iman. 1 Yohanes 2 menjelaskan ukuran iman dengan membandingkannya dengan pertumbuhan manusia, dan Yehezkiel 47:3-5 menjelaskan ukuran iman dengan membandingkannya dengan kedalaman air:

Sedang orang itu pergi ke arah timur dan memegang tali pengukur di tangannya, ia mengukur seribu hasta dan menyuruh aku masuk dalam air itu, maka dalamnya sampai di pergelangan kaki. Ia mengukur seribu hasta lagi dan membawa aku masuk ke dalam air, air mencapai di lutut. Ia mengukur seribu hasta lagi dan membawa aku masuk ke dalam air, air mencapai di pinggang. Sekali lagi ia mengukur seribu hasta lagi; itu adalah sebuah sungai yang tidak bisa aku seberangi, karena air itu sudah meninggi, cukup jadi air untuk orang dapat berenang, sebuah sungai yang tidak dapat diseberangi lagi.

Kitab Yehezkiel adalah salah satu dari Lima Kitab Besar tentang Nubuatan dalam Perjanjian Lama. Allah menyuruh Nabi Yehezkial mencatat berbagai nubuatan saat Kerajaan Selatan Yehuda dihancurkan oleh Babel dan banyak orang Yahudi ditangkap dan dipenjarakan sebagai tawanan perang. Mulai dari Yehezkiel 40 dan seterusnya digambarkan bait yang dilihat Yehezkiel dalam suatu penglihatan.

Dalam Yehezkiel 47, nabi itu menulis tentang sebuah penglihatan di mana ia melihat air keluar dari bawah bait menuju ke timur. Air turun dari bawah sisi selatan bait, di selatan altar. Kemudian, air mengalir melalui mezbah utara, dan mengaliri tempat perlindungan di sekitar bagian luar ke gerbang terluar yang menghadap ke timur.

"Air" di sini secara rohani melambangkan firman Allah (Yohanes 4:14), dan kenyataan bahwa air datang dan mengepung bagian dalam dari bait, dan kemudian mengaliri tempat perlindungan menunjukkan bahwa firman Allah diajarkan tidak hanya dalam gereja tapi juga ke seluruh dunia.

Apa yang dimaksud Yehezkiel dengan "ia mengukur seribu hasta" (47:3), sedang orang itu pergi ke timur dengan pengukur di tangannya? Ini merujuk kepada ukuran Tuhan terhadap iman masing-masing orang dan menilainya dengan tepat sesuai ukuran dari iman masing-masing orang pada hari Penghakiman.

"Orang dengan alat pengukur di tangannya" merujuk kepada pelayan Tuhan, dan "memiliki sebuah pengukur" berarti bahwa Tuhan mengukur iman masing-masing orang dengan tepat tanpa ada kesalahan apapun. Oleh karena itu, perubahan kedalaman air menAndakan secara kiasan tentang perbedaan tingkat ukuran iman.

Sesuai dengan kedalaman air

"Kedalaman air setumit" menunjukkan iman dari bayi, ukuran iman yang memungkinkan Anda hanya mendapatkan keselamatan. Apabila ukuran iman dibandingkan dengan tinggi manusia, tingkat ini hanya setinggi tumitnya. Berikutnya, "kedalaman air selutut" merujuk pada iman anak-anak, dan "kedalaman air sepinggang" merujuk pada iman orang-orang muda. Terakhir, "kedalaman air cukup untuk berenang" merujuk pada iman bapa.

Dengan cara ini, pada hari Penghakiman iman tiap-tiap orang akan diukur dan tempat tinggal surgawi untuk tiap-tiap orang akan ditentukan oleh Tuhan sampai pada tahap ia hidup sesuai dengan firman Allah dalam kehidupan ini.

"Mengukur seribu hasta" menunjukkan hati Allah yang besar, ketepatannya tanpa kesalahan kecil sekalipun, dan kedalaman hati-Nya yang memperhitungkan segala sesuatu. Allah mengukur iman tiap-tiap orang bukan dari satu sudut pAndang saja, tapi dari segala sudut. Allah mencari setiap perbuatan kita dan inti hati kita dengan sangat teliti sehingga tidak seorangpun merasa bahwa ia salah diukur.

Oleh karena itu, Allah mencari segala hal dengan mata-Nya yang berapi-api, dan membuat setiap orang menuai apa yang mereka tabur dan mengupahnya sesuai dengan apa yang telah ia lakukan. Itulah kenapa Roma 12:3 mengatakan, *"Berdasarkan kasih karunia yang dianugerahkan kepadaku, aku berkata kepada setiap orang di antara kamu jangan memikirkan hal-hal yang lebih tinggi daripada yang patut kamu pikirkan; tetapi hendaklah kamu menguasai diri menurut ukuran iman yang dikaruniakan Allah kepada kamu masing-masing".*

Berpikir bijak sesuai dengan ukuran iman Anda

Berjalan dalam air dengan kedalaman setumit benar-benar berbeda dengan berjalan dalam air dengan ketinggian sepinggang. Saat Anda berada di dalam air dengan ketinggian setumit, Anda dapat berjalan bahkan berlari karena Anda tidak dapat berenang di sana. Tapi, saat Anda berada di dalam air dengan ketinggian sepinggang, Anda akan lebih memilih untuk berenang daripada berjalan.

Serupa dengan itu, mereka yang memiliki iman anak-anak akan berpikir secara berbeda dengan mereka yang memiliki iman bapa, sebagaimana manusia berpikir berbeda dalam berbagai kedalaman air. Oleh karena itu, hanya sesuai apabila Anda berpikir bijak sesuai dengan ukuran iman Anda.

Abraham mendapatkan Ishak sebagai anak yang dijanjikan setelah Allah mengakui imannya. Pada suatu hari, Allah memerintahkan Abraham untuk mempersembahkan anak tunggalnya Ishak sebagai korban bakaran. Apa yang Abraham pikirkan mengenai perintah Allah tersebut? Ia tidak pernah berpikir dengan kesedihan, "Kenapa Allah memerintahkan kepadaku untuk mempersembahkan Ishak sebagai korban bakaran padahal Ia telah memberikan Ishak sebagai anak yang dijanjikan? Apakah Ia melanggar janji-Nya?

Ibrani 11 mengingatkan kepada kita bahwa Abraham

berpikir bijak mengenai perintah Allah tersebut: 'Ia tidak pernah berdusta, jadi Ia akan membangkitkan anakku dari kematian'. Abraham tidak berpikir bahwa dirinya lebih tinggi dari yang sebenarnya, tapi malah berpikir dirinya sesuai dengan ukuran iman yang diberikan Allah kepadanya.

Abraham tidak mengeluh maupun menggerutu, tapi menaati Allah dengan rendah hati. Sebagai hasilnya, ia diterima dan diberkati lebih banyak lagi oleh Allah, dan menjadi bapa orang beriman.

Anda harus memahami bahwa melalui ujian berat Abraham dinyatakan memiliki iman rohani dan membawanya kepada jalan keberkatan. Anda dapat menerima berkat dan kasih Allah apabila Anda melalui ujian berapi dengan memikirkan diri Anda sendiri dengan bijak sesuai ukuran iman yang Anda miliki.

3. Ukuran Iman Diuji Oleh Api

1 Korintus 3:12-15 mengatakan kepada kita bahwa Allah menguji iman tiap-tiap orang dengan api dan mengukur pekerjaan yang telah dilakukan:

Sekarang kalau orang membangun di atas dasar ini dengan emas, perak, batu permata, kayu, rumput kering, atau jerami, pekerjaan masing-masing orang akan nampak; karena hari Tuhan akan menyatakannya, sebab ia akan nampak dengan api; dan bagaimana api itu sendiri akan menguji kualitas pekerjaan masing-masing orang itu. Jika pekerjaan yang dibangun

*seseorang di mana ia membangun di atasnya bertahan,
ia akan mendapat upah. Jika pekerjaannya terbakar, ia
akan menderita kerugian; tetapi ia sendiri akan
diselamatkan, tetapi seperti dalam api.*

"Dasar" disini merujuk pada Yesus Kristus, dan "pekerjaan"
menunjukkan upaya apa yang telah dilakukan dengan
sepenuh hati. Apabila seseorang percaya dalam Yesus Kristus,
pekerjaannya akan diperlihatkan apa adanya "karena hari Tuhan
akan menyatakannya".

Kapan pekerjaan itu diperlihatkan?

Pertama, pekerjaan setiap orang akan diperlihatkan apabila
tanggungjawabnya selesai. Apabila tanggung jawabnya diberikan
setahun sekali, pekerjaannya akan diperlihatkan pada akhir setiap
tahunnya.

Kedua, Allah menguji pekerjaan dari masing-masing orang
tersebut saat ujian api datang atasnya. Sebagian orang tetap
tenang tanpa berubah bahkan saat menghadapi ujian dan
kesulitan berat seperti api, sementara sebagian lain tidak dapat
menahannya.

Pada akhirnya, Allah menguji pekerjaan dari masing-
masing orang pada hari Penghakiman yang akan tiba setelah
Kedatangan Kedua Yesus Kristus. Ia akan mengukur kekudusan
dan keimanan tiap-tiap orang dan memberikan tempat tinggal
surgawi dan upah sesuai dengan ukurannya.

Pekerjaan yang tinggal tetap setelah ujian api

1 Korintus 3:12-13 mengingatkan kita, *"Sekarang kalau orang membangun di atas dasar ini dengan emas, perak, batu permata, kayu, rumput kering, atau jerami, pekerjaan masing-masing orang akan nampak; karena hari Tuhan akan menyatakannya, sebab ia akan nampak dengan api; dan bagaimana api itu sendiri akan menguji kualitas pekerjaan masing-masing orang itu".*

Saat Allah menguji iman tiap-tiap orang dengan api, kualitas dari pekerjaan tiap-tiap orang tersebut akan keluar sebagai iman emas, perak, batu permata, kayu, ilalang, dan jerami. Setelah Allah melakukan pengujian, orang-orang dengan iman emas, perak, batu permata, kayu atau jerami akan dibawa menuju keselamatan, tapi orang-orang dengan iman ilalang tidak dapat diselamatkan karena keadaannya tidaklah lebih baik dari orang mati dalam roh.

Selanjutnya, orang-orang dengan iman emas, perak, batu permata dapat mengatasi ujian api seperti emas, perak, batu permata yang tidak terbakar dengan api, tapi orang-orang dengan iman kayu dan jerami tidak mudah untuk melewati ujian api yang berat tersebut.

Karakteristik emas, perak, dan batu mulia

Emas dapat ditempa, lentur, berwarna kuning, dan merupakan elemen logam dan digunakan untuk membentuk koin, perhiasan, aksesoris, atau kerajinan. Sudah sangat lama emas dianggap sebagai logam mulia yang sangat berharga. Emas memiliki kilau indah yang tidak berubah bahkan setelah jangka waktu lama karena tidak ada reaksi kimia antara emas dengan zat lainnya.

Oleh karena itu, emas dianggap sebagai logam paling bernilai karena keabadiannya, sangat berguna untuk berbagai keperluan, dan sangat lentur untuk diolah kedalam berbagai bentuk.

Perak digunakan secara luas untuk membuat koin, aksesoris dan bahan industri karena perak merupakan logam kedua yang paling mudah ditempa dan lentur, perak juga menghantarkan panas dengan sangat baik. Perak lebih ringan dari emas, dan hanya sedikit kurang indah dan kemilau dibanding emas.

Batu mulia seperti berlian, safir, atau jamrud memancarkan kilau dan warna-warna yang indah, tapi tidak dapat digunakan untuk berbagai keperluan. Benda-benda tersebut juga akan kehilangan nilai dan menjadi tidak berharga apabila benda-benda tersebut pecah atau tergores.

Oleh karena itu, Allah mengukur iman tiap-tiap orang sebagai iman emas, perak, batu permata, kayu, jerami, ilalang sesuai dengan hasil pekerjaan mereka yang diuji dengan api, dan menganggap iman emas adalah yang paling bernilai dari semua.

Mencapai iman emas

Orang-orang dengan iman seperti emas tidak terguncang bahkan apabila mereka menghadapi ujian api. Iman perak tidak sekuat emas, tapi lebih kuat dibanding batu permata yang mudah rusak bila terkena api. Dengan kata lain, orang-orang dengan iman kayu atau jerami, yang pekerjaan mereka dibakar oleh Allah dengan uji api, hanya dapat menerima keselamatan tanpa mendapat upah apapun. Allah mengupah setiap orang sesuai dengan apa yang telah ia lakukan karena Ia adil. Ia menerima orang-orang yang imannya tidak berubah seperti emas yang juga tidak pernah berubah, dan mengupah mereka dengan surga begitu juga di dunia.

Rasul Paulus, yang mencurahkan dirinya sebagai rasul untuk bangsa-bangsa lain, mengajarkan injil dengan hati yang tidak berubah dan menjalankan imannya sampai akhir bahkan saat ia menghadapi ujian dan kesukaran tak terhingga dari saat ia pertama kali bertemu Tuhan.

Kisah Para Rasul 16:25 mengatakan kepada kita sebagai berikut: *"Tetapi kira-kira tengah malam Paulus dan Silas berdoa dan menyanyikan puji-pujian kepada Allah dan orang-orang hukuman lain mendengarkan mereka"*. Karena mengajarkan injil, Paulus dan Silas didera dengan sadis dan ditahan dengan kaki mereka diikat pada belenggu, tapi mereka menyanyikan puji-pujian kepada Allah tanpa mengeluh.

Dengan cara ini Paulus tidak pernah mengingkari Tuhan sampai kematiannya maupun mengeluhkan satu patah katapun. Ia selalu bersukacita dan bersyukur dengan hati yang diisi dengan harapan akan surga, dan beriman dalam pekerjaan Tuhan sampai pada titik ia menyerahkan nyawanya sendiri.

Apabila Anda memiliki iman emas seperti rasul Paulus, Anda uga akan berdiam dalam tempat mulia yang bersinar seperti matahari dalam surga, dan menerima kasih besar Allah karena pekerjaan Anda tidak dapat terbakar menjadi abu.

Iman kayu dan jerami

Orang-orang dengan iman perak menunaikan kewajiban mereka sebagai hal yang harus dilakukan, bahkan meskipun iman mereka lebih rendah dari iman emas. Kemudian, seperti apakah iman batu permata itu?

Orang-orang dengan iman batu mulia mengaku, "Aku akan setia kepada Tuhan! Aku akan mengajarkan injil dengan sepenuh hati", setelah mereka disembuhkan dari penyakit atau diisi dengan Roh Kudus. Saat doa mereka dijawab, mereka mengaku, "Mulai sekarang, aku akan hidup hanya untuk Allah". Mereka terlihat memiliki iman emas dari luarnya, tapi tersandung atau tersasar dalam ujian api karena mereka sebenarnya tidak memiliki iman emas. Mereka terlihat memiliki imanyang besar apabila mereka diisi dengan Roh Kudus, tapi melenceng dari jalan iman dan pada akhirnya hati mereka hancur berkeping-keping seakan mereka tidak punya iman sama sekali.

Dengan kata lain, iman batu mulia terlihat indah hanya sesaat. Oleh karena itu, pekerjaan iman dari batu mulia yang tersisa setelah ujian api, hanyalah bentuknya saja yang berupa batu mulia, tapi kilaunya sudah hilang.

Pekerjaan iman dari kayu atau jerami, terbakar habis setelah ujian api. 1 Korintus 3:14-15 mengatakan kepada kita, *"Jika pekerjaan yang dibangun seseorang di mana ia membangun di atasnya bertahan, ia akan mendapat upah. Jika pekerjaannya terbakar, ia akan menderita kerugian; tetapi ia sendiri akan diselamatkan, tetapi seperti dalam api".*

Memang benar bahwa orang-orang dengan iman emas, perak, atau batu permata diselamatkan dan diberi upah dalam surga karena pekerjaan iman mereka tersisa setelah ujian api oleh Allah. Tetapi, pekerjaan dari mereka dengan iman kayu atau jerami terbakar menjadi abu melalui ujian api, dan orang-orang seperti itu hanya diselamatkan tapi tidak menerima upah apapun di surga.

Allah menerima iman Anda dengan gembira dan memberi upah kepada Anda secara berlimpah apabila Anda bersungguh-sungguh mencari-Nya. Ibrani 11:6 mengatakan kepada kita, *"Tetapi tanpa iman tidak mungkin orang berkenan kepada Allah, sebab barangsiapa berpaling kepada Allah, ia harus percaya bahwa Allah ada, dan bahwa Allah memberi upah kepada orang yang sungguh-sungguh mencari Dia".*

Ia mengukur iman dari tiap-tiap orang melalui ujian api. Allah juga memberikan berkat di dunia dan memberi upah di surga kepada siapapun yang memiliki iman tidak berubah seperti seperti emas.

Oleh karena itu, Anda harus memahami bahwa ada berbagai jawaban dan berkat Allah sebagaimana terdapat perbedaan tempat tinggal dan mahkota di surga sesuai dengan ukuran iman tiap-tiap orang.

Semoga Anda berjuang untuk memperoleh iman emas yang memperkenan Allah sehingga Anda dapat menikmati berkat-Nya dalam seluruh hidup Anda di dunia dan dan tinggal di dalam tempat mulia yang bersinar seperti matahari di surga, dalam nama Tuhan saya berdoa!

IMAN UNTUK MENERIMA KESELAMATAN

U K U R A N   I M A

Petrus berkata kepada mereka,
"Bertobatlah dan hendaklah kamu
masing-masing memberi dirimu dibaptis dalam nama
Yesus Kristus
untuk pengampunan dosamu;
maka kamu akan menerima karunia Roh Kudus.
Sebab bagi kamulah janji itu dan bagi anak-anakmu
dan bagi orang yang masih jauh,
yaitu sebanyak yang akan dipanggil oleh Tuhan Allah kita."
(Kisah Para Rasul 2:38-39)

Pada Bab sebelumnya, saya membahas bahwa Allah menerima iman rohani yang disertai dengan perbuatan, yang mana setiap orang memiliki perbedaan ukuran iman, dan bahwa kedewasaan iman setiap orang tergantung pada ketaatan orang tesebut kepada firman Allah.

Ukuran iman dikategorikan menjadi lima tingkatan – iman emas, iman perak, batu mulia, kayu dan jerami. Seperti saat Anda menaiki tangga selangkah demi selangkah, kedewasaan iman Anda, dari jerami sampai emas, tergantung pada kemauan Anda dalam mendengar dan menaati firman Allah.

Karena Anda dapat masuk ke surga hanya dengan iman, supaya dapat mengambil kerajaan surga dengan kuat, maka Anda harus meningkatkan iman setahap demi setahap. Selain itu, semakin Anda mencapai iman emas, Anda akan memulihkan gambaran Allah yang hilang, dimuliakan dan diterima oleh-Nya, dan pada akhirnya mencapai Yerusalem Baru di mana tahta Allah berada. Apabila Anda memiliki iman emas, maka Allah disenangkan oleh Anda, berjalan bersama Anda, menjawab keinginan hati Anda, dan memberkati Anda untuk melakukan tanda-tanda mukjizat.

Oleh karena itu, saya berharap Anda mengukur iman Anda dan berusaha sungguh-sungguh untuk memiliki iman yang lebih sempurna.

1. Tingkat Pertama Iman

Sebelum kita menerima Yesus, kita adalah anak-anak iblis dan harus masuk ke neraka karena kehidupan kita yang berada dalam dosa. Mengenai ini, 1 Yohanes 3:8 mengatakan, *"Barangsiapa yang tetap berbuat dosa, berasal dari Iblis, sebab Iblis berbuat dosa dari mulanya. Untuk inilah Anak Allah menyatakan diri-Nya, yaitu supaya Ia membinasakan perbuatan-perbuatan Iblis itu".*

Meskipun kejahatan dan kebaikan dapat Anda lihat, Anda akan menemui diri Anda hidup dalam kegelapan karena kejahatan Anda tersembunyi di dalam diri Anda dan akan tersingkap apabila cahaya kebenaran sempurna Allah menyinari Anda.

Saya pernah berpikir bahwa saya sangat baik dan mulia sehingga saya dapat hidup tanpa hukum. Tetapi, saat saya menerima Tuhan dan bercermin pada diri sendiri di kaca firman kebenaran, saya menemukan orang jahat seperti apa saya ini. Jalan yang saya perbuat, apa yang saya katakan dan saya dengar, dan apa yang saya pikirkan bertentangan dengan Firman-Nya.

Allah memuji Ayub dalam Kitab Ayub 1:8 yang mengatakan, *"Sebab tiada seorangpun di bumi seperti dia, yang demikian saleh dan jujur, yang takut akan Allah dan menjauhi kejahatan".* Tetapi, Ayub yang sama yang dianggap saleh dan jujur, mengucapkan kata-kata ratapan, keluhan atau erangan saat ia menderita ujian berat.

Ia berkata, *"Sekarang ini keluh kesahku menjadi pemberontakan, tangan-Nya menekan aku, sehingga aku mengaduh"* (Ayub 23:2), dan *"Demi Allah yang hidup, yang tidak memberi keadilan kepadaku, dan demi Yang Mahakuasa, yang memedihkan hatiku"* (Ayub 27:2).

Ayub menunjukkan kejahatannya dalam ujian yang mengancam jiwa, bahkan walau ia dipuji sebagai "orang yang saleh dan jujur". Kemudian, siapa yang dapat mengaku bahwa ia tidak berdosa dalam pAndangan Allah, yang merupakan cahaya itu sendiri tanpa kegelapan apapun di dalam-Nya?

Dalam pAndangan Allah, semua peninggalan dosa dalam hati Anda seperti kebencian atau dengki sebagaimana perbuatan dosa seperti pemukulan, perselisihan atau pencurian semuanya adalah perbuatan dosa. Mengenai hal ini Allah secara jelas mengatakan kepada kita dalam 1 Yohanes 1:8, "Jika kita berkata, bahwa kita tidak berdosa, maka kita menipu diri kita sendiri dan kebenaran tidak ada di dalam kita".

Menerima Yesus Kristus

Allah kasih mengutus anak tunggal-Nya Yesus ke dunia untuk menebus kita dari dosa-dosa. Karena kitalah Yesus disalib dan menumpahkan darah berharga-Nya yang tidak bernoda dan tidak berdosa. Ia dihukum karena dosa-dosa kita. Tetapi, pada hari ketiga, setelah pemutusan kuasa maut Ia bangkit dari kematian. Empat puluh hari setelah kebangkitan-Nya, Yesus naik ke surga di hadapan mata murid-murid-Nya, berjanji akan kembali lagi dan membawa kita ke surga (Kisah Para Rasul 1).

Sekarang, Anda akan menerima Roh Kudus sebagai sebuah karunia dan dilindungi sebagai anak Allah apabila Anda percaya jalan keselamatan dan menerima Yesus sebagai Juru Selamat Anda di dalam hati. Kemudian, Anda juga menerima hak untuk menjadi anak Allah, sebagaimana dijanjikan dalam Yohanes 1:12: *"Tetapi semua orang yang menerima-Nya diberi-Nya kuasa supaya menjadi anak-anak Allah, yaitu mereka yang percaya dalam nama-Nya."*

Hak untuk menjadi anak Allah

Anggaplah seorang bayi dilahirkan. Orangtuanya melaporkan kelahiran bayi tersebut ke pengadilan kota dan mencatatkan nama bayi tesebut sebagai anak mereka. Dengan cara yang sama, apabila Anda dilahirkan kembali sebagai anak Allah, maka nama Anda dicatat di dalam Kitab Kehidupan dan Anda diberikan kewarganegaraan surga.

Oleh karena itu, apabila Anda berada pada tingkat pertama iman, Anda menjadi anak Allah dengan menerima Yesus Kristus dan diampuni dari dosa-dosa Anda (1 Yohanes 2:12) dan memanggil Allah "Bapa" (Galatia 4:6). Juga, Anda bersukacita dengan kenyataan bahwa Anda menerima Roh Kudus meskipun Anda tidak mengetahui kebenaran firman Allah, dan dengan melihat sekeliling, Anda dapat merasakan keberadaan Allah.

Oleh karena itu, tingkat pertama iman disebut "iman untuk menerima keselamatan" atau "iman untuk menerima Roh Kudus", dan sebanding dengan iman bayi atau jerami sebagaimana dijabarkan sebelumnya.

2. Apakah Anda Menerima Roh Kudus?

Dalam Kisah Para Rasul, Paulus, seorang rasul untuk

bangsa-bangsa lain yang mencurahkan dirinya sendiri untuk mengajarkan injil, bertemu dengan beberapa murid di Efesus dan bertanya kepada mereka, *"Sudahkah kamu menerima Roh Kudus, ketika kamu menjadi percaya?"* Mengenai hal ini mereka menjawab, *"Belum, bahkan kami belum pernah mendengar, bahwa ada Roh Kudus."* Mereka menerima baptisan air sebagai tanda pertobatan Yohanes sang Pembabtis, tapi bukan baptisan Roh Kudus sebagai karunia Allah.

Sebagaimana Allah janjikan dalam Yoel 2:28 dan Kisah Para Rasul 2:17 bahwa Ia akan menumpahkan Roh-Nya atas semua orang pada hari akhir, janji tersebut terpenuhi, dan orang-orang yang menerima Roh Allah, Roh Kudus, mendirikan gereja. Tetapi, seperti murid-murid di Efesus, banyak orang yang mengaku percaya dalam Allah tapi hidup tanpa mengetahui siapa Roh Kudus dan apa itu baptisan-Nya.

Apabila Anda menerima hak sebagai anak Allah dengan menerima Yesus Kristus, Ia memberikan Anda Roh Kudus sebagai karunia untuk menjamin hak itu. Oleh karena itu, apabila Anda tidak mengenal Roh Kudus, Anda tidak dapat disebut atau dianggap anak Allah. 2 Korintus 1:21-22 mengatakan, *"Sebab Dia yang telah meneguhkan kami bersama-sama dengan kamu di dalam Kristus, adalah Allah yang telah mengurapi, memeteraikan tanda milik-Nya atas kita dan yang memberikan Roh Kudus di dalam hati kita sebagai jaminan dari semua yang telah disediakan untuk kita."*

Menerima Roh Kudus

Kisah Para Rasul 2:38-39 menjelaskan dengan detil

bagaimana kita dapat menerima Roh Kudus: *"Bertobatlah, dan hendaklah kamu masing-masing memberi dirimu dibaptis dalam nama Yesus Kristus untuk pengampunan dosamu, maka kamu akan menerima karunia Roh Kudus. Sebab bagi kamulah janji itu dan bagi anak-anakmu, dan bagi orang yang masih jauh, yaitu sebanyak yang akan dipanggil oleh Tuhan Allah kita"*.

Siapapun diampuni dari dosa-dosanya dan menerima karunia Roh Kudus apabila ia mengakui dosa-dosanya, bertobat, dan percaya bahwa Yesus adalah Juru Selamat.

Sebagai contoh, dalam Kisah Para Rasul 10 tersebutlah seorang bukan Yahudi yang bernama Kornelius di Kaisarea. Pada suatu hari, rasul Paulus mengunjungi rumahnya dan mengajarkan injil Yesus Kristus kepadanya dan seluruh anggota keluarganya. Saat Petrus sedang mengajarkan injil, maka Roh Kudus turun atas mereka dan mereka mulai berkata-kata dalam bahasa lidah.

Orang-orang yang menerima Roh Kudus, dengan menerima Yesus Kristus sebagai Juru Selamat mereka, berada pada tingkat pertama iman. Tentu saja, mereka baru saja akan diselamatkan karena mereka masih belum menyingkirkan dosa-dosa mereka, memenuhi kewajiban yang diberikan Allah kepada mereka, atau memeberikan kemuliaan kepada Bapa.

Penjahat yang digantung pada salib di sebelah Yesus menerima-Nya sebagai Juru Selamat pribadinya, dan ukuran imannya berada pada tingkat pertama.

3. Iman Penjahat Yang Bertobat

Lukas 23 mengatakan kepada kita bahwa dua penjahat digantung pada salib di kedua sisi Yesus. Ketika salah satu dari mereka mengolok-olok Yesus, penjahat yang satu lagi memarahi penjahat yang pertama dan menerima Yesus sebagai Juru Selamat dengan menyesali dosa-dosanya. Penjahat itu berkata, *"Yesus, ingatlah akan aku apabila Kamu datang sebagai Raja"*, dan Yesus menjawabnya, *"Aku berkata kepadamu, hari ini juga engkau akan bersama-Ku di dalam Firdaus"* (a. 42-43).

"Firdaus" yang dijanjikan Yesus kepada penjahat tersebut berada di pinggir surga. Disanalah, orang-orang yang berada pada tingkat pertama iman akan masuk dan tinggal selamanya. Jiwa yang diselamatkan dalam Firdaus tidak diberikan upah apapun. Penjahat yang diselamatkan ini mengakui dosa-dosanya sesuai dengan hati nuraninya yang baik dan diampuni dengan menerima Yesus sebagai Juru Selamatnya.

Meskipun demikian, ia tidak melakukan apapun untuk Tuhan selama hidupnya di dunia. Itulah sebabnya ia menerima janji Firdaus di mana di sana tidak terdapat upah. Apabila orang tidak menumbuhkan iman mereka yang sekecil biji sesawi bahkan setelah menerima Roh Kudus dengan menerima Yesus Kristus, mereka hanya baru saja diselamatkan dan hidup kekal dalam Firdaus tanpa upah apapun.

Meskipun demikian, Anda seharusnya tidak berpikir bahwa hanya orang-orang percaya baru atau pemula iman yang berada pada tingkat pertama iman. Bahkan meskipun Anda telah menjalani kehidupan Kristen untuk waktu yang lama dan bertugas sebagai penatua atau diaken, Anda akan menerima keselamatan memalukan apabila pekerjaan Anda dibakar menjadi abu dalam ujian api.

Oleh karena itu, Anda harus berdoa dan bersungguh-sungguh untuk hidup sesuai dengan firman Allah setelah Anda menerima Roh Kudus. Apabila Anda tidak hidup oleh firman tapi malah tetap saja melakukan dosa, maka nama Anda akan ternoda dalam Kitab Kehidupan dan Anda tidak akan masuk surga.

4. Jangan Padamkan Roh Kudus

Ada sebagian orang yang pernah sangat beriman tapi perlahan-lahan menjadi suam-suam kuku dalam iman mereka karena berbagai alasan, dan hanya menerima keselamatan.

Seseorang yang dulunya penatua di gereja saya melayani dengan setia pada banyak bidang di gereja, sehingga imannya terlihat besar di bagian luarnya. Tetapi, pada suatu hari ia tiba-tiba mengalami sakit serius. Ia bahkan sampai tidak dapat berbicara dan datang ke saya untuk menerima doa.

Bukannya berdoa untuk kesembuhannya, saya malah berdoa untuk keselamatannya. Pada saat itu, jiwanya sangat menderita dari ketakutan pergumulan antara malaikat-malaikat yang sedang berusaha membawanya ke surga, dan roh jahat yang sedang berusaha membawanya ke neraka. Apabila ia memiliki cukup iman untuk diselamatkan, roh jahat sama sekali tidak akan datang menjemputnya. Segera saya berdoa untuk mengusir roh jahat, dan berdoa kepada Allah supaya Ia menerima orang ini. Sesaat setelah berdoa, ia merasa nyaman dan mencucurkan airmata. Ia bertobat sesaat sebelum ia mati dan baru saja menerima keselamatan.

Orang yang sama dulu pernah menjadi sehat setelah menerima doa saya dan bahkan istrinya kembali hidup setelah selamat dari pintu kematian melalui doa saya. Dengan mendengarkan firman kehidupan, keluarganya yang memiliki banyak masalah menjadi keluarga yang bahagia. Sejak saat itu, ia bertumbuh menjadi pekerja Allah yang setia melalui usaha kerasnya dan setia dalam kewajibannya.

Tetapi, pada saat gereja menghadapi cobaan, ia tidak berusaha untuk menjaga atau melindungi gereja tapi malah membiarkan pikirannya dikendalikan oleh Setan. Kata-kata yang keluar dari mulutnya membangun dinding besar antara dirinya dengan Allah. Pada akhirnya, ia tidak dapat lagi dilindungi oleh Allah dan diserang oleh penyakit serius.

Sebagai pekerja Allah, ia seharusnya tidak mendengar atau melihat kepada apapun yang bertentangan dengan kebenaran dan kehendak Allah, tapi malah, ia berusaha mendengar hal-hal tersebut dan menyebarkannya. Allah hanya dapat memalingkan wajah-Nya dari orang tersebut karena dia telah berbalik dari berkat besar Allah yang telah menyembuhkannya dari penyakit serius. Upahnya hancur berserakan dan ia tidak dapat memperoleh kekuatan untuk berdoa. Imannya mundur dan pada akhirnya mencapai titik di mana ia bahkan tidak dapat memperoleh kepastian keselamatan.

Untungnya, karena Allah ingat akan pelayanannya pada masa lalu di gereja, orang tersebut dapat menerima keselamatan memalukan setelah Allah memberikannya berkat untuk bertobat dari apa yang telah ia lakukan.

Oleh karena itu, Anda harus menyadari bahwa bagi Allah, sikap di dalam hati Anda kepada-Nya dan berbuat sesuai dengan kehendak-Nya adalah lebih penting dibanding berapa lamanya iman Anda. Apabila Anda datang ke gereja secara teratur tapi membangun dinding dosa dengan melanggar firman Allah, maka Roh Kudus di dalam diri Anda akan lenyap, Anda akan kehilangan iman yang hanya sekecil biji sesawi (1 Tesalonika 5:19), dan Anda tidak akan menerima keselamatan.

Dalam Ibrani 10:38 Allah mengatakan, *"Tetapi orang-Ku yang benar akan hidup oleh iman, dan apabila ia mengundurkan diri, maka Aku tidak berkenan kepadanya".* Alangkah kecewanya Anda apabila Anda telah menumbuhkan iman selama bertahun-tahun hanya untuk kembali ke dunia! Anda harus tetap berjaga-jaga sepanjang waktu supaya tidak tergoda atau mengalami kemunduran iman.

5. Apakah Adam Diselamatkan?

Banyak orang ragu apa yang terjadi dengan Adam dan Hawa setelah mereka makan buah dari pohon pengetahuan tentang kebaikan dan kejahatan. Dapatkah mereka diselamatkan bahkan setelah mereka dikutuk dan diusir dari Taman Eden karena ketidaktaatan mereka?

Mari kita selidiki proses ketika manusia pertama Adam melanggar perintah Allah. Setelah Allah menciptakan langit dan bumi, Ia menciptakan manusia dari debu tanah sesuai dengan gambar dan rupa-Nya. Saat Ia meniupkan nafas kehidupan ke dalam manusia, maka manusia menjadi mahluk hidup. Kemudian, ia membangun Taman Eden di timur Eden terpisah dari bumi dan membawanya kesana.

Di dalam Taman Eden di mana semua hal indah dan berlimpah dibanding tempat manapun di bumi, Adam tidak memiliki kebutuhan dan menikmati berkat kehidupan kekal dan hak untuk mengatur semua hal. Selain itu, Allah memberikan kepadanya seorang penolong dan memberkati mereka untuk berbuah, berkembang dan mengisi bumi. Kemudian, Allah memberkati manusia pertama Adam untuk hidup dalam lingkungan terbaik tanpa membutuhkan apapun lagi.

Tetapi, ada satu hal yang dilarang Allah. Ia berkata, *"tetapi pohon pengetahuan tentang yang baik dan yang jahat itu, janganlah kaumakan buahnya, sebab pada hari engkau memakannya, pastilah engkau mati."* (Kejadian 2:17). Hal ini menunjukkan tanda kekuasaan mutlak Allah dan memperlihatkan bahwa Ia telah mendirikan tatanan antara Ia dengan umat manusia.

Setelah waktu yang lama berlalu, Adam dan Hawa mengabaikan perintah Allah dan memakan buah dari pohon pengetahuan akibat godaan ular. Mereka melakukan dosa dan roh mereka mati sebagai akibat dari dosa-dosa mereka, dan akhirnya mereka menjadi daging dan penuh dosa.

Mereka diusir dari Taman Eden dan hidup di bumi di tengah semua penderitaan seperti penyakit, airmata, kesedihan dan kesakitan, dan mati apabila nafas kehidupan mereka berhenti, sebagaimana Allah telah berkata, *"pastilah engkau mati"*.

Apakah Adam dan Hawa menerima keselamatan dan masuk

surga? Mereka melanggar perintah Allah dan melakukan dosa terhadap-Nya. Untuk hal ini, sebagian orang berpendapat, "Mereka tidak diselamatkan karena mereka melakukan dosa dan menyebabkan semua hal dikutuk dan semua anak keturunan mereka hidup dalam penderitaan". Tentu saja, Allah kasih membuka jalan keselamatan untuk mereka. Hati mereka tetap bersih dan lembut kepada Allah bahkan setelah mereka melakukan dosa, sangat kontras dengan orang-orang sekarang yang hati mereka dikotori dengan semua jenis dosa dan kejahatan dalam dunia yang jahat ini.

Sebagai akibat dari dosa mereka, Adam harus bekerja keras dengan berpeluh pada pundaknya, sangat berbeda dengan saat ia hidup di dalam Taman Eden, dan Hawa harus menderita kesakitan yang sangat saat melahirkan dibanding dengan apa yang ia lakukan di Taman Eden. Keduanya juga harus menyaksikan salah satu dari anak lelaki mereka membunuh yang lainnya.

Melalui penderitaan dan pengalaman ini, Adam dan Hawa mulai menyadari betapa berharganya berkat dan kelimpahan yang pernah mereka nikmati di dalam Taman Eden. Mereka kehilangan saat-saat mereka hidup dalam kasih dan perlindungan Allah. Mereka mengingat dalam hati mereka bahwa semuanya yang pernah mereka nikmati di dalam Taman Eden adalah berkat dan kasih Allah, dan sungguh-sungguh bertobat dari ketidaktaatan mereka pada perintah Allah.

Bagaimana bisa Allah kasih, yang mengampuni bahkan pembunuh sekalipun apabila ia bertobat dari dasar hatinya, tidak menerima tobat mereka? Pada kenyataannya, mereka diciptakan dengan tangan Allah sendiri dan dipelihara dalam anugrah dan perhatian Allah untuk waktu yang lama. Bagaimana dapat Allah mengirimkan mereka ke neraka?

Allah menerima tobat dari Adam dan Hawa dan membawa mereka ke jalan keselamatan dalam kasih-Nya. Tentu saja, mereka hanya menerima keselamatan dan mencapai Firdaus. Itu karena mereka mengabaikan kasih Allah meskipun Ia sangat mengasihi mereka. Ketidaktaatan mereka bukan masalah sepele karena hal tersebut memberikan sakit yang besar pada hati Allah dan membawa kematian dan penderitaan pada generasi-generasi setelah mereka.

Anggap ada seorang bayi yang tidak bertumbuh bahkan setelah waktu yang lama berlalu. Apabila bayi tersebut tumbuh dengan baik, maka ayah dan ibunya akan senang. Tapi, apabila bayi tersebut makan dengan lahap tapi tidak bertumbuh, kegelisahan dan kekuatiran orangtuanya akan semakin bertambah dari hari ke hari.

Dengan cara yang sama, saat Anda menerima Roh Kudus dan memiliki iman yang sekecil biji sesawi, Anda harus berusaha keras untuk meningkatkan iman dengan belajar dan menaati firman Allah. Hanya dengan demikianlah Anda akan mampu untuk menerima apapun yang Anda minta dalam nama Tuhan, memberikan kemuliaan kepada Allah, dan bergerak maju menuju kerajaan surga.

Anda tidak boleh puas dengan kenyataan bahwa Anda diselamatkan dan menerima Roh Kudus, sebaliknya Anda harus berusaha keras untuk meningkatkan ukuran iman dan menikmati hak dan berkat sebagai anak Allah terkasih, dalam nama Tuhan Kita, saya berdoa!

Bab 5

IMAN UNTUK BERUSAHA HIDUP OLEH FIRMAN

UKURAN LIMA

"Demikianlah aku dapati hukum ini: jika aku menghendaki berbuat
apa yang baik,
yang jahat itu ada padaku.
Sebab di dalam batinku aku suka akan hukum Allah
tetapi di dalam anggota-anggota tubuhku
aku melihat hukum lain,
yang berjuang melawan hukum akal budiku
dan membuat aku menjadi tawanan hukum dosa
yang ada di dalam anggota-anggota tubuhku.
Aku, manusia celaka!
Siapakah yang akan melepaskan aku dari tubuh maut ini?
Syukur kepada Allah! oleh Yesus Kristus, Tuhan kita!
Jadi dengan akal budiku
aku melayani hukum Allah,
tetapi dengan tubuh insaniku aku melayani hukum dosa."

(Roma 7:21-25)

Saat Anda memulai hidup Anda dalam Kristus dan menerima Roh Kudus, Anda menjadi kuat dan tekun dalam hidup Anda dalam iman dan dipenuhi dengan sukacita keselamatan. Anda berusaha keras untuk menaati firman Allah apabila Anda sudah mengenal Allah dan surga. Roh Kudus membantu Anda memahami kebenaran dan mengikuti jalan kebenaran. Apabila Anda melanggar firman Allah, Anda merasa celaka karena Roh Kudus di dalam diri Anda merintih dan Anda pada akhirnya menjadi sadar apa itu dosa.

Dalam cara ini, meskipun Anda berada pada tingkat pertama iman yang memungkinkan Anda untuk sekedar diselamatkan, Anda bersungguh-sungguh berusaha untuk hidup menurut firman Allah sejalan dengan kedewasaan iman Anda. Mari kita mempelajari dengan lebih detil bagaimana Anda menjalani hidup dalam iman pada tahap ini.

1. Tingkat Kedua Iman

Saat Anda diselamatkan dengan percaya dalam Yesus Kristus dan berada pada tingkat pertama iman, Anda dapat melakukan dosa tanpa mengetahuinya karena Anda hanya memiliki pengetahuan yang terbatas mengenai firman Allah. Ini sama halnya dengan seorang bayi yang tidak merasa malu bahkan apabila ia bertelanjang.

Tetapi, apabila Anda mendengarkan firman Allah dan secara rohani merasa bahwa ada kehidupan dalam Firman, maka Anda akan lebih giat lagi untuk mendengar firman dan berdoa kepada Allah. Saat Anda melihat pekerja gereja yang setia, Anda juga rindu untuk hidup setia di dalam Kristus.

Secara konsekuen dan bertahap, Anda akan berbalik dari jalan duniawi kehidupan, datang ke gereja, dan bersungguh-sungguh untuk mendengar firman Allah. Anda pernah menikmati berhubungan dengan teman yang sekuler sebelumnya tapi sekarang Anda ingin mengikuti ajaran dan persahabatan rohani karena hati Anda mencari roh.

Pada tingkat kedua iman, Anda belajar bagaimana menjalani kehidupan Kristen yang baik sebagai anak Allah melalui pesan dari pengkhotbah dan kesaksian dari saudara-saudari lainnya dalam Kristus.

Secara alami, Anda belajar bagaimana untuk hidup sebagai seorang Kristen. Anda menjaga kekudusan Hari Tuhan dan memberikan semua perpuluhan ke dalam rumah Allah. Anda belajar Anda selalu bersukacita, terus-menerus berdoa, dan mengucapkan syukur sepanjang waktu. Anda belajar untuk mengasihi tetangga Anda seperti diri Anda sendiri, dan mengasihi bahkan musuh Anda sekalipun. Juga, Anda diajarkan bahwa Anda tidak hanya menyingkirkan segala jenis kejahatan seperti iri, dengki, menghakimi, atau memfitnah, tapi juga mengikuti hati Tuhan. Pada titik ini, Anda membuat pikiran Anda hidup menurut Firman.

2. Tahap Terberat Hidup dalam Iman

Dengan cara ini, Anda melakukan semua upaya untuk menaati firman karena Anda mengetahui kebenaran. Pada saat yang sama, Anda merasa terbebani karena tidaklah mudah untuk selalu hidup oleh Firman. Perbuatan Anda akan terlihat bertentangan dengan kehendak Anda.

Dalam banyak kasus, Anda tidak dapat hidup oleh firman karena kekuatan rohani yang cukup untuk mengikuti firman Allah masih belum diberikan kepada Anda. Sebagian orang bahkan mungkin mendesah dan menyesal dengan mengatakan, "Seandainya saya belum mengenal gereja".

Perkenankan saya menjelaskan hal ini dengan sebuah contoh. Anda ingin menjaga kekudusan Hari Tuhan setiap minggu, tapi terkadang Anda gagal menjaganya karena ada janji atau kumpul dengan teman-teman. Terkadang Anda menghadiri kebaktian Minggu pagi tapi tidak menghadiri kebaktian Minggu malam. Terkadang Anda malah lebih memilih untuk menghadiri pernikahan teman dibanding menghadiri kebaktian Minggu.

Anda juga mengetahui bahwa Anda harus menyerahkan kepada Allah seluruh perpuluhan tapi terkadang Anda melanggar perintah tersebut. Di lain waktu, Anda mendapati diri Anda dipenuhi dengan kebencian kepada orang lain meskipun Anda berusaha untuk tidak membenci. Nafsu birahi berkobar saat memAndang anggota jemaat yang berlainan jenis karena unsur setan dan dosa masih terdapat di dalam hati Anda (Matius 5:28).

Apabila Anda berada pada tingkat kedua iman, Anda berusaha sebaik mungkin untuk menaati firman Allah, bahkan meskipun kekuatan untuk menaati firman tersebut masih belum diberikan kepada Anda. Meskipun demikian, Anda melakukan semua upaya untuk menyingkirkan dosa-dosa Anda, seperti menghakimi orang lain, iri, dengki, kecabulan, Dan hal-hal seperti itu, yang bertentangan dengan Firman.

Tidak selalu menaati firman

Dalam Roma 7:21-23, rasul Paulus membahas dengan detil kenapa tingkat kedua iman adalah tahap terberat hidup dalam iman:

> *Demikianlah aku dapati hukum ini: jika aku menghendaki berbuat apa yang baik, yang jahat itu ada padaku. Sebab di dalam batinku aku suka akan hukum Allah, tetapi di dalam anggota-anggota tubuhku aku melihat hukum lain yang berjuang melawan hukum akal budiku dan membuat aku menjadi tawanan hukum dosa yang ada di dalam anggota-anggota tubuhku.*

Ada sebagian orang Kristen yang merasa sedih karena mereka mengetahui firman tapi tidak menaati perintah Allah. Ini merupakan kewajiban pemimpin rohani untuk memimpin mereka dengan bijak ke jalan kebenaran.

Anggap ada seorang pria yang tidak dapat berhenti merokok atau minum-minuman keras. Apabila Anda mencelanya dengan mengatakan, "Jika kamu terus merokok atau minum-minuman keras, Allah akan marah padamu", ia akan ragu untuk datang ke gereja dan akhirnya meninggalkan Allah. Lebih baik Anda berkata kepadanya, "Kamu dapat berhenti merokok dan minum-minuman keras dengan mudah karena Allah akan membantumu. Apabila imanmu bertumbuh, akan sangat mudah untuk keluar dari hal-hal tersebut. Jadi, silahkan berdoa terus-menerus dengan iman dalam Allah". Dalam kasus ini, Anda seharusnya tidak membawanya untuk datang kepada Allah dengan perasaan bersalah dan takut akan hukuman. Sebaliknya, Anda harus membawanya untuk datang kepada Allah dengan gembira dan bersyukur dengan rasa jaminan Allah yang kasih.

Contoh lainnya, anggap ada seorang pria yang menghadiri kebaktian Minggu hanya pada pagi hari tapi pada sore hari ia membuka tokonya. Apa yang harus Anda katakan kepadanya? Lebih baik Anda membimbing dan menegurnya dengan lembut, "Allah akan senang apabila kamu menghadiri Hari Tuhan sepenuhnya. Jika kamu menjaga kekudusan Hari Tuhan dan berdoa untuk berkat-Nya, kamu akan segera melihat bahwa Allah memberkatimu dengan lebih berlimpah dibanding dengan apa yang dapat kamu peroleh dengan membuka toko pada Hari Tuhan".

Namun, bukan berarti benar bahwa ukuran iman seseorang tetap tidak berubah dan tidak bertumbuh. Seperti kita lihat dalam perkembangan seorang anak, tanpa pertumbuhan yang tepat dan teratur, anak tersebut menjadi sakit, lemah, atau mati, seperti iman orang yang semakin melemah dan ia akan jauh dari jalan keselamatan. Alangkah menyedihkan hal ini apabila ia tidak dapat diselamatkan!

Yesus mengatakan kepada kita dalam Wahyu 3:15-16, *"Aku tahu perbuatanmu, bahwa kamu tidaklah dingin ataupun panas; lebih baik jika kamu dingin atau panas. Karena kau suam-suam, dan tidak panas ataupun dingin, Aku akan memuntahkanmu dari mulut-Ku."* Allah mencela dan memberitahu bahwa kita tidak dapat diselamatkan dengan iman yang suam-suam. Apabila iman Anda dingin, Allah akan membimbing Anda untuk pertobatan dan keselamatan dengan memberikan Anda ujian-ujian. Tapi, apabila Anda masih tetap memiliki iman suam-suam, tidak mudah bagi Anda untuk menemukan diri Anda sendiri dan bertobat dari dosa-dosa Anda.

3. Iman Orang Israel selama Keluaran

Apabila Anda gagal untuk hidup oleh firman Allah, Anda cenderung untuk mengeluh atau menggerutu dari kesulitan Anda dan bukannya mengatasi masalah tersebut dengan iman dan sukacita. Meskipun demikian, Allah yang kasih mentoleransi dan terus-menerus mendorong Anda untuk hidup dan tinggal dalam kebenaran.

Mari kita ambil sebuah contoh. Orang Israel telah menjadi budak selama sekitar 400 tahun di Mesir. Mereka meninggalkan Mesir dengan dipimpin oleh Musa dan melihat berkali-kali pekerjaan penuh kuasa Allah ketika mereka berjalan menuju tanah Kanaan.

Mereka menyaksikan Sepuluh Tulah yang diberikan atas Mesir; air di Laut Merah membelah menjadi dua; dan air pahit di Mara berubah menjadi manis, dan dapat diminum. Mereka juga makan manna dan burung puyuh yang turun dari langit ketika melewati Gurun Sinai. Mereka menyaksikan pekerjaan kuasa mukjizat Allah dengan cara seperti itu.

Tapi, mereka mengeluh dan menggerutu bukannya berdoa dengan iman saat mereka menghadapi kesulitan. Meskipun demikian, Allah yang berlimpah dalam kasih memiliki kemurahan untuk mereka dan membimbing mereka siang dan malam sampai mereka tiba di Tanah Perjanjian.

Orang-orang yang penggerutu dan pemarah

Kenapa Orang Israel mengeluh dan menggerutu setiap kali mereka menghadapi ujian dan kesulitan? Hal ini bukanlah karena situasi itu sendiri tapi karena iman mereka. Apabila mereka memiliki iman sejati, mereka akan menikmati Kanaan, Tanah Perjanjian, di dalam hati mereka bahkan meskipun mereka sedang berada di alam yang liar.

Dengan kata lain, apabila mereka percaya bahwa Allah akan membimbing mereka menuju tanah Kanaan, mereka akan mencapainya dengan mengatasi segala macam kesulitan, tanpa harus merasa marah atau menderita tidak peduli apapun jenis kesulitan yang mereka hadapi di alam liar tersebut.

Sesuai dengan jenis iman dan sikap yang mereka miliki, reaksi mereka berbeda bahkan dalam lingkungan dan situasi yang sama. Sebagian merasa marah saat berada dalam kesulitan, sedangkan sebagian lain menjalaninya dengan rasa tanggung jawab; dan sebagian lainnya menemukan kehendak Allah di tengah kesulitan tersebut dan menaatinya dengan gembira dan bersyukur.

Bagaimana dapat Anda menjalani kehidupan Kristus dengan penuh syukur tanpa harus mengeluh? Perkenankan saya menjelaskan hal ini dengan sebuah contoh. Anggap saja Anda tinggal di Seoul dan berada dalam kesulitan keuangan yang parah.

Pada suatu hari, seseorang datang kepada Anda dan berkata, "Di sana ada sepotong berlian ukurannya sebesar bola kaki terkubur di suatu pantai di Pusan, sekitar 266 mil di tenggara Seoul. Berlian itu akan menjadi milikmu jika kamu menemukannya. Kamu dapat berjalan atau berlari ke pantai tapi kamu tidak boleh mengemudi, naik bis, kereta, atau pesawat untuk menuju ke sana."

Bagaimana reaksi Anda? Anda tidak akan mengatakan, "Baiklah. Berlian itu sekarang milikku karena ia memberikannya padaku, jadi aku akan mengambilnya tahun depan," atau "Aku akan pergi ke sana bulan depan karena aku sedang sibuk sekarang". Tentu saja Anda akan buru-buru mengejar berlian itu sesaat setelah mendengar berita tersebut.

Apabila orang-orang mendengar berita yang sama seperti itu, mereka semua akan berlari menuju Pusan dan mengambil jalan pintas untuk mengambil berlian itu secepat mungkin. Tidak seorang pun akan menyerah di tengah jalan menuju Pusan meskipun rasa sakit atau terbakar pada kakinya. Malahan, Anda akan berlari cepat untuk mendapatkan berlian berharga itu dengan sukacita tanpa mengeluh sakit pada kaki Anda.

Dengan cara yang sama, apabila Anda percaya pengharapan atas kerajaan surga yang indah dan kekal, Anda dapat berlari dalam perlombaan iman tanpa mengeluh dalam keadaan apapun sampai Anda mencapainya.

Orang-orang yang taat

Apabila Anda menaati firman Allah, Anda tidak akan merasa marah atau terbebani dalam kehidupan Kristen Anda tapi malah bersukacita dan bersyukur. Apabila Anda merasa tidak nyaman dalam kehidupan Anda dalam iman, hal ini menunjukkan ketidaktaatan Anda pada firman Allah dan melenceng dari kehendak-Nya.

Ada sebuah perumpamaan. Pada jaman dahulu, kuda digunakan untuk menarik kereta. Kuda seringkali dicambuk meskipun mereka bekerja untuk tuannya. Kuda tersebut tidak akan dicambuk apabila ia menaati tuannya, tapi apabila ia hanya menuruti keinginannya sendiri dan tidak menaati tuan tersebut, mereka tidak bisa menghindar dari cambukan berat.

Hal ini sama dengan orang-orang yang tidak menaati firman Allah. Orang-orang seperti itu memiliki keinginannya sendiri membuat Tuhan marah. Dari waktu ke waktu mereka dicambuk. Sebaliknya, orang-orang yang menaati firman Allah akan mengatakan, "Allah, beritahu kepadaku. Aku hanya akan mengikutimu", menjalani kehidupan dan yang damai dan mudah.

Sebagai contoh, Allah memerintahkan kita, "Jangan mencuri". Apabila Anda menaati perintah itu, Anda akan merasa damai. Tapi apabila Anda tidak menaati perintah tersebut, Anda akan merasa sulit karena Anda memiliki keinginan untuk mencuri. Adalah sudah menjadi keharusan bahwa seorang anak Allah harus tidak melakukan apa yang Allah perintahkan untuk tidak dilakukan. Jika tidak, Allah akan marah di dalam hati-Nya.

Itulah kenapa dalam Matius 7:13-14, Yesus mengatakan,

"Masuklah melalui pintu yang sesak itu, karena lebarlah pintu dan luaslah jalan yang menuju kepada kebinasaan, dan banyak orang yang masuk melaluinya. karena sesaklah pintu dan sempitlah jalan yang menuju kepada kehidupan, dan sedikit orang yang mendapatinya."

Pemula iman mendapati hal ini sukar dan sulit, seperti berusaha untuk masuk melalui pintu yang sempit, untuk taat kepada firman Allah. Tapi, secara bertahap mereka menyadari bahwa ini adalah jalan menuju surga dan kebenaran dan merupakan jalan yang menyenangkan.

4. Hanya Bila Anda Percaya dan Taat

Sepertinya Anda sudah pernah mendengar berkali-kali ayat-ayat berikut dalam 1 Tesalonika 5: *"Bersukacitalah senantiasa; Berdoalah tanpa henti; mengucap syukurlah dalam segala hal; sebab itulah kehendak Allah dalam Kristus Yesus bagi kamu"* (ayat 16-18).

Apakah Anda kehilangan kegembiraan apabila suatu kesedihan menimpa Anda? Anda memberengut apabila seseorang memberikan masalah kepada Anda? Anda menjadi sangat gelisah dan kuatir apabila Anda berada dalam kesulitan keuangan atau dianiaya oleh seseorang?

Sebagian yang lain menganggap bahwa merupakan kemunafikan untuk bersukacita dan bersyukur di masa-masa sulit. Mungkin mereka bertanya, "Kenapa saya harus bersyukur saat tidak ada yang dapat disyukuri?" Mereka juga mengetahui bahwa mereka harus sabar tapi menjadi terganggu dan mudah marah apabila mereka menghadapi situasi yang tidak tertahankan.

Mereka melakukan kecabulan di dalam hati saat mereka melihat wanita yang menarik karena mereka masih belum menyingkirkan kecabulan dalam hati mereka. Hal-hal ini membuktikan bahwa orang-orang seperti itu masih belum menyingkirkan dosa-dosa mereka dan tidak menaati firman.

Anda tidak mendengar suara Roh Kudus

Apabila Anda mengetahui firman Allah dengan baik tapi tidak menaatinya, Anda tidak dapat mendengar suara Roh Kudus maupun dipandu oleh-Nya karena Anda akan membangun dinding dosa antara Allah dan Anda. Tapi, seorang pemula dalam iman dapat mendengar suara-Nya dan dibimbing oleh-Nya apabila ia tetap menaati firman Allah. Seperti halnya anak kecil yang tidak memiliki kekuatiran apabila ia menaati orangtuanya, Allah sendiri akan senang dengan Anda dan membimbing Anda apabila Anda menaatinya bahkan dengan iman yang kecil.

Ini adalah sebuah contoh. Orangtua memperhatikan anak mereka dalam setiap aspek. Tapi, mereka tidak perlu untuk menjaga anak tersebut dengan perhatian penuh apabila anak tersebut bertumbuh dan dapat berjalan dan makan sendiri. Mereka tidak perlu lagi memperlakukan anak tersebut seperti bayi saat anak tersebut mencapai usia masuk sekolah dasar. Tapi, orang tua akan merasa menderita dan gelisah apabila anak tersebut tidak memakai sepatunya dengan benar atau tidak dapat melakukan hal-hal yang seharusnya dapat dilakukannya sendiri.

Dengan cara yang sama, apabila Anda telah menjalani kehidupan Kristen dalam waktu cukup lama untuk menjadi pemimpin atau pekerja di gereja, Anda harus menaati firman Allah. Apabila Anda mendengarkan firman-Nya tapi tetap menjalani kehidupan kristen seperti anak kecil dan tetap membangun dinding dosa terhadap Allah, maka ujian-Nya akan datang atas Anda.

Dalam kasus seperti itu, Anda tidak akan dapat menerima jawaban dari Allah meskipun jika Anda berdoa kepada-Nya. Anda tidak akan dapat menghasilkan buah yang baik dalam hidup Anda dan menerima perlindungan Allah. Anda tidak akan makmur, tapi malah menghadapi kesulitan. Anda akan menjalani kehidupan yang sakit dan melelahkan yang dipenuhi dengan kegelisahan dan kekuatiran.

Anda tidak menerima jawaban maupun perlindungan Allah

Apabila Anda berada pada tingkat kedua iman, Anda mengetahui dengan baik apa itu dosa yang harus Anda singkirkan jauh-jauh. Apabila Anda masih belum menyingkirkan dosa-dosa itu tapi tetap menyimpannya di dalam pikiran Anda, bagaimana bisa, tanpa malu, datang kepada Allah kudus yang merupakan cahaya itu sendiri? Musuh Anda Setan dan iblis mendekati Anda dan menyebabkan Anda meragukan Allah dan pada akhirnya menggoda Anda untuk kembali ke dunia.

Ada seorang penatua di gereja saya yang berusaha untuk menghasilkan buah dalam berbagai usaha, bertanya kepada dirinya sendiri, "Apa yang harus aku lakukan untuk gembalaku?"

Tapi, ia tidak berhasil karena ia hanya beriman secara fisik tapi tidak menyunat hatinya, yang merupakan hal paling penting. Ia mengecewakan Allah dengan tidak mengikuti jalan yang benar karena pemikiran dagingnya dan hatinya seringkali mencari kepentingan pribadi. Ia juga berkata dengan tidak jujur, marah kepada orang lain, dan melanggar firman Allah dalam banyak aspek.

Selain itu, karena masalah keuangan dan masalah pribadinya berlarut-larut, ia tidak berpegang teguh pada iman tapi mengkompromikannya dengan kesesatan. Pada akhirnya, karena kemunduran imannya memungkinkan ia kehilangan semua upahnya yang ia peroleh sampai pada titik tersebut, Allah akan mencabut nyawanya pada waktu yang tepat.

Oleh karena itu, Anda harus menyadari hal paling penting bukanlah keimanan secara fisik dan gelar yang diberikan gereja, tapi menyingkirkan dosa-dosa Anda saat Anda hidup oleh Firman Allah.

5. Orang Kristen Dewasa dan Tidak Dewasa

Apabila Anda berada pada tingkat pertama iman, Anda tidak merasa terganggu atau mendengar rintihan Roh Kudus apabila Anda melakukan dosa. Itu karena Anda masih belum dapat membedakan kebenaran dari kesesatan dan tidak menyadari bahwa Anda melakukan dosa bahkan apabila Anda telah melakukannya. Allah tidak akan menyalahkan Anda dengan berat apabila Anda melakukan dosa karena Anda tidak dapat membedakan kebenaran dari kesesatan akibat kurangnya pengetahuan mengenai firman Allah.

Hal ini serupa dengan bayi kecil yang tidak akan dimarahi apabila ia menumpahkan secangkir air atau memecahkan keramik halus saat merangkak di atas lantai. Malahan, orangtuanya atau anggota keluarganya menyalahkan diri mereka sendiri karena kelalaian mereka.

Tetapi, apabila Anda memasuki tingkat kedua iman, Anda akan mendengar rintihan Roh Kudus di dalam Anda, dan mulai merasa sedih apabila Anda melakukan dosa. Tapi, Anda tidak dapat memahami setiap firman Allah karena Anda seperti anak kecil dalam roh, dan tidak mudah bagi Anda untuk menaati firman. Itulah kenapa orang-orang pada tingkat pertama iman disebut "Orang Kristen yang makan dengan susu".

Orang Kristen yang makan dengan susu

Rasul Paulus menulis dalam 1 Korintus 3:1-3 sebagai berikut:

Dan aku, saudara-saudara, pada waktu itu tidak dapat berbicara dengan kamu seperti dengan manusia rohani, tetapi hanya dengan manusia duniawi, yang belum dewasa dalam Kristus. Susulah yang kuberikan kepadamu, bukanlah makanan keras, sebab kamu belum dapat menerimanya. Dan sekarangpun kamu belum dapat menerimanya. Karena kamu masih manusia duniawi. Sebab, jika di antara kamu ada iri hati dan perselisihan bukankah hal itu menunjukkan, bahwa kamu manusia duniawi dan bahwa kamu hidup secara manusiawi?

Apabila Anda menerima Yesus Kristus, Anda menerima hak untuk menjadi anak Allah dan nama Anda dicatat dalam Kitab Kehidupan di dalam surga. Tetapi, Anda diperlakukan seperti anak kecil dalam Kristus karena Anda masih belum memulihkan sepenuhnya gambar Allah yang hilang.

Karena alasan ini, mereka yang berada pada tingkat pertama dan kedua iman harus dijaga dengan baik. Mereka harus diajarkan firman Allah dan didorong untuk hidup oleh firman sebagaimana Anda memberi makan bayi dengan susu.

Itulah kenapa orang-orang pada tingkat pertama iman disebut "Orang Kristen yang makan dengan susu". Apabila iman mereka tumbuh, dan mereka mulai memahami dan menaati firman Allah, mereka disebut "Orang Kristen yang makan makanan padat".

Oelh karena itu, apabila Anda adalah Orang Kristen yang makan dengan susu – pada tingkat pertama atau tingkat kedua iman – Anda harus berusaha sebaik mungkin untuk menjadi Orang Kristen yang makan makanan padat. Tetapi, Anda harus ingat bahwa Anda tidak boleh memaksakan diri dari kehidupan Kristen yang makan dengan susu ke tingkat orang yang makan makanan padat. Apabila Anda melakukan hal itu, Anda akan menderita sakit pencernaan seperti halnya bayi yang diberi makanan padat, maka ia akan menderita gangguan pencernaan.

Oleh karena itu, Anda harus bijak dalam menangani pasangan Anda, anak, atau siapapun yang memiliki iman kecil. Pertama-tama Anda perlu menempatkan diri Anda pada posisi mereka, dan membawa mereka untuk tumbuh dalam iman dengan mengajarkan mereka tentang Allah yang hidup, bukannya menyalahkan atau menegur mereka karena iman mereka yang kecil yang merupakan hasil dari keras kepala mereka atau perbuatan yang melanggar.

Allah tidak menghukum orang-orang yang berada pada tingkat pertama atau kedua iman bahkan apabila mereka tidak menjalankan Hari kudus Allah atau tidak hidup oleh firman sepenuhnya. Malahan, ia memahami situasi mereka dan membimbing mereka dengan kasih. Dengan cara ini, kita harus mampu untuk membedakan ukuran iman kita dengan ukuran iman orang lain dan berpikir bijak sesuai dengan ukuran iman.

Orang Kristen yang makan makanan padat

Apabila Anda bersungguh-sungguh menjalani kehidupan Kristen yang baik bahkan apabila Anda berada pada tingkat pertama iman, Allah melindungi Anda dari banyak masalah dan ujian. Meskipun demikian, Anda tidak seharusnya berhenti pada ukuran tingkat kedua iman tanpa meningkatkan iman Anda selanjutnya. Seperti halnya orangtua yang kuatir apabila anak mereka tidak tumbuh baik dan akan senang apabila anak mereka tumbuh dengan baik, anak Allah juga harus bertumbuh imannya melalui firman dan doa.

Oleh karena itu, dengan kata lain, pada waktu yang tepat Allah akan memberikan Anda kesulitan sehingga Ia dapat membimbing Anda menuju tingkat ketiga iman. Ia memberkati Anda tidak hanya dengan pertumbuhan iman tapi juga dengan banyak hal lain. Yang terbesar adalah kesulitan yang Anda atasi, maka berkat Allah yang lebih besar akan menyertai.

Dengan kata lain, apabila Anda dianggap berada pada tingkat ketiga iman tapi menjalani hidup seperti orang yang berada pada tingkat pertama atau kedua iman, Allah memberikan Anda ujian kedisiplinan bukannya ujian untuk berkat.

Anggap ada seorang anak yang kekurangan gizi yang seimbang karena ia hanya minum susu tanpa mengkonsumsi makanan bergizi lainnya. Apabila ia hanya minum susu, ia dapat sakit akibat kurang gizi atau bahkan mati. Dalam situasi seperti itu, umumnya orangtua berusaha melakukan sebaik mungkin untuk memberikan makanan yang bergizi untuk anak tersebut.

Dengan cara yang sama, apabila anak Allah mengetahui firman-Nya tapi tetap pergi menuju jalan maut dengan tidak menaati Firman, Allah – yang melalui Anak-Nya Yesus Kristus ingin memperoleh anak sejati - memberikan mereka cobaan dengan hati yang hancur sesuai tuntutan Setan.

Allah memperlakukan anak-Nya sebagai berikut: *"Karena Tuhan menghajar orang yang dikasihi-Nya, dan Ia menyesah orang yang diakui-Nya sebagai anak. Jika kamu harus menanggung ganjaran; Allah memperlakukan kamu seperti anak. Di manakah terdapat anak yang tidak dihajar oleh ayahnya?"* (Ibrani 12:6-7).

Apabila anak Allah melakukan dosa tapi Ia tidak mendisiplinkan dia, hal ini menunjukkan bahwa orang tersebut jauh dari kasih Allah. Hal ini akan menjadi tragedi dari semua tragedi untuk orang tersebut yang masuk ke dalam neraka karena Allah tidak lagi menerimanya sebagai anak-Nya.

Oleh karena itu, apabila ujian kedisiplinan Allah terjadi pada Anda saat Anda melakukan dosa, Anda harus ingat bahwa hal ini adalah bukti kasih-Nya dan bertobatlah sungguh-sungguh dari dosa-dosa. Sebaliknya, apabila Allah tidak mendisiplinkan Anda meskipun Anda melakukan dosa, maka Anda harus berusaha bertobat dan memohon ampun.

Anda dapat diampuni dari dosa-dosa apabila Anda tidak hanya bertobat dengan bibir saja tapi juga berbalik dari jalan dosa. Pertobatan sesungguhnya dengan mencucurkan air mata tidak terjadi atas kehendak Anda tapi oleh karunia Allah. Oleh karena itu, Anda harus berusaha meminta kepada Allah supaya Ia memberikan berkat pertobatan dengan air mata. Apabila anugerah-Nya datang atas Anda, Anda akan bertobat dengan mencucurkan air mata dan tersedu-sedu, dan pertobatan yang menyayat hati Anda akan muncul keluar.

Hanya dengan demikian barulah dinding dosa terhadap Allah dihancurkan dan hati Anda menjadi segar dan terang. Anda akan dipenuhi dengan Roh Kudus dan kegembiraan meluap-luap dan rasa syukur, dan hal ini adalah bukti bahwa Anda telah memulihkan kasih Allah.

Apabila Anda dianggap berada pada tingkat ketiga iman tapi hidup dan bertindak seperti orang yang berada pada tingkat kedua iman, maka akan sulit bagi Anda untuk diberikan iman dari atas yang dengannya Anda dapat menyelesaikan masalah. Apabila iman yang diberikan Allah tidak datang pada Anda, tidak mungkin penyakit Anda disembuhkan dengan iman Anda dan akhirnya Anda akan menyerahkan diri pada metode duniawi. Tetapi, apabila Anda bertobat dari dosa-dosa dengan sungguh-sungguh dan berpaling dari jalan dosa, pada akhirnya Anda akan memulihkan tingkat ketiga iman.

Apabila Anda memahami prinsip-prinsip pertumbuhan iman

ini, seharusnya Anda tidak puas dengan tingkat iman Anda sekarang. Seperti halnya seorang anak yang bertumbuh dan masuk ke sekolah dasar, kemudian sekolah menengah, sekolah tinggi, dan selanjutnya, Anda harus berusaha melakukan yang terbaik untuk meningkatkan iman Anda sampai Anda mencapai tingkat tertinggi iman.

Apabila Anda berada pada tingkat kedua iman, iman Anda bertumbuh dengan pemenuhan dari Roh Kudus karena iman Anda, bahkan walaupun iman tersebut sekecil biji sesawi, telah selesai ditanam dan mulai bertunas. Dengan kata lain, iman Anda bertumbuh untuk menaati firman Allah seperti halnya Anda mempersenjatai diri dengan firman Allah dengan cara bersungguh-sungguh mendengarkan firman, menghadiri setiap kebaktian persembahan, dan berdoa terus menerus.

Semoga Anda tidak hanya sekedar menyimpan firman Allah sebagai pengetahuan tapi juga menaatinya sampai titik menumpahkan darah Anda dan memperoleh iman yang lebih besar, dalam nama Tuhan saya berdoa.

Bab 6

IMAN UNTUK HIDUP OLEH FIRMAN

UKURAN IMA

～

"Setiap orang yang mendengar perkataan-Ku ini
dan melakukannya,
ia sama dengan orang yang bijaksana
yang mendirikan rumahnya di atas batu.
Kemudian turunlah hujan dan datanglah banjir,
lalu angin melAnda rumah itu,
tetapi rumah itu tidak rubuh,
sebab didirikan di atas batu."

(Matius 7:24-25)

～

Orang yang berbeda memiliki ukuran iman yang berbeda pula. Iman adalah karunia yang diberikan Allah kepada Anda supaya Anda menyempurnakan kebenaran di dalam hati Anda. Apabila iman Anda sebagai pengetahuan berubah menjadi iman yang diberikan Allah, Anda dapat menerima jawaban dari-Nya.

Seperti saya sebutkan pada Bab sebelumnya, apabila dikatakan Anda berada pada tingkat pertama iman untuk menerima keselamatan, Anda menerima Roh Kudus dan nama Anda dicatat dalam Kitab Kehidupan dalam surga. Kemudian, Anda mulai membentuk hubungan dengan Allah dan memanggil-Nya "Allah Bapaku".

Berikutnya, iman Anda akan tumbuh dan Anda akan menikmati mendengarkan firman Allah, dipenuhi dengan Roh Kudus, dan berusaha untuk menaatinya. Tetapi, Anda tidak menaati semua Firman Allah. Anda merasa terbebani oleh firman Allah dan tidak menerima setiap jawaban. Pada tahap ini, Anda dikatakan berada pada tingkat kedua iman.

Bagaimana Anda dapat mencapai tingkat ketiga iman - di mana pada tingkat tersebut Anda dapat hidup oleh Firman? Kehidupan Kristen seperti apa yang akan Anda jalani pada tingkat ketiga iman?

1. Tingkat Ketiga Iman

Apabila seseorang menerima Tuhan dan menerima Roh Kudus, di dalam hatinya tertanam biji iman yang sekecil biji sesawi. Apabila biji iman ini bertunas, ia mencapai sebuah tingkat iman di mana pada tingkat tersebut Anda berusaha untuk menaati firman dan kemudian mencapai tingkat yang lebih tinggi di mana pada tingkat ini Anda menaati firman.

Mulanya, Anda tidak menaati banyak firman meskipun Anda mendengarkan firman, tapi seiring iman Anda bertumbuh, Anda dapat memahami dengan lebih dalam dan lebih menaati firman. Karena alasan ini, "iman untuk taat" juga disebut "iman yang memungkinkan seseorang untuk memahami".

Memahami firman berbeda dengan menyimpan firman sebagai pengetahuan. Yaitu, berusaha sekuat tenaga untuk menaati firman karena Anda mengetahui bahwa Alkitab adalah firman Allah sangat berbeda dengan keinginan untuk menaati firman karena Anda memahami kenapa Anda harus menaati firman.

Menaati firman melalui pemahaman

Ini adalah sebuah contoh. Anggap Anda mendengarkan firman yang diajarkan seperti berikut ini: "Apabila Anda menjaga kekudusan Hari Tuhan dan memberikan persembahan perpuluhan, Allah akan menyingkirkan semua jenis masalah dan ujian dari Anda. Ia akan menyembuhkan Anda dari segala jenis penyakit. Ia akan memberkati jiwa Anda dan memberikan berkat keuangan".

Apabila Anda berpikir bahwa Anda mengetahui firman setelah mendengar pesan tersebut tapi tidak memahaminya dalam hati, Anda tidak akan selalu menaati firman dalam kehidupan Anda sehari-hari. Anda hanya berusaha menaati firman dengan berpikir, 'Ya, firman itu sepertinya benar', dan terkadang menaati perintah tapi di lain waktu tidak menaatinya tergantung pada keadaan. Siklus ini akan berulang sampai Anda memperoleh iman sempurna dalam Firman.

Tetapi apabila Anda memahami firman dan mempercayainya dari hati Anda, Anda akan menjaga kekudusan Hari Tuhan, memberikan seluruh perpuluhan, dan tidak berkompromi dalam keadaan apapun.

Sebagai contoh, anggap presiden perusahaan berkata kepada seluruh pekerjanya, "Apabila Anda bekerja lembur, saya akan memberikan bayaran lebih dan mempromosikan Anda". Apabila pilihan untuk bekerja lembur terserah pada pekerja, apa yang akan dilakukan para pekerja tersebut apabila mereka percaya dengan janji presiden perusahaan tersebut?

Mereka pasti akan bekerja lembur kecuali kalau mereka memiliki alasan khusus untuk tidak melakukannya. Umumnya, perlu beberapa tahun untuk untuk dipromosikan dalam sebuah perusahaan dan membutuhkan upaya yang besar untuk mendapatkan promosi tersebut. Karena alasan tersebut, tidak seorangpun pekerja dalam perusahaan itu untuk ragu bekerja lembur selama satu malam, sebulan, atau lebih lama lagi.

Demikian juga dengan perintah Allah untuk menjaga kekudusan Hari Tuhan dan memberikan perpuluhan. Apabila Anda percaya sepenuhnya janji Allah untuk menjaga kekudusan Hari Tuhan dan memberikan perpuluhan, apa yang akan Anda lakukan?

Ketaatan Anda membawa berkat

Apabila Anda menjaga kekudusan Hari Tuhan, Anda mengakui kedaulatan Allah. Anda mengakui bahwa Allah adalah Tuhan dari alam roh. Itulah sebabnya Allah melindungi Anda dari segala jenis bencana dan kecelakaan, dan memberkati jiwa Anda dengan baik apabila Anda menjaga kekudusan Hari Tuhan. Anda juga mengakui kedaulatan Allah melalui persembahan perpuluhan, karena Anda menyerahkan segala yang di langit dan di bumi sebagai kepunyaan Allah.

Karena Allah adalah pencipta segala hal, hidup itu sendiri berasal dari Allah, dan kekuatan Anda untuk melakukan upaya dan usaha terbaik juga berasal dari-Nya. Dengan kata lain, semua hal adalah kepunyaan Allah. Dalam prinsip ini, semua pendapatan Anda adalah milik Allah, tapi Ia hanya meminta sepersepuluh dari pendapatan itu untuk diberikan kepada Allah dan menggunakan sisanya untuk Anda.

Maleakhi 3:8-9 mengingatkan kita, *"Bolehkah manusia menipu Allah? Namun kamu menipu Aku! Tetapi kamu berkata: 'Dengan cara bagaimanakah kami menipu Engkau?' Mengenai persembahan persepuluhan dan persembahan khusus. Kamu telah kena kutuk, tetapi kamu masih menipu Aku, ya kamu seluruh bangsa!"*

Dengan kata lain, Anda berada di bawah kutuk apabila Anda melakukan dosa serius dengan menipu Allah dalam hal perpuluhan. Apabila Anda memberikan Allah seluruh perpuluhan karena taat kepada perintah-Nya, Anda akan selalu berada di bawah perlindungan-Nya dan menerima berkat dalam ukuran yang baik, ditekan, digoncang dan tumpah keluar (Lukas 6:38).

Pemahaman yang benar menghasilkan ketaatan

Hanya apabila Anda memahami arti sebenarnya dari firman dan bukannya menyimpan firman sebagai pengetahuan, barulah Anda dapat menaati firman Allah yang memberi Anda upah sesuai dengan apa yang Anda lakukan. Apabila Anda tidak memahami arti sebenarnya dari Firman, maka, Anda tidak akan mampu menaati sepenuhnya bahkan apbila Anda berusaha untuk melakukannya, karena Anda menganggap firman hanya sebagai pengetahuan dalam otak Anda.

Oleh karena itu, Anda harus bersungguh-sungguh untuk menumbuhkan iman Anda. Seorang bayi akan mati apabila ia tidak makan. Ia harus makan teratur, menggerakkan tangan atau kakinya, dan melihat, mendengar, dan belajar dari orangtuanya atau orang lain. Dalam proses ini, pengetahuan dan kearifan bayi tersebut meningkat dan ia tumbuh dan dewasa dengan baik dan benar.

Dengan demikian, orang percaya seharusnya tidak hanya mendengar firman Allah tapi juga berusaha untuk mendalami arti sesungguhnya firman itu. Apabila Anda berdoa untuk menaati firman Allah, Anda akan mampu untuk memahami arti firman tersebut dan memperoleh kekuatan untuk menaatinya.

Sebagai contoh, Allah berkata dalam 1 Tesalonika 5:16-18, *"Bersukacitalah senantiasa; berdoalah tanpa henti; mengucap syukurlah dalam segala hal; sebab itulah yang dikehendaki*

Allah di dalam Kristus Yesus bagi kamu." Orang-orang yang berada pada tingkat kedua iman, dengan rasa kewajiban, akan berdoa, memanjatkan syukur, dan bersukacita karena itu merupakan perintah Allah. Tapi, mereka tidak mengucapkan syukur kepada Allah apabila mereka tidak merasa bersyukur, atau tidak bersukacita apabila mereka menghadapi kesulitan karena mereka berusaha untuk menaati firman hanya karena rasa kewajiban.

Orang-orang yang berada pada tingkat ketiga iman, dapat menaati firman karena mereka berdiri di atas batu karang iman. Mereka memahami kenapa mereka harus mengucapkan syukur sepanjang waktu, kenapa mereka harus berdoa terus menerus, dan selalu bersukacita. Mereka selalu bersukacita dan bersyulur dari dasar hati mereka dan berdoa terus menerus dalam keadaan apapun.

Kenapa Allah memerintahkan Anda untuk bersukacita sepanjang waktu? Apa arti sesungguhnya dari perintah ini? Apabila Anda bersukacita hanya saat keadaan yang membahagiakan dan menggembirakan terjadi pada Anda dan tidak bersukacita saat Anda menghadapi masalah atau kekuatiran, Anda tidak lebih baik dari orang duniawi yang tidak percaya dalam Allah.

Orang-orang ini mengejar hal-hal duniawi karena mereka tidak mengetahui dari mana umat manusia berasal dan kemana mereka pergi. Oleh karena itu, mereka hanya bersukacita apabila hidup mereka dipenuhi dengan kesenangan dan kebahagiaan. Dengan kata lain, mereka diliputi oleh kekuatiran, kegelisahan, kesedihan, atau penderitaan yang datang dari dunia.

Orang-orang percaya, dapat hidup dengan sangat berbeda

dari orang-orang seperti itu karena mereka memiliki harapan akan surga. Kita sebagai orang percaya tidak perlu kuatir atau gelisah karena bapa sejati kita adalah Allah yang menciptakan langit dan bumi dan mengatur semua hal dan sejarah manusia. Jadi kenapa kita harus takut atau kuatir? Lagi pula, karena kita akan menikmati kehidupan kekal dalam kerajaan surga melalui Yesus Kristus, kita tidak memiliki pilihan lain kecuali bersukacita.

Iman untuk menaati firman

Apabila Anda memahami firman Allah dari dasar hati, Anda dapat bersukacita bahkan dalam kedaan di mana Anda tidak sedang bersukacita, mengucapkan syukur sepanjang waktu bahkan di saat Anda sulit untuk mengucapkan syukur, dan berdoa dalam keadaan yang tidak memungkinkan Anda untuk berdoa. Hanya dengan demikianlah musuh Anda setan akan pergi jauh, masalah dan kesulitan akan meninggalkan Anda, dan segala jenis masalah terpecahkan karena Allah mahakuasa bersama Anda.

Apabila Anda mengaku percaya dalam Allah Kuasa tapi masih kuatir atau enggan bersukacita apabila Anda menghadapi masalah, berarti Anda berada pada tingkat kedua iman.

Tapi, apabila Anda berubah untuk memahami firman Allah seungguh-sungguh dan bersukacita serta bersyukur dari dalam hati, Anda berada pada tingkat ketiga iman. Hal-hal berikut akan terjadi apabila Anda berada pada tingkat ketiga iman: Sebanyak Anda berusaha untuk melayani dan mengasihi orang lain, maka kebencian akan musnah dan hati Anda akan, sedikit demi sedikit, menjadi diisi dengan kasih rohani untuk mengasihi musuh Anda. Itu karena Anda memahami dari hati kasih Tuhan yang disalib untuk para pendosa.

Yesus disalib, dihina, dianiaya oleh para pendosa yang jahat meskipun Ia hanya melakukan kebaikan dan tidak berdosa. Ia tidak memiliki kebencian kepada mereka yang menyalib, menghina, atau mencemooh-Nya tapi ia berdoa kepada Allah supaya mereka diampuni. Pada akhirnya, Ia menunjukkan kasih-Nya yang besar dengan menyerahkan nyawa-Nya sendiri bagi mereka.

Anda mungkin akan benci kepada orang yang menyakiti atau menganiaya Anda tanpa alasan sebelum Anda memahami kasih besar Yesus Tuhan kita. Tapi, Anda seharusnya sekarang membenci dosanya bukan orangnya. Selain itu, Anda tidak membenci orang yang bekerja lebih keras atau lebih dipuji dari Anda, tapi malah memberkati mereka dan mengasihi mereka dalam Kristus. Anda memiliki keraguan terhadap firman Allah atau menilainya sesuai dengan pemikiran Anda sendiri saat Anda pertama kali mendengar firman, tapi sekarang Anda datang untuk menerima firman dengan penuh kegembiraan tanpa meragukan atau menghakiminya. Pada tingkat ketiga iman, Anda menaati firman Allah perintah demi perintah.

Upah dari Allah memerlukan iman yang disertai dengan perbuatan

Sebelum saya mengenal Allah, saya menderita dari berbagai jenis penyakit selama tujuh tahun dan dijuluki "Sarang penyakit". Saya berupaya sekuat tenaga untuk sembuh, tapi semuanya siasia dan penyakit saya menjadi bertambah parah dari hari ke hari. Mereka melihat bahwa sudah tidak mungkin disembuhkan dengan ilmu medis dan tidak ada lagi yang bisa dilakukan selain menunggu ajal.

Pada suatu hari, saya tiba-tiba disembuhkan oleh kuasa Allah dan dipulihkan kesehatan saya. Melalui pengalaman mukjizat ini, saya bertemu dengan Allah yang hidup dan sejak itu saya sepenuhnya percaya kepada-Nya tanpa keraguan dan tergantung sepenuhnya pada Firman Alkitab. Saya menaati sepenuhnya firman Allah tanpa syarat. Saya bersukacita sepanjang waktu meskipun dalam kesulitan, dan saya bersyukur dalam situasi bermasalah karena itulah yang Allah ajarkan untuk dilakukan dalam Alkitab.

Adalah kebahagiaan terbesar saya untuk menghadiri kebaktian persembahan dan berdoa kepada Allah pada Hari Minggu; saya bahkan meninggalkan kesempatan sangat baik untuk mulai bekerja di tempat konstruksi karena saya memutuskan untuk menjaga kekudusan Hari Tuhan.

Meskipun demikian, saya sangat senang dan bersyukur pada kenyataan bahwa Allah adalah Bapa saya. Ia datang kepada saya saat saya sedang menunggu ajal karena berbagai penyakit serius, dan saya sangat bersyukur untuk berkat-Nya yang luar biasa. Saya terus menerus berdoa dan berpuasa untuk hidup sepenuhnya oleh firman Allah. Kemudian pada suatu hari, saya mendengar suara Allah memanggil saya sebagai pelayan-Nya. Dengan hati yang taat saya berpikir untuk menjadi pelayan-Nya yang baik dan sekarang saya melayani Dia sebagai seorang pendeta.

Saya selalu bersyukur kepada Allah Bapa saya dari dasar hati baik saat saya sedang berlutut untuk berdoa kepada-

Nya, sedang berjalan, atau sedang berbicara dengan seseorang. Dengan cara yang sama, saya selalu bersukacita dari dalam hati saya. Kekuatiran dan masalah selalu dihadapi oleh siapa pun dan sebagai pendeta senior dari 120.000 anggota jemaat gereja, saya memiliki banyak pekerjaan dan tanggungjawab. Saya harus mengajarkan dan melatih banyak pelayan dan pendeta Allah untuk menyelesaikan tanggungjawab yang diberikan Allah dan memenuhi misi dunia untuk membimbing begitu banyak orang menuju Tuhan. Skema iblis berupa segala macam tipu muslihat untuk menghalangi terpenuhinya rencana Allah, dan memberikan berbagai macam ujian dan kesulitan. Banyak hal untuk dikeluhkan, dimohon, dan dikuatirkan mengenai terpaan yang datang sepanjang waktu atas saya, dan mungkin saya telah jatuh apabila saya diterpa oleh hal-hal tersebut atau dikalahkan oleh takut.

Tapi, saya tidak pernah ditaklukkan atau dikalahkan oleh kekuatiran dan kegelisahan karena saya memahami kehendak Allah dengan jelas. Saya bersyukur kepada-Nya dan berdoa dengan sukacita meskipun saya mengalami masalah dan ujian berat, jadi Allah selalu bekerja dengan baik dalam segala hal dan lebih memberkati saya.

2. Hingga Mencapai Batu Karang Iman

Melihat sesuatu tanpa iman melalui lensa ketakutan dan kegelisahan hanya akan membahayakan rohani Anda dan merusak kesehatan Anda. Apabila Anda memahami arti rohani firman Allah, yang mengatakan kepada kita, *"Bersukacitalah senantiasa; berdoalah tanpa henti; mengucap syukurlah dalam segala hal; sebab itu adalah kehendak Allah dalam Kristus Yesus kepada kamu".* Anda dapat bersyukur dari hati dalam segala situasi. Itu karena Anda percaya dengan kuat bahwa ini adalah jalan untuk memuliakan Allah, mengasihi-Nya, dan menerima jawaban dari Allah. Selain itu, ini adalah kunci untuk memecahkan masalah Anda, menerima berkatnya, dan menyingkirkan musuh Anda Setan dan iblis. Anggap ada seorang wanita dan menantu perempuannya yang tidak cocok satu sama lain. Mereka mengetahui bahwa mereka harus mengasihi satu sama lain dan berdamai di antara mereka. Tapi, apa yang akan terjadi apabila mereka menyalahkan atau mendendam satu sama lain? Ini bukan merupakan masalah tunggal yang dapat dipecahkan di antara mereka berdua.

Di satu sisi, apabila mertua perempuan mengumpat menantu perempuannya kepada anggota keluarga yang lain dan tetangga, dan menantu perempuan berkata buruk mengenai mertua perempuannya kepada orang lain, perselisihan tidak akan berakhir dan tidak akan ada kedamaian di dalam rumah.

Dengan kata lain, apa yang akan terjadi pada mereka apabila mereka bertobat dari kesalahan yang mereka lakukan, saling memahami satu sama lain dengan mematut diri mereka sendiri pada sepatu orang lain, memaafkan dan saling mengasihi? Maka akan ada kedamaian di dalam rumah. Mertua perempuan akan berbicara dengan baik pada menantu perempuannya baik menantu tersebut sedang bersamanya atau tidak, dan menantu perempuannya berubah menjadi memuji dan menghormati mertua perempuannya dari dasar hati. Betapa damai dan penuh kasihnya hubungan yang akan mereka miliki! Ini adalah jalan yang sangat dikasihi Allah.

Tahap awal tingkat ketiga iman

Alasan kenapa orang-orang tidak mampu menaati firman meskipun mereka mengetahui firman tersebut benar adalah karena mereka memiliki banyak kesesatan, yang bertentangan dengan kehendak Allah, dan kesesatan yang tersisa di dalam hati mereka memadamkan keinginan Roh Kudus. Oleh karena itu apabila Anda memasuki tahap awal dari tingkat ketiga iman, Anda mulai memberontak terhadap dosa-dosa sampai menitikkan darah (Ibrani 12:4).

Untuk menyingkirkan dosa-dosa Anda, Anda harus bersungguh-sungguh berdoa terus menerus dengan berpuasa seperti yang dikatakan Yesus kepada kita, *"Jenis ini tidak dapat diusir kecuali dengan berdoa"* (Markus 9:29). Hanya dengan demikian Anda akan menerima cukup kekuatan dan anugerah dari Allah untuk hidup oleh firman Allah. Dengan cara yang sama, apabila Anda berada pada tingkat ketiga iman, Anda akan lebih berhasrat untuk menyingkirkan apa yang Allah perintahkan untuk disingkirkan, dan melakukan apa yang Ia katakan kepada Anda seperti perintah Alkitab.

Apakah ini berarti bahwa setiap orang yang menjaga kekudusan Hari Tuhan dan memberikan persembahan perpuluhan memiliki iman tingkat ketiga? Tidak, bukan itu maksudnya. Sebagian orang mungkin menghadiri kebaktian Minggu dan memberikan persembahan perpuluhan dengan sikap munafik – mereka mungkin melakukan itu hanya karena mereka takut menghadapi ujian dan masalah sebagai akibat dari tidak menjaga perintah Allah, atau karena mereka ingin dipuji oleh pendeta dan pelayan Allah. Apabila Anda menyembah Allah dalam roh dan kebenaran, firman-Nya akan terasa lebih manis dari madu.

Tetapi, apabila Anda enggan menghadiri kebaktian persembahan, Anda akan merasa bosan dengan firman dan berpikir mengenai diri Anda sendiri, 'Kapan kebaktian ini akan berakhir.....' Hal ini karena pikiran Anda berada di tempat lain meskipun tubuh Anda berada di gereja Allah.

Apabila Anda menghadiri kebaktian persembahan tapi membiarkan hati Anda terbang menuju dunia, Anda tidak dapat dianggap menjaga kekudusan Hari Tuhan karena Allah melihat hati para penyembah-Nya. Dalam kasus ini, Anda masih berada pada tingkat kedua iman meskipun Anda memberikan semua persembahan perpuluhan.

Ukuran iman akan berbeda dari satu orang ke orang lain, meskipun mereka berada di tingkat iman yang sama. Apabila ukuran iman sempurna dari tiap-tiap level iman adalah 100%, iman Anda secara bertahap meningkat dari ukuran 1% sampai pada ukuran 10%, 20%, 50% dan seterusnya, sampai mencapai 100% dalam tiap-tiap tingkatan iman. Apabila iman Anda meningkat sampai pada ukuran 100%, maka Anda akan loncat ke tingkat iman berikutnya.

Sebagai contoh, anggap kita membagi ukuran iman tingkat kedua dari iman 1% sampai 100%. Seiring iman Anda semakin mendekati 100% pada tingkat kedua iman, Anda dapat meraih tingkat ketiga iman. Dengan cara yang sama, apabila iman Anda meningkat sampain pada ukuran 100% dalam tingkat ketiga iman, Anda berada pada tingkat keempat iman. Oleh karena itu,

Anda harus mampu untuk melihat pada tingkat iman ke berapa saat ini Anda berada, dan berapa banyak tingkat yang sudah Anda selesaikan.

Batu karang iman

Apabila iman Anda mencapai lebih dari 60% pada tingkat ketiga iman, Anda dikatakan sedang berada di atas batu karang iman. Dalam Matius 7:24-25 Yesus berkata, *"Karenanya setiap orang yang mendengar perkataan-Ku ini, dan melakukannya, ia sama dengan orang yang bijaksana, yang mendirikan rumahnya di atas batu. 'Kemudian turunlah hujan, dan datanglah banjir, lalu angin bertiup, dan melAnda rumah itu; tetapi rumah itu [tetap] tidak rubuh, sebab didirikan di atas batu."*

"Batu karang" di sini merujuk kepada Yesus Kristus (1 Korintus 10:4), dan "batu karang iman" merujuk kepada berdiri kokoh di atas kebenaran, Yesus Kristus. Oleh karena itu, apabila Anda berada di atas batu karang iman setelah mencapai lebih dari 60% dalam tingkat ketiga iman, Anda tidak akan jatuh dalam menghadapi berbagai masalah dan ujian. Anda menaati kehendak Allah sampai akhir karena Anda akan tetap berdiri kokoh di atas batu karang iman saat Anda menemukan bahwa hal ini adalah jalan benar atau kehendak Allah.

Oleh karena itu, Anda dapat selalu menjalani kehidupan gemilang dan memberikan kemuliaan tanpa tergoda oleh Setan dan iblis. Selanjutnya, kegembiraan dan rasa syukur meluap dari hati Anda meskipun menghadapi berbagai ujian dan masalah, dan Anda menikmati kedamaian dengan berdoa terus menerus.

Anggap Anda hampir saja meninggal dalam kecelakaan lalu-lintas. Meskipun ini adalah tragedi besar, Anda mencucurkan air mata syukur dari hati Anda dan bersukacita karena Anda berdiri kokoh di atas kebenaran. Bahkan apabila Anda menjadi pincang karena sebuah kecelakaan, Anda tidak akan menggerutu kepada Allah dengan mengatakan, "Kenapa Allah tidak melindungiku?" Sebaliknya, Anda akan bersyukur kepada Allah karena telah melindungi bagian tubuh Anda yang lain.

Pada kenyataannya, bahwa dosa-dosa kita diampuni dan kita dapat masuk surga adalah cukup untuk kita mengucapkan syukur kepada Allah. Bahkan apabila Anda menjadi pincang, hal tersebut tidak akan menghalangi Anda untuk masuk surga karena apabila Anda masuk kerajaan surga, tubuh pincang Anda akan berubah menjadi tubuh surgawi yang sempurna.

Dengan kata lain, tidak ada alasan untuk mengeluh atau merasa sedih. Tentu saja, Allah pasti selalu melindungi Anda apabila Anda memiliki iman seperti ini. Bahkan apabila Allah membuat Anda terluka dalam kecelakaan lalu-lintas supaya Anda menerima berkat, Anda dapat sembuh sepenuhnya sesuai dengan iman Anda.

Hidup berkemenangan di atas batu karang iman

Meskipun orang-orang pada tahap awal tingkat ketiga iman memiliki keinginan untuk menaati Firman, terkadang mereka menaati firman dengan gembira dan di lain waktu menaati firman dengan terpaksa. Itu karena kelompok terakhir dari orang-orang tersebut masih belum dikuduskan sepenuhnya, dan bergukmul di antara kebenaran dan kesesatan di dalam hati mereka.

Sebagai contoh, Anda berusaha untuk melayani orang lain dan tidak membenci mereka karena Allah mengajarkan Anda untuk tidak membenci orang lain tapi mengasihi bahkan musuh Anda. Meskipun demikian, walaupun terlihat Anda seperti sedang melayani orang lain, Anda merasa terbebani karena Anda tidak mengasihi mereka dari hati. Tapi, apabila Anda berdiri di atas batu karang iman, musuh Anda Setan dan iblis tidak akan menggoda atau mengganggu karena Anda memiliki hati benar untuk menhikuti kehendak Roh Kudus, dan Anda tidak takut karena Anda berjalan di tengah kuasa Allah.

Sebagaimana halnya Daud muda berkata dengan berani kepada Goliat dengan iman, *"Sebab di tangan Tuhanlah pertempuran dan Iapun menyerahkan kamu ke dalam tangan kami".* (1 Samuel 17:47), Anda juga mampu untuk membuat pengakuan berani dari iman saat Allah memberikan Anda kemenangan sesuai dengan iman Anda. Tidak ada yang dapat menghalangi atau membuat Anda takut karena Allah kuasa adalah pembantu Anda.

Apabila Anda memiliki hubungan dengan Allah dan berbagi kasih dengan-Nya, Anda dapat menerima jawaban terhadap masalah dan permintaan Anda saat Anda meminta kepada-Nya dengan iman. Tapi, hal ini tidak berlaku untuk orang-orang yang jarang berdoa dan tidak memiliki hubungan dengan Allah. Apabila mereka menghadapi masalah, sangat sulit bagi mereka untuk menerima jawaban dari Allah meskipun mereka mengaku, "Allah pasti akan memberi saya solusi". Hal ini seperti menunggu buah Ape; jatuh dari pohonnya sendiri. Itulah kenapa kita harus berdoa terus-menerus.

Bagaimana cara untuk mencapai batu karang iman

Tidak mudah bagi seorang petinju untuk menjadi juara dunia. Prestasi memerlukan usaha terus-menerus, kesabaran, dan pengendalian diri yang kuat. Awalnya, seorang pemula akan mengalami kekalahan dalam latih tanding karena kurangnya keterampilan.

Tapi, apabila ia terus-menerus melatih dirinya sendiri dan memperbaiki keterampilannya, ia dapat memukul lawan tandingnya meskipun sebelumnya ia telah dipukul dua kali atau tiga kali. Apabila ia meningkatkan keterampilan dan kekuatannya dengan usaha lebih, ia akan memenangi pertandingan, dan kepercayaan dirinya juga akan meningkat.

Serupa dengan itu, seorang siswa yang menyukai Bahasa Inggris tidak dapat menunggu untuk kelas pelajaran Bahasa Inggris dan saat pelajaran itu tiba, ia sangat menikmatinya. Sebaliknya, siswa yang tidak menyukai Bahasa Inggris akan merasa bosan dan terbebani selama pelajaran Bahasa Inggris.

Hal ini serupa dengan pertempuran rohani melawan iblis dan Setan. Apabila Anda berada pada tingkat kedua iman, kehendak Roh Kudus di dalam Anda menyerbu ke dalam perang melawan keinginan dosa karena dua keinginan tersebut memiliki derajat kekuatan yang sama. Ini serupa dengan pertandingan antara dua orang dengan kekuatan dan keterampilan seimbang. Apabila satu orang memukul lainnya, maka yang dipukul tersebut akan memukulnya kembali. Apabila ia memukul lainnya lima kali, maka yang dipukul tersebut akan memukulnya sebanyak lima kali juga. Hal ini serupa dengan pertempuran rohani melawan iblis. Anda terkadang mengalahkan iblis tapi terkadang dikalahkan oleh iblis.

Tapi, apabila Anda terus menerus berdoa dan berusaha untuk menaati firman tanpa merasa kecewa, Allah akan menumpahkan anugerah dan kekuatan-Nya dan Roh Kudus akan membantu Anda. Sebagai hasilnya, kehendak Roh Kudus bersemayam di dalam hati Anda dan iman Anda meningkat secara terus menerus sampai mencapai tingkat ketiga iman.

Saat Anda memasuki tingkat ketiga iman, keinginan untuk berbuat dosa akan menghilang dan menjadi lebih mudah untuk menjalani hidup dalam iman. Apabila Anda berdoa terus menerus seperti perintah firman, Anda akan menikmati berdoa kepada Allah. Apabila awalnya Anda berdoa selama sepuluh menit, Anda akan mampu untuk berdoa selama dua puluh menit kemudian tiga puluh menit, dan selanjutnya Anda akan dengan mudah berdoa selama dua atau tiga jam.

Tidaklah mudah bagi para pemula iman untuk berdoa lebih dari sepuluh menit karena mereka tidak memiliki cukup topik atau permintaan untuk berdoa, jadi mereka merasa sedikit terbebani saat berdoa dan iri pada orang-orang yang dapat berdoa dengan mudah tanpa kesulitan. Apabila Anda terus berdoa sepenuh hati dengan sabar, Anda akan mulai diberikan kekuatan dari atas untuk berdoa selama beberapa jam sehari. Allah memberikan Anda anugerah dan kekuatan-Nya untuk berdoa apabila Anda melakukan yang terbaik untuk berdoa kepada-Nya secara terus menerus.

Dengan cara ini, iman Anda bertambah dewasa dengan terus menerus berdoa. Apabila Anda mencapai ukuran iman yang lebih tinggi dalam tingkat ketiga iman, Anda akan memiliki iman yang kokoh tanpa menoleh ke kiri atau ke kanan dalam menghadapi ujian dan masalah apapun.

Melampaui batu karang iman

Apabila Anda berdiri di atas batu karang iman, Allah mengasihi Anda, memecahkan masalah Anda, dan memberikan jawaban terhadap apapun yang Anda minta. Anda juga dapat mendengar suara Roh Kudus, bersukacita dan bersyukur dalam keadaan apapun seperti perintah Allah, dan terus menerus berdoa karena Anda berdiam di dalam firman yang ditulis di dalam enam puluh enam kitab dalam Alkitab.

Apabila Anda adalah seorang pelayan, penatua, pendeta atau pemimpin di gereja tapi tidak mendengar suara Roh Kudus, Anda harus memahami bahwa Anda masih belum berdiri di atas batu karang iman. Ini tidak berarti bahwa Anda mendengar suara Roh Kudus hanya apabila Anda berdiri di atas batu karang iman.

Bahkan para pemula sekalipun dapat mendengar suara-Nya apabila mereka menaati firman Allah sebagaimana yang mereka pelajari. Karena ketaatan mereka kepada Firman, tidak memerlukan waktu lama untuk iman para pemula bertumbuh dari tingkat pertama menuju ukuran batu karang iman.

Sejak saya menerima Tuhan, saya mulai memahami anugerah Allah dalam hati saya dan berusaha untuk menaati firman seperti yang saya pelajari. Karena upaya ini, saya mampu untuk mendengar suara Roh Kudus dan dibimbing oleh-Nya karena saya sepenuh hati menaati firman dengan kebulatan tekad bahwa saya akan menyerahkan bahkan hidup saya apabila diperlukan.

Memerlukan sekitar tiga tahun untuk saya dapat mendengar

suara Roh Kudus. Anda tentu saja dapat mendengar suara-Nya dalam setahu atau dua tahun apabila Anda rajin membaca firman Allah, menyimpannya dalam pikiran dan menaatinya. Tapi, tanpa menghiraukan lamanya waktu sebagai orang percaya, Anda tidak akan mendengar suara Roh Kudus apabila Anda hidup dalam pemikiran sendiri tanpa menaati Firman tersebut.

Ada sebagian orang percaya mengatakan, "Saya sudah dipenuhi dengan Roh Kudus dan memiliki iman yang baik. Saya melayani gereja dengan giat. Tapi iman saya merosot sejak saya terhambat secara rohani karena anggota gereja lain". Dalam kasus seperti itu, orang ini tidak dapat dikatakan memiliki iman yang baik dan secara giat melayani gereja.

Selain itu, apabila orang seperti itu memiliki iman yang baik, mereka seharusnya tidak jatuh karena anggota lain, dan mereka tidak akan meninggalkan imannya. Hanya mungkin bagi mereka untuk melakukan hal seperti itu apabila mereka memiliki iman kedagingan tanpa perbuatan bahkan meskipun mereka memiliki pengetahuan tentang Firman Allah.

Kita tidak boleh bersikap bodoh dengan meninggalkan gereja karena berselisih dengan beberapa anggota gereja. Betapa menyedihkannya hal ini apabila Anda menghianati Allah yang menebus Anda dari dosa-dosa dan memberikan Anda kehidupan sejati, hanya untuk kembali ke dunia yang membawa pada kematian kekal, semuanya hanya karena Anda berselisih dengan seorang pelayan, pemimpin, saudara atau saudari dalam gereja Anda.

Anda harus mengakui bahwa Anda berada jauh dari batu karang iman apabila Anda berdoa dengan munafik hanya untuk menunjukkan diri Anda sebagai seorang pendoa yang rajin, atau merasa sedih atau bermusuhan kepada mereka yang memfitnah atau menggosipkan Anda. Apabila Anda berdiri di atas batu karang iman, Anda tidak akan bermusuhan kepada mereka tapi berdoa untuk mereka dengan air mata kasih.

Sepanjang pelayanan saya sejak tahun 1982, saya telah mengalami saat-saat yang sangat tidak nyaman dan bahkan di dalam gereja. Beberapa pelayan atau anggota terlalu jahat untuk dimaafkan dari sudut pAndang manusia, tapi saya tidak pernah merasa benci atau bermusuhan kepada mereka. Saya mengharapkan mereka untuk berubahm saya berusaha untuk melihat kebaikan mereka bukan kejahatannya.

Dengan cara ini Anda dapat menaati sepenuhnya firman dan menikmati kemerdekaan yang firman kebenaran berikan kepada Anda apabila Anda memiliki ukuran penuh dari tingkat ketiga iman dan berdiri di atas Firman Allah. Sehingga Anda akan selalu gembira, bersyukur sepanjang waktu dan berdoa terus menerus. Anda tidak akan pernah kehilangan perasaan kegembiraan atau merasa sedih. Selain itu, Anda akan berdiri kokoh di atas batu Yesus Kristus tanpa bergoncang atau berputar ke kiri ke kanan.

3. Perjuangan Melawan Dosa Sampai Menitikkan Darah

Dalam hati mereka yang berada pada tingkat kedua iman, kehendak Roh Kudus berperang melawan kehendak dosa mula-mula. Tapi, mereka yang berada di tingkat ketiga iman menyingkirkan kehendak dosa mula-mula dan menjalani kehidupan gemilang dalam firman karena mereka mengikuti kehendak Roh Kudus.

Pada tingkat ketiga iman, mudah untuk menjalani kehidupan Kristus karena Anda telah menyingkirkan perbuatan dari dosa mula-mula ketika Anda berada pada tingkat kedua iman.

Apabila Anda masuk ke dalam tingkat ketiga iman, Anda mulai berjuang melawan kehendak dosa mula-mula, campuran dari dosa mula-mula dan tubuh daging yang tertanam dalam, sampai menitikkan darah.

Sebagai akibatnya, apabila Anda mencapai ukuran penuh tingkat ketiga, Anda tidak lagi berpikir menurut pikiran dosa tapi taat sepenuhnya kepada firman dan menikmati kemerdekaan dalam kebenaran karena Anda telah menyingkirkan segala jenis dari dosa mula-mula.

Pentingnya menghilangkan dosa mula-mula

Apabila Anda mengasihi Allah dan menaati Firman-Nya, tidak memerlukan waktu lama bagi Anda untuk meningkatkan iman dari tingkat kedua menuju tingkat ketiga. Sebaliknya, apabila Anda datang ke gereja secara teratur tapi tidak berusaha untuk menaati Firman, Anda tidak dapat meningkatkan ukuran iman Anda ke tingkat yang lebih tinggi dan Anda tetap berada di tingkat sekarang - tingkat kedua iman.

Ini serupa dengan benih yang tidak ditanam dalam waktu lama. Apabila benih tidak ditanam dalam jangka waktu lama, maka benih tersebut kehilangan daya hidupnya. Roh Anda hanya dapat tumbuh apabila Anda memahami firman Allah dan menaatinya. Anda harus melakukan yang terbaik untuk memahami firman dan menaatinya sehingga jiwa Anda dapat terus hidup.

Saat sebuah benih ditanam di dalam tanah, maka benih itu akan mudah bertunas. Dengan kata lain, tunas tersebut dapat mati apabila hujan badai datang atau orang-orang menginjak benih tersebut dan karena alasan ini, tunas muda harus dirawat dengan hati-hati. Dengan cara yang sama, orang-orang yang berada pada tingkat ketiga iman harus menjaga mereka yang berada pada tingkat pertama atau kedua iman sehingga mereka dapat tumbuh baik dalam iman.

Dengan kata lain, apabila Anda bertumbuh menjadi pohon besar dengan masuk ke tingkat ketiga iman, Anda tidak akan roboh meskipun hujan badai besar atau bencana datang atas Anda. Sebuah pohon besar tidak mudah dicabut karena pohon tersebut tertanam jauh di dalam tanah, meskipun cabang-cabangnya dapat bengkok atau patah. Dengan cara yang sama, mungkin Anda dapat terlihat jatuh sesaat ketika Anda menghadapi ujian atau masalah, tapi Anda dapat memulihkan kekuatan dan tetap tumbuh dalam iman karena iman Anda berakar jauh ke dalam dan tidak tergoncang dalam menghadapi keadaan apapun.

Upaya tanpa henti menuju ukuran penuh iman

Membutuhkan waktu yang lama untuk pohon muda bertumbuh, dan menghasilkan buah atau tumbuh menjadi phon besar di mana burung dapat hinggap. Serupa dengan itu, tidak sulit untuk meningkatkan iman Anda dari tingkat kedua iman ke tingkat ketiga iman apabila Anda berusaha sungguh-sungguh melakukannya, tapi akan membutuhkan waktu yang lebih lama untuk menumbuhkan iman Anda dari tingkat ketiga menuju tingkat keempat. Itu karena Anda harus mendengarkan firman Allah dengan memahaminya dalam roh untuk taat kepada apa yang ditulis dalam enam puluh enam kitab dalam Alkitab, tapi tidak mudah untuk memahami dengan sempurna kehendak Allah Bapa dalam waktu singkat.

Sebagai contoh, apabila seorang pelajar cerdas di sekolah dasar, ia tidak dapat masuk kuliah atau menjalankan bisnis sendiri setelah ia lulus dari sekolah dasar.

Tapi, ada beberapa orang cerdas yang masuk universitas dengan ikut dan lulus ujian persyaratan pada usia yang masih sangat muda, sementara orang lain masuk universitas setelah melewati beberapa tahap dan waktu.

Serupa dengan itu, Anda dapat mencapai tingkat keempat iman dengan cepat atau lambat tergantung pada upaya Anda. Tentu saja, faktor paling penting adalah ukuran wadah atau kemampuan dari orang tersebut. Upaya dari sebuah wadah kecil tidaklah besar dalam mendewasakan imannya untuk dapat mencapai tingkat yang lebih tinggi meskipun ia memahami firman dan memiliki harapan akan surga dan iman. Sebaliknya, wadah besar memahami apa yang benar dan memisahkannya ke dalam hal yang benar, dan ia tetap bersungguh-sungguh sampai tujuannya tercapai.

Oleh karena itu, Anda harus memahami betapa pentingnya hal ini untuk membuat setiap upaya dan perjuangan melawan dosa-dosa sampai menitikkan darah untuk meningkatkan iman Anda dari tingkat ketiga menuju tingkat keempat iman secepat mungkin.

Melaksanakan tanggungjawab Anda sambil menyingkirkan dosa

Anda tidak boleh mengabaikan tanggung jawab yang diberikan Allah kepada Anda ketika Anda berjuang melawan dosa-dosa. Sebagai contoh, ada seorang diaken senior di gereja saya yang telah bersama saya mulai dari saat pendirian gereja. Perempuan itu dan suaminya, mereka berdua menderita penyakit serius, datang ke gereja saya. Mereka menerima doa saya dan disembuhkan.

Sejak itu, perempuan tersebut pulih kesehatannya dan berusaha meningkatkan ukuran imannya, tapi tidak sepenuhnya melaksanakan tanggungjawabnya sebagai diaken senior. Ia tidak berusaha sungguh-sungguh melawan dosa-dosa sampai pada menitikkan darah, dan kejahatan masih tersisa di dalam hatinya meskipun ia masih terus datang ke gereja dan mendengarkan firman Allah selama 15 tahun. Perbuatan dan kata-katanya masih serupa dengan mereka yang berada pada tingkat pertama iman.

Untungnya, ia secara rohani sadar beberapa bulan menjelang kematiannya dan berusaha untuk memperkenan Allah dengan mengantarkan dan menyebarkan buletin berita gereja. Sebagaimana ia menerima doa saya tiga kali, ia diberikan tingkat ketiga iman dalam waktu yang singkat.

Oleh karena itu, Anda tidak boleh hanya berjuang melawan dosa sampai titik menumpahkan darah untuk menyingkirkan segala jenis kejahatan, tapi juga melaksanakan tanggung jawab yang diberikan Allah kepada Anda dengan sepenuh hati sehingga

Anda dapat memperoleh ukuran iman yang lebih tinggi.

Sangat sulit untuk menyingkirkan dosa dengan cara Anda sendiri, tapi sangat mudah apabila Anda menerima kekuatan Allah dari surga.

Semoga Anda dapat menjadi orang Kristen yang bijak dalam pAndangan Allah seperti yang Anda ingat bahwa kuasa-Nya datang atas mereka yang tidak hanya membuang segala jenis dosa dan kejahatan dengan berjuang melawan mereka sampai menitikkan darah tapi juga melakukan kewajiban yang diberikan Allah kepada mereka, dalam nama Tuhan kita saya berdoa!

Bab 7

IMAN UNTUK MENGASIHI TUHAN HINGGA KE TITIK YANG PALING PENUH

UKURAN IMAN

"Barangsiapa memegang perintah-Ku dan
melakukannya
Dialah yang mengasihi Aku;
dan barangsiapa mengasihi Aku
ia akan dikasihi oleh Bapa-Ku,
dan Aku pun akan mengasihi dia dan akan
menyatakan diri-Ku kepadanya."
(Yohanes 14:21)

Sama seperti naik tangga harus selangkah demi selangkah, Anda harus menumbuhkan tingkatan iman Anda tahap demi tahap sampai mencapai ukuran iman yang penuh. Sebagai contoh, 1 Tesalonika 5:16-18 berkata, *"Bersukacitalah senantiasa; tetaplah berdoa; mengucap syukurlah dalam segala sesuatu; sebab itulah yang dikehendaki Allah di dalam Kristus Yesus bagi kamu."* Tingkat ketaatan seseorang terhadap perintah ini berbeda-beda menurut ukuran iman masing-masing.

Jika Anda berada di tingkat kedua iman, Anda akan berkecil hati dan bukannya bersukacita serta mengucap syukur jika dihadapkan pada ujian dan pencobaan, karena Anda belum diberikan kekuatan yang cukup untuk hidup menurut firman Allah. Saat Anda memasuki tingkat ketiga iman dan membuang dosa-dosa dengan bergumul melawannya sampai menitikkan darah, Anda akan dapat bersukacita dan bersyukur dalam pencobaan dan kesulitan sampai pada suatu titik.

Bahkan walaupun Anda masih berada di tingkat ketiga iman dan menghadapai masalah berat, Anda mungkin akan bersikap sedikit ragu atau skeptis, atau sedikit merasa sukacita dan bersyukur karena terpaksa sebab Anda masih belum sepenuhnya mengerti hati Allah.

Namun, jika Anda berdiri teguh di atas batu karang iman yang berakar lebih dalam pada tingkat ketiga iman, Anda akan bersukacita dan bersyukur dari hati walaupun Anda menghadapi pencobaan dan masalah. Juga, jika Anda mencapai tingkatan iman yang lebih tinggi – tingkat keempat – sukacita dan rasa syukur akan selalu mengalir dari dalam hatimu. Demikianlah, pada tingkat keempat iman, Anda akan sangat jauh dari rasa sedih atau gampang marah bila menghadapi pencobaan dan masalah, sebaliknya Anda akan bercermin dalam sikap rendah hati, menanyakan pada dirimu sendiri, 'Apakah aku telah melakukan kesalahan?' Hasilnya, siapa pun yang mencapai tingkat keempat iman, di mana Anda dimampukan untuk mengasihi Tuhan hingga ke titik yang paling penuh, akan makmur dalam segala hal yang Anda lakukan.

1. Tingkat Keempat Iman

Saat orang percaya berkata, "Aku mengasihi-Mu, Tuhan," pengakuan dari mereka yang ada di tingkat kedua dan ketiga iman sangatlah berbeda dari mereka yang ada di tingkat keempat iman. Ini karena hati mengasihi Tuhan secara biasa berbeda dari mengasihi Dia hingga ke titik yang paling penuh. Seperti yang dijanjikan oleh Amsal 8:17 kepada kita, *"Aku mengasihi orang yang mengasihi Aku; orang yang tekun mencari Aku akan mendapatkan daku,"* mereka yang mengasihi Tuhan hingga ke titik yang paling penuh dapat menerima apa pun yang mereka minta.

Mengasihi Tuhan hingga ke titik yang paling penuh

Para bapa iman yang mengasihi Allah hingga ke titik yang paling penuh dilimpahi oleh sukacita dan rasa syukur yang tulus bahkan di saat mereka mengalami penderitaan tanpa melakukan kesalahan apa pun. Misalnya, Nabi Daniel mengucap syukur kepada Allah dengan iman dan berdoa kepada-Nya walau pun ia hendak dilempar ke liang singa oleh persekongkolan orang-orang jahat.

Dan, Allah yang disukakan ole imannya, mengirimkan makaikat-malaikat untuk menutup mulut singa dan membuat mereka melindungi Daniel dari singa-singa itu. Kemudian Daniel memberikan kemuliaan besar bagi Allah (Daniel 6:10-27).

Di lain waktu, tiga orang teman Daniel mengaku iman mereka kepada Allah di depan Raja Nebukadnezar walaupun mereka akan dilemparkan ke tungku berapi karena tidak mau sujud menyembah patung emas.

Daniel 3:17-18 mengatakan, *"Jika memang harus begitu, Allah kami yang kami puja mampu menyelamatkan kami dari tungku perapian yang menyala-nyala; Dan Ia akan menyelamatkan kami dari tanganmu, ya raja. Tetapi bahkan jika Allah kami tidak melakukannya, hendaklah tuanku mengetahui, ya raja, bahwa kami tidak akan memuja dewa tuanku atau menyembah patung mas yang tuanku dirikan itu."*

Mereka tidak gentar terus mempercayai Allah yang dengan kuasa-Nya segala sesuatu tiada yang mustahil, dan dengan teguh mengaku bahwa mereka siap menyerahkan nyawanya bagi Allah yang mereka sembah walaupun seandainya Allah tidak menyelamatkan mereka dari tungku berapi.

Mereka setia terhadap kewajibannya tanpa mengharapkan balasan, dan tidak mengeluh kepada Allah, walaupun mereka menghadapi cobaan maut yang mengancam nyawa mereka sendiri tanpa alasan. Mereka bisa tetap bersukacita dan bersyukur akan kasih karunia Allah karena mereka semua sadar bahwa mereka pasti akan masuk ke surga dalam rangkulan Bapa mereka yang pengasih walaupun jika mereka dibakar sampai mati di tungku berapi. Sesuai dengan pengakuan iman mereka, Allah melindungi ketiganya dari tungku berapi sehingga tidak sehelai rambut pun di kepala mereka yang hangus terbakar. Melihat pemAndangan ajaib ini, raja merasa sangat terpana, dan kemudian memberikan kemuliaan kepada Allah dan mengangkat ketiga teman Daniel ke posisi yang lebih tinggi dari sebelumnya.

Pikirkan contoh ini: Rasul Paulus dan Silas dianiaya dengan brutal dan dilemparkan ke dalam penjara gelap oleh orang-orang jahat saat mereka berkelana dari satu tempat lainnya untuk mengabarkan injil. Pada malam harinya, mereka menaikkan pujian dan syukur kepada Allah ketika tiba-tiba terjadi gempa bumi, dan pintu penjara terbuka (Kisah Para Rasul 16:19-26).

Seandainya Anda menderita oleh ketidak-adilan seperti yang dialami oleh para Bapa iman ini. Apakah menurutmu Anda akan dapat bersukacita dan mengucap syukur dari dalam hatimu? Jika Anda sadar dirimu akan menjadi kesal, marah, atau naik darah, Anda pasti sadar bahwa dirimu jauh dari batu karang iman. Jika Anda meraih batu karang iman, Anda akan selalu bersukacita dan bersyukur dari dasar hatimu walaupun Anda menghadapi berbagai masalah dan pencobaan, karena Anda mengerti pemeliharaan Allah. Jika Anda merasakan sakitnya penderitaan akibat ketidak-adilan, pasti ada alasan untuk penderitaan itu. Tetapi karena Anda dapat menunjukkan alasannya dengan bantuan Roh Kudus, Anda dapat bersukacita dan bersyukur.

Bagaimana dengan Daud, raja terbesar Israel? Pada saat pemberontakan anak laki-lakinya, Absalom, Raja Daud digulingkan dari tahtanya dan harus melarikan diri, serta hidup tanpa makanan dan tempat tinggal. Selain penggulingannya, Daud juga dilempari batu dan dikutuki oleh seorang rakyat biasa yang dipanggil Simei. Salah seorang hambanya meminta Daud agar memerintahkan supaya Simei dibunuh, tetapi Daud menolak permintaannya dengan berkata, *"Biarkanlah dia dan biarlah ia mengutuk, sebab TUHAN yang telah berfirman kepadanya demikian"* (2 Samuel 16:11).

Lebih jauh lagi, Daud tidak pernah mengeluarkan satu pun kata sungut-sungut selama pencobaannya. Ia teguh mengasihi Allah dan mengandalkan-Nya serta kuat dalam imannya. Di tengah pencobaan yang demikian, Daud mampu menulis kata-kata pujian yang indah dan penuh damai, seperti yang ada di Mazmur 23.

Dengan begini, Daud selalu percaya bahwa Allah bekerja untuk kebaikannya, walaupun dia sedang menghadapi masalah dan pencobaan, karena dia mengerti kehendak Allah senantiasa dan dia mengucap syukur kepada Allah dan meneteskan airmata sukacita.

Setelah Daud melewati pencobaannya, ia menjadi seorang raja yang dikasihi Allah lebih lagi. Selain itu, ia dapat membuat

Israel menjadi begitu kuat sehingga negeri-negeri tetangga membawa upeti ke Israel. Dengan begini, ketika Allah melihat iman Daud, Ia bekerja dalam segala sesuatu untuk mendatangkan kebaikan bagi sang raja dan memberkatinya.

Dengan sukacita taatlah kepada Tuhan dengan kasih yang paling penuh

Misalkan ada seorang pria dan wanita yang akan segera menikah. Mereka begitu saling jatuh cinta terhadap satu sama lain sehingga mereka merasa siap untuk memberikan nyawanya, bila perlu, bagi orang yang dicintainya itu. Masing-masing dari mereka ingin memberikan yang lainnya apa pun yang bisa dia berikan, dan menyenangkan satu sama lain sepanjang waktu bahkan walaupun dia harus berkorban.

Mereka rindu untuk bersama-sama sesering mungkin, selama mungkin, dan sebanyak yang mereka bisa. Mereka tidak mempedulikan cuaca yang dingin walaupun jika mereka berjalan bersama di jalan bersalju atau dalam badai yang kencang. Mereka tidak merasa letih atau lelah walaupun mereka berjaga semalaman untuk bicara di telepon.

Sama halnya, jika Anda mengasihi Tuhan sampai ke titik yang paling penuh seperti pasangan yang akan segera menikah ini saling mencintai, dan memiliki hati yang tak berubah terhadap-Nya, Anda akan berada di tingkat keempat iman. Lalu, bagaimana Anda bisa menunjukkan kasih Anda kepada Dia? Bagaimana Tuhan mengukur kasih Anda kepada-Nya?

Yesus mengatakan kepada kita dalam 1 Yohanes 14:21, *"Barangsiapa memegang perintah-Ku dan melakukannya, dialah yang mengasihi Aku, ia akan dikasihi oleh Bapa-Ku dan akupun akan mengasihi dia dan akan menyatakan diri-Ku kepadanya".*

Anda harus taat pada perintah-perintah Allah jika Anda mengasihi Dia; ini adalah bukti kasih Anda kepada Tuhan. Jika Anda sungguh-sungguh mengasihi Dia, Allah akan mengasihi Anda sebagai gantinya dan Tuhan akan beserta dengan Anda dan menunjukkan bukti bahwa Ia bersama-sama dengan Anda. Sebaliknya, jika Anda tidak taat pada perintah-perintah-Nya, akan sulit bagi Anda untuk menerima pertolongan, persetujuan, atau berkat dari Allah.

Apakah Anda sungguh-sungguh mengasihi Tuhan? Jika benar, Anda pasti akan menaati perintah-perintah-Nya dan menyembah-Nya dalam roh dan kebenaran. Anda tidak akan pernah mengantuk atau tertidur saat mendengarkan khotbah. Bagaimana bisa Anda dikatakan mengasihi seseorang jika Anda tertidur saat dia berbicara kepada Anda? Jika Anda sungguh-sungguh mengasihi pasangan Anda, mendengarkan suaranya saja akan menjadi sumber kesukaan besar.

Dengan tanda yang sama, jika Anda sungguh-sungguh mengasihi Allah, Anda akan sangat bahagia dan bersukacita ketika mendengarkan Firman-Nya. Jika Anda merasa mengantuk atau bosan, sudah jelas Anda tidak mengasihi Allah. 1 Yohanes 5:3 mengingatkan kita, *"Sebab inilah kasih kepada Allah, yaitu, bahwa kita menuruti perintah-perintah-Nya. Perintah-perintah-Nya itu tidak berat."*

Benar, bagi mereka yang mengasihi Allah, tidaklah sulit untuk menaati perintah-perintah Allah. Karenanya Anda bisa sepenuhnya menaati perintah Allah jika Anda memiliki iman untuk sungguh-sungguh mengasihi Allah. Anda menaatinya dalam iman dengan kasih dari kedalaman hati Anda, bukan taat dengan tidak rela atau merasa dibebani.

Sebagai tambahan, jika Anda masuk ke dalam tingkat keempat iman, Anda menaati setiap firman Allah karena Anda sangat mengasihi Dia, sama seperti seseorang ingin memberikan apa pun diminta oleh pasangannya dan melakukan apa saja yang diinginkan oleh pasangannya itu.

Si jahat tidak bisa menyakiti Anda

Barangsiapa mengasihi Tuhan hingga ke titik yang paling penuh akan menjadi dikuduskan sepenuhnya dengan menaati Firman Allah, seperti yang dikatakan oleh 1 Tesalonika 5:21-22 kepada kita, *"Ujilah segala sesuatu dan peganglah yang baik; Jauhkanlah dirimu dari segala jenis kejahatan."*

Bagaimana Allah memberi upah kepada Anda saat Anda tidak hanya membuang dosa dengan bergumul melawannya hingga menitikkan darah, tetapi juga membuang semua bentuk kejahatan? Bagaimana Ia menunjukkan bukti kasih-Nya kepada Anda? Allah memberikan banyak janji berkat kepada mereka yang mencapai kekudusan dan kemurnian karena Ia memberikan upah sesuai apa yang Anda tabur dan perbuat.

Pertama, seperti yang dikatakan dalam 1 Yohanes 5:18, *"Kita tahu, bahwa setiap orang yang lahir dari Allah, tidak berbuat dosa; tetapi dia yang lahir dari Allah melindunginya, dan si jahat tidak dapat menjamahnya"*. Anda harus dilahirkan dari Allah. Anda akan menjadi seorang manusia roh ketika Anda tidak lagi melakukan dosa karena berjuang untuk hidup sesuai firman Allah dan membuang dosa dengan bergumul melawannya hingga titik mengucurkan darah. Maka, musuh kita si jahat iblis tidak bisa lagi menyakiti Anda karena Allah menjaga Anda.

Berikutnya, 1 Yohanes 3:21-22 menjanjikan, *"Saudara-saudaraku yang kekasih, jikalau hati kita tidak menuduh kita, maka kita mempunyai keberanian percaya untuk mendekati Allah; dan apa saja yang kita minta, kita memperolehnya dari pada-Nya karena kita menuruti segala perintah-Nya dan berbuat apa yang berkenan kepada-Nya"*. Hati Anda tidak menghukum Anda ketika Anda memperkenan Allah bukan hanya dengan menaati perintah-perintah-Nya melainkan juga membuang segala bentuk kejahatan.

Anda harus memiliki kepercayaan di hadapan Allah dan menerima apa pun yang Anda minta dari-Nya seperti yang dijanjikan Allah kepada Anda. Dia tidak berdusta atau berubah pikiran; Dia memenuhi apa pun yang sudah dikatakan dan dijanjikan oleh-Nya (Bilangan 23:19). Demikianlah, Dia memberi Anda apa pun yang Anda minta jika Anda mengasihi-Nya hingga ke titik yang paling penuh dan dikuduskan.

Bahkan saat saya masih seorang pemula dalam iman, saya merasa agak kecewa ketika pesan khotbah atau kebaktian penyembahannya singkat sebab saya ingin tahu lebih banyak tentang kehendak Allah dan menerima anugerah-Nya. Saya bisa mencapai ukuran iman yang penuh dalam waktu singkat karena saya melakukan yang terbaik untuk hidup sesuai dengan firman Allah segera setelah saya memahaminya.

Sebagai hasilnya, saya mempersembahkan segala sesuatu di hadapan Allah bahkan nyawa saya tanpa tanggung-tanggung dengan segenap jiwa, hati dan pikiran saya, dan hidup oleh firman untuk dapat mengasihi Dia hingga ke titik yang paling penuh. Walaupun saya memberikan kepada-Nya segala sesuatu yang saya miliki, saya selalu berharap dapat memberikan lebih lagi. Istri dan anak-anak saya juga mengabdikan diri mereka kepada Tuhan dengan segenap hati mereka karena saya mengajar mereka untuk hidup demikian. Jika Anda merasa dibebani dalam menjalani kehidupan Kristen Anda, maka Anda harus merasa haus akan firman Allah, coba untuk menyembah Dia dalam roh dan kebenaran, dan berjuang untuk hidup hanya oleh Firman.

2. Jiwamu Sejahtera

Orang-orang di tingkat keempat iman selalu hidup menurut Firman, saat mereka mengaku dengan segenap hati mereka, karena mereka merenung sepanjang waktu, "Apa yang harus kulakukan untuk memperkenan Allah?" dan tindakan ketaatan tentu saja mengikuti pengakuan iman yang keluar dari hati mereka. Itu karena mereka mengasihi Allah hingga ke titik yang paling penuh.

Dia berjanji pada orang-orang seperti itu di dalam 3 Yohanes 1:2: *"Saudaraku yang kekasih, aku berdoa, semoga engkau baik-baik dan sehat-sehat saja dalam segala sesuatu, sama seperti jiwamu baik-baik saja (sejahtera)"*. Apa artinya bahwa "jiwamu sejahtera"? Berkat apa yang diberikan?

Jiwamu Sejahtera

Ketika manusia pertama kali diciptakan, Allah menghembuskan nafas hidup ke dalamnya dan ia menjadi roh yang hidup. Manusia itu terdiri dari roh, yang dengan rohnya manusia dapat memiliki persekutuan dengan Allah; jiwa yang dikendalikan oleh roh; tubuh tempat berdiamnya roh dan jiwa dan ia dapat hidup kekal sebagai sebuah roh yang hidup (Kejadian 2:7; 1 Tesalonika 5:23).

Karenanya, orang yang rohnya sejahtera dapat memerintah atas segala makhluk dan hidup kekal sama seperti manusia pertama Adam berkomunikasi dengan Allah dan taat sepenuhnya pada kehendak Allah.

Namun, manusia pertama Adam melanggar perintah Allah dan kehilangan banyak berkat yang sudah diberikan oleh Allah kepadanya. Lalu TUHAN Allah memberi perintah ini kepada manusia: *"Semua pohon dalam taman ini boleh kaumakan buahnya dengan bebas; tetapi pohon pengetahuan tentang yang baik dan yang jahat itu, janganlah kaumakan buahnya, sebab pada hari engkau memakannya, pastilah engkau mati."* (Kejadian 2:16-17). Adam melanggar perintah Allah dan memakan buah dari pohon pengetahuan. Akhirnya, roh Adam, yang dengan mana ia dapat berkomunikasi dengan Allah – mati, dan ia diusir keluar dari Taman Eden.

Di sini, "rohnya mati" bukan berarti bahwa roh Adam menjadi musnah tetapi kehilangan kapasitas aslinya. Roh harus memainkan peranan sebagai tuan, tetapi kemudian jiwa menggantikan tempat roh karena rohnya mati. Manusia pertama Adam sebagai roh yang hidup dapat berkomunikasi dengan

Allah yang adalah Roh.

Tetapi, roh Adam mati karena ketidaktaatannya dan sebagai hasilnya ia tidak bisa lagi berkomunikasi dengan Allah. Demikianlah, ia menjadi seorang manusia jiwa, yang sebagai gantinya menjadi tuan yang memerintahnya menggantikan roh.

"Jiwa" merujuk kepada sistem memori di dalam otak dan setiap jenis memori dan pemikiran yang dihasilkan oleh memori yang tersimpan itu. Seorang manusia jiwa berarti ia tidak lagi bergantung kepada Allah, tetapi mengandalkan pengetahuan dan teori manusia. Lewat pekerjaan Setan yang terus-menerus di dalam pemikiran manusia – jiwa—ketidakbenaran dan kejahatan akan menyerang manusia dan dunia telah dipenuhi oleh kejahatan sebanyak yang diterima manusia. Manusia telah menjadi lebih ternoda oleh dosa dan semakin rusak generasi demi generasi.

Manusia pertama Adam adalah seorang manusia roh sebagaimana tuan dari segala makhluk ciptaan menikmati kehidupan kekal karena rohnya bertindak sebagai tuannya dan dapat berkomunikasi dengan Allah. Ketika kegelapan menembus hatinya, yang sebelumnya hanya dipenuhi oleh kebenaran, melalui ketidak taatannya maka hatinya perlahan-lahan berada di bawah kendali Setan, penguasa kuasa kegelapan.

Sebagai hasilnya, keturunan dari Adam yang tidak taat itu telah menjadi sama buruknya dengan hewan yang terdiri atas jiwa dan tubuh tanpa roh. Mereka kemudian hidup dalam segala ketidakbenaran seperti dusta, zina, kebencian, pembunuhan, iri hati dan kecemburuan, semua yang bertentangan dengan firman Allah (Pengkhotbah 3:18).

Walaupun begitu, Allah kasih membuka jalan keselamatan

melalui Anak-Nya Yesus Kristus, dan memberikan Roh Kudus sebagai hadiah kepada siapa pun yang menerima Yesus Kristus supaya rohnya yang mati dapat dibangkitkan. Jika seseorang menerima Roh Kudus sebagai pemberian dengan menerima Yesus Kristus, maka rohnya yang mati akan bangkit. Kemudian, jika dia membiarkan Roh Kudus melahirkan roh di dalam dirinya, maka orang itu perlahan-lahan akan menjadi seorang manusia roh.

Orang yang seperti itu akan menikmati semua berkat seperti manusia pertama Adam sebagai roh yang hidup karena jiwanya sejahtera, yang berarti rohnya menjadi tuan dan jiwanya kini taat pada roh. Ini adalah proses pertumbuhan iman Anda dan proses jiwa Anda menjadi baik-baik saja.

Anda berada di tingkat pertama iman ketika Anda menerima Yesus Kristus dan menerima Roh Kudus. Anda kemudian dapat berdiri di atas batu karang iman dan hidup hanya sesuai firman melalui pergumulan hebat antara roh Anda yang mengikuti kehendak Roh Kudus, jiwa Anda yang mengikuti keinginan dosa. Jika Anda mencapai tingkat keempat iman, maka Anda akan menjadi kudus dan menyerupai Tuhan karena roh Anda menjadi tuan.

Roh Anda mengendalikan jiwa Anda

Saat roh Anda mengatur jiwa Anda sebagai tuan, dan jiwa Anda taat pada roh Anda sebagai seorang hamba, dikatakan bahwa "jiwamu sejahtera." Maka, Anda akan secara alami menyerupai hati dan karakter Tuhan, seperti yang dikatakan oleh Filipi 2:5, *"Hendaklah kamu dalam hidupmu bersama, menaruh pikiran dan perasaan yang terdapat juga dalam Kristus Yesus."*

Di saat roh Anda mengatur jiwa Anda, maka Roh Kudus mengatur hati Anda 100% karena firman kebenaran Allah mengendalikan hati Anda dan sebagai hasilnya, Anda tidak lagi mengandalkan pemikiran Anda sendiri. Dengan kata lain, Anda bisa sepenuhnya menaati firman Allah karena Anda telah menghancurkan semua bentuk pemikiran kedagingan dan hati Anda menjadi kebenaran itu sendiri.

Dengan begini, ketika Anda menjadi seorang manusia roh dan dibimbing oleh Roh Kudus, Anda dapat melepaskan diri dari segala masalah atau pencobaan dan bebas dari bahaya dalam keadaan apapun. Sebagai contoh, bahkan jika ada bencana alam atau terjadi kecelakaan yang tidak terduga, Anda sudah mendengar suara dari Roh Kudus yang membangunkan Anda untuk melarikan diri dari tempat itu dan terjaga dalam keselamatan.

Demikianlah, jika jiwa Anda sejahtera, Anda akan menyerahkan seluruh jalan Anda kepada Allah dengan hati yang taat. Ia kemudian akan mengatur hati dan pikiran Anda, membimbing jalan-jalan Anda, dan memberkati Anda dengan kesehatan.

Mengenai hal ini Kitab Ulangan 28 menerangkan sebagai berikut:

Segala berkat ini akan datang kepadamu dan menjadi bagianmu, jika engkau mendengarkan suara Tuhan Allahmu: Diberkatilah engkau di kota dan diberkatilah engkau di ladang. Diberkatilah buah kandunganmu, hasil bumimu dan hasil ternakmu, yakni anak lembu sapimu dan kandungan kambing dombamu. Diberkatilah bakulmu dan tempat adonanmu. Diberkatilah engkau pada waktu masuk dan diberkatilah engkau pada waktu keluar (Ulangan 28: 2-6).

Karenanya, mereka yang taat pada firman Allah karena jiwa mereka sejahtera tidak hanya akan menerima hidup kekal di surga, tetapi juga akan menikmati semua berkat dalam kesehatan, materi dan keturunan di dunia ini.

Semua akan berjalan baik bagi Anda

Yusuf, anak Yakub, ditempatkan dalam keadaan yang kehilangan harapan. saudara-saudaranya sendiri menjualnya ketika ia masih muda dan ia dibawa ke Mesir, dan di sana ia dipenjara dalam keadaan tercela tanpa kesalahan yang ia lakukan.

Walaupun berada dalam keadaan sulit, Yusuf tidak lemah hati tetapi menyerahkan dirinya kepada bimbingan Allah yang maha kuasa. Karena imannya yang besar, Allah Sendiri yang mengatur segala hal untuk Yusuf dan menyiapkan segala sesuatu yang ia perlukan. Sebagai hasilnya, semua hal yang dilakukan Yusuf berhasil dan ia sangat dihormati dengan menjadi perdana menteri Mesir.

Demikianlah, walaupun Yusuf telah dibawa ke Mesir di masa mudanya dan dijadikan budak oleh seorang Mesir di sana, pada akhirnya ia menjadi penguasa Mesir dan dapat menyelamatkan baik keluarganya dan orang-orang Mesir dari kekeringan selama tujuh tahun. Selain itu, ia meletakkan dasar bagi bangsa Israel untuk tinggal di sana.

Sekarang ada lebih dari enam miliar penduduk bumi. Di antara mereka, ada lebih dari satu miliar yang percaya kepada Yesus Kristus. Di antara satu miliar populasi Kristen, jika ada anak-anak Allah yang tidak tercela dan tidak bernoda, betapa indahnya mereka bagi-Nya. Ia selalu beserta mereka dan memberkati mereka dalam segala jalannya. Ketika ada kesulitan, Ia akan mendorong hati mereka untuk lepas dari kesulitan itu atau membimbing mereka untuk berdoa. Dengan memimpin mereka untuk berdoa, Allah menerima doa mereka dan menyingkirkan semua kesulitan ini karena Ia adalah Allah yang adil.

Beberapa tahun yang lalu, saya diundang untuk berbicara di Konferensi Penginjilan di Los Angele. Sebelum keberangkatan saya, saya merasakan adanya desakan yang kuat dari Allah untuk berdoa bagi konferensi itu, maka saya berkonsentrasi untuk berdoa bagi konferensi itu di sebuah rumah doa di gunung selama dua minggu. Saya tidak tahu kenapa Allah sangat kuat mendesak saya untuk berdoa bagi konferensi itu sampai ketika saya tiba di Los Angeles.

Setan dan iblis telah menghasut orang-orang jahat untuk mencegah dilangsungkannya konferensi itu, dan event itu hampir saja dibatalkan. Setelah menerima doa saya dan doa dari para anggota jemaat gereja saya, maka Allah menghancurkan rencana-rencana jahat mereka itu sebelum terlaksana.

Karenanya, pada saat saya tiba di Los Angeles, saya mendapati semua hal telah siap untuk konferensi itu, di mana saya dapat melakukannya dengan baik tanpa kesulitan apa pun. Sebagai tambahan, saya dapat memberi kemuliaan bagi Allah melalui kesempatan untuk mengucapkan rasa terima-kasih kepada Dewan Kota Los Angeles, dan menerima penghargaan sebagai warga kehormatan yang pertama kali bagi seorang yang berkebangsaan Korea dari pemerintah kota Los Angeles.

Dengan begini, orang yang jiwanya sejahtera akan mempercayakan segala sesuatu kepada Allah. Ketika Anda mempercayakan segala sesuatu di dalam doa tanpa mengandalkan pemikiran, kehendak, atau rencana Anda, Allah menjagai pikiran Anda dan memimpin Anda sehingga semua berjalan baik dengan Anda.

Bahkan jika Anda menemui masalah, Allah bekerja dalam segala sesuatu untuk mendatangkan kebaikan baik Anda ketika Anda mengucap syukur kepada-Nya bahkan dalam keadaan yang sulit karena Anda sungguh percaya bahwa Allah membiarkannya terjadi kepada Anda dalam kehendak-Nya. Kadang-kadang, Anda mungkin dihadapkan kepada masalah ketika Anda melakukan sesuatu menurut pengalaman atau pemikiran Anda sendiri tanpa mengandalkan Allah, tetapi walaupun dalam saat-saat seperti itu, Allah akan segera menolong Anda ketika Anda menyadari kesalahan Anda dan bertobat.

Dikendalikan penuh oleh Roh Kudus

Jika Anda berdiri di atas batu karang iman, segala macam keraguan akan meninggalkan Anda dan Anda menjadi sungguh-

sungguh percaya dalam Allah yang hidup dan pekerjaan-Nya seperti kebangkitan Tuhan dan kedatangan-Nya kembali, menciptakan sesuatu dari ketiadaan, dan menjawab doa Anda.

Demikianlah, dalam setiap pencobaan dan masalah, Anda hanya dapat bersukacita, berdoa, dan mengucap syukur kepada Allah karena Anda tidak pernah ragu. Walaupun demikian, Roh Kudus belum sepenuhnya mengendalikan hati Anda 100% karena Anda belum mencapai ukuran pengudusan yang penuh. Kadang-kadang Anda tidak dapat mengatakan dengan tepat apakah yang Anda dengar adalah suara Roh Kudus atau bukan, dan menjadi bingung karena pikiran kedagingan masih ada di dalam Anda.

Sebagai contoh, saat Anda berdoa tentang membuka suatu usaha, Anda kebetulan menemukan sebuah usaha tertentu dan mulai menjalankannya, karena berpikir bahwa itu adalah jawaban Allah atas doa Anda. Pada mulanya, usaha itu terlihat berhasil, tetapi kemudian keadaannya menjadi buruk dan semakin parah. Kemudian Anda sadar bahwa Anda sebelumnya tidak mendengar suara Roh Kudus melainkan bergantung kepada pikiran Anda sendiri.

Karenanya, mereka yang berdiri di atas batu karang iman, dalam banyak peristiwa, menjadi berhasil karena mereka mengerti kebenaran dan hidup oleh firman tetapi mereka belum sempurna di dalam iman karena mereka belum memasuki tingkatan di mana mereka dapat sepenuhnya mempercayakan segala sesuatu kepada Allah dan hanya mengandalkan Dia.

Seperti apakah orang-orang yang ada di tingkat keempat iman? Jika Anda berada di tingkat keempat iman, hati Anda sudah berubah oleh kebenaran, hidup Anda telah sesuai dengan

dengan firman Allah, dan kebenaran telah menyatu ke dalam tubuh dan hati Anda. Hati Anda telah berubah menjadi roh dan kemudian roh Anda mengendalikan penuh jiwa Anda. Demikianlah, Anda tidak lagi hidup menurut pemikiran Anda karena sekarang Roh Kudus yang mengendalikan hati Anda 100%. Kemudian Anda dapat berhasil dalam segala hal yang Anda lakukan karena Allah memimpin Anda saat Anda menaati-Nya dengan mengikuti bimbingan Roh Kudus.

Sekali Anda berdoa untuk mencapai sesuatu, Anda dapat dibimbing ke jalan kemakmuran dan keberhasilan tanpa melakukan kesalahan dengan tekun menantikan sampai Roh Kudus mengendalikan Anda 100%. Kejadian 12 mengingatkan kita bahwa Abraham taat dan meninggalkan kampung halamannya segera setelah Allah memerintahkan kepadanya walaupun dia sama sekali tidak tahu kemana dia akan pergi. Namun demikian, karena ketaatannya kepada kehendak Allah, dia diberkati untuk menjadi bapa orang beriman dan sahabat Allah.

Karenanya, Anda tidak ada yang perlu Anda kuatirkan ketika Allah mengendalikan jalan Anda. Anda dapat menikmati berkat-berkat dalam semua jalan Anda hanya jika Anda mempercayai dan mengikuti Dia karena Allah yang mahakuasa beserta dengan Anda.

Tindakan ketaatan yang sempurna

Jika Anda masuk ke dalam tingkat keempat iman, Anda dengan sukacita menaati semua perintah-Nya karena Anda mengasihi Allah hingga ke titik yang paling penuh. Anda tidak menaatinya dalam keadaan tidak rela atau terpaksa, melainkan taat dengan kehendak bebas dan sukacita dari dalam hati Anda karena Anda mengasihi Dia.

Mari saya berikan sebuah contoh untuk membuat Anda lebih mengerti tentang hal ini. Seandainya Anda punya hutang banyak. Jika Anda gagal membayar hutang itu dengan segera, maka Anda harus dihukum sesuai dengan undang-undang. Lebih buruk lagi, seandainya salah seorang anggota keluarga Anda butuh untuk segera dioperasi, Anda akan putus asa jika tidak memiliki uang dalam keadaan yang mengerikan itu.

Kemudian, bagaiman reaksi Anda jika Anda secara kebetulan menemukan sebuah berlian besar di jalan? Respon Anda akan berbeda menurut ukuran iman Anda.

Jika Anda berada di tingkat pertama iman yang hampir tidak menerima keselamatan, Anda mungkin berpikir, 'Dengan ini, aku bisa membayar semua hutangku dan membayar biaya pengobatan.' Ini karena Anda belum mengetahui firman Allah dengan baik. Anda akan melihat ke sekeliling untuk melihat apakah ada orang lain dan kemudian memungut berlian itu jika tidak ada orang.

Jika Anda berada di tingkat kedua iman, di mana Anda mencoba untuk hidup menurut firman, Anda mungkin mengalami pergumulan rohani di antara keinginan dosa yang berkata, "ini adalah jawaban Allah terhadap doaku," dan keinginan Roh Kudus yang mengatakan, "Tidak, ini sama dengan mencuri. Anda harus mengembalikannya kepada pemiliknya."

Mula-mula Anda mungkin ragu dan merenung apakah Anda harus mengambilnya atau membawanya kepada polisi, tapi akhirnya Anda menaruhnya di kantong Anda karena keberadaan si jahat lebih kuat daripada kehadiran kebaikan di dalam diri Anda. Jika Anda tidak mempunyai hutang atau tidak sedang berada dalam situasi yang darurat, dan mungkin ragu sesaat tapi kemudian membawanya ke polisi. Namun demikian, kejahatan yang ada di dalam Anda akhirnya akan mengalahkan kebaikan itu karena Anda berada dalam keadaan putus asa.

Berikutnya, jika Anda berada di tingkat ketiga iman atau berdiri di atas batu karang iman, dengan mengikuti kehendak Roh Kudus, Anda akan membawa berlian itu kepada polisi karena Anda ingin mengembalikannya kepada yang empunya. Walau begitu, Anda mungkin akan merindukan batu itu di dalam hati Anda dan berpikir, "Aku bisa saja membayar semua hutangku dan membayar biaya operasinya!" Demikianlah, tindakan Anda belum sempurna karena dengan begini keinginan dari ketidakbenaran masih tinggal di dalam Anda.

Bagaimana Anda akan bertindak dalam keadaan sulit itu jika Anda berada di tingkat keempat iman? Anda tidak pernah memikirkan keinginan Anda sendiri walaupun melihat berlian yang begitu mahal karena Anda tidak punya ketidakbenaran di dalam hati Anda dan pikiran jahat semacam itu tidak pernah terlintas di dalam benak Anda.

Sebaliknya, Anda merasa kasihan kepada si pemilik dan berpikir, "Pasti ia sedih sekali! Aku yakin dia pasti mencari ini kemana-mana. Aku akan langsung membawanya ke polisi!" Anda akan bertindak seperti apa yang Anda pikirkan dan membawa berlian itu ke polisi.

Dengan begini, jika Anda mengasihi Tuhan hingga ke titik

yang paling penuh dan berada di tingkat keempat iman, Anda selalu taat kepada hukum Allah walaupun ada atau tidak ada orang yang melihat karena Anda hidup menuruti hukum itu. Dalam keadaan ini, Anda tidak perlu mencoba untukmembedakan suara Roh Kudus dari yang lainnya, seperti pikiran dosa Anda sendiri.

Sebelum Anda berdiri di atas batu karang iman, sering kali Anda menemui kesulitan karena tidak mudah bagi Anda untuk membedakan antara pemikiran sendiri dan suara Roh Kudus. Bahkan jika Anda berdiri di atas batu karang iman, Anda mungkin tidak dapat membedakan yang sebelumnya dan yang kemudian.

Namun, sekali Anda telah mencapai ukuran iman di tingkatan keempat, Anda tidak punya alasan untuk merasa dibebani dan Anda hanya harus mengikuti suara Roh Kudus karena Ia mengatur dan mengendalikan hati Anda 100%.

Lebih jauh lagi, ketika Anda berada di tingkat keempat iman, Anda tidak mengandalkan pemikiran, hikmat atau pengalaman manusia melainkan Tuhan yang membimbing Anda sepanjang jalan. Sebagai hasilnya, Anda dapat menikmati berkat "Jehova Jireh" (Tuhan Akan Menyediakan) dan semuanya akan berjalan dengan baik bagi Anda.

3. Mengasihi Allah Tanpa Syarat

Jika Anda berada di tingkat keempat iman, kasih Anda kepada Allah adalah kasih tanpa syarat. Anda menyatakan iman atau dengan setia melakukan pekerjaan Allah karena, tanpa berharap untuk menerima berkat atau jawaban dari Allah, Anda hanya menganggapnya sebagai kewajiban Anda untuk berbuat demikian. Sama halnya ketika Anda melayani tetangga Anda dengan kasih yang berkorban. Anda melakukannya tanpa mengharapkan bentuk balasan apapun dari mereka karena Anda sangat mengasihi jiwa mereka.

Apakah para orangtua meminta anak-anaknya untuk membalas kasih mereka? Tidak pernah, kasih adalah memberi. Para orangtua hanya bersyukur dan bersukacita karena mereka mempunyai anak-anak yang mereka kasihi. Jika ada orangtua yang ingin anak-anaknya untuk menaati mereka atau membesarkan anak-anaknya hanya untuk menyombong, maka mengharapkan balasan atas kasih mereka.

Sama halnya, anak-anak tidak menginginkan apapun dari orangtua mereka, jika mereka mengasihi orangtuanya dengan hati yang benar. Saat mereka melakukan kewajibannya dan mencoba sebaik mungkin untuk menyenangkan hati orangtuanya, maka orangtuanya akan merenungkan, "Apa yang harus kuberikan kepada mereka?"

Demikian juga, jika Anda mencapai tingkat iman di mana Anda mengasihi Tuhan sampai ke titik yang paling penuh, fakta bahwa Anda menerima anugerah keselamatan saja sudah cukup untuk membuat Anda bersyukur kepada Allah, dan Anda merasakan bahwa tidak ada cara untuk membayar kemurahan-Nya dan itu membuat Anda jadi mengasihi kebenaran dan Allah dengan tanpa syarat.

Karenanya, jika Anda memiliki iman untuk mengasihi Allah tanpa syarat, Anda akan berdoa, bekerja, dan melayani kerajaan Allah dan kebenaran-Nya siang dan malam, dan tidak mengharap balasan apapun untuk itu.

Mengasihi Allah dengan hati yang tidak berubah

Di dalam Kisah Para Rasul 16:19-26 ada Paulus dan Silas, yang walaupun sudah melakukan banyak perbuatan baik seperti mengkhotbahkan injil pada orang-orang non-Yahudi dan mengusir keluar roh jahat dari mereka, tetap saja ditangkap dan diseret ke pasar oleh orang jahat. Di sana mereka dilucuti, didera dengan kejam, dan dilemparkan ke dalam penjara. Mereka di masukkan ke dalam penjara bawah tanah dengan kaki yang terbelenggu. Jika Anda menjadi mereka, apa yang akan Anda lakukan?

Jika Anda berada di tingkat pertama atau kedua iman, Anda mungkin akan mengeluh atau mengomel, "Allah, apakah Kau sungguh hidup? Kami telah bekerja dengan setia untuk-Mu sampai sekarang. Tapi kenapa Kau biarkan kami dipenjara?"

Pada tingkat ketiga iman, Anda mungkin tidak akan pernah mengeluarkan perkataan semacam itu tetapi Anda mungkin akan berdoa dalam nada yang putus asa: "Allah, Kau lihat kami dipermalukan seperti ini saat mengabarkan injil bagi-Mu. Semua ini sangat menyakitkan. Tolong sembuhkan kami dan bebaskan kami!"

Namun, Paulus dan Silas malah mengucap syukur kepada Allah dan menyanyikan pujian bagi-Nya walaupun mereka ada dalam keadaan yang putus asa dan tanpa harapan, dan tidak tahu apa yang akan terjadi kepada mereka. Tiba-tiba, terjadi gempa bumi yang sangat kuat dan penjara itu terguncang. Seketika, semua pintu penjara terbuka dan belenggu semua orang terlepas.

Terlepas dari keajaiban ini, sipir penjara dan keluarganya menerima injil Yesus Kristus dan mendapat keselamatan.

Demikianlah, orang-orang di tingkat keempat iman dapat langsung memuliakan Allah karena mereka memiliki iman yang kuat yang dengannya mereka dapat berdoa dan memuji Allah dengan sukacita dalam ujian dan pencobaan.

Menaati semuanya dengan sukacita

Di dalam Kejadian 22, Allah memerintahkan Abraham untuk mengorbankan anaknya yang tunggal, Ishak, anak yang dijanjikan oleh Allah, sebagai korban bakaran bagi-Nya. Korban bakaran merujuk pada korban yang ditawarkan kepada Allah dengan memotong hewan menjadi potongan-potongan kecil, menaruhnya di atas susunan kayu di atas mezbah dan kemudian membakarnya.

Dibutuhkan tiga hari bagi Abraham untuk tiba di wilayah Moria, di mana ia harus mengorbankan anaknya, Ishak, sebagai korban bakaran dalam ketaatannya kepada perintah Allah. Menurut Anda apa yang ada di dalam pikirannya selama perjalanan tiga hari itu?

Sebagian orang berpendapat bahwa Abraham pergi ke sana dengan pergumulan di dalam pikirannya: 'Haruskah aku menaati Dia atau tidak?' Namun, bukan itu yang terjadi. Anda harus tahu bahwa orang-orang di tingkat ketiga iman mencoba untuk mengasihi Allah karena mereka tahu mereka harus mengasihi Allah.

Namun, orang-orang di tingkat keempat iman begitu saja mengasihi Dia, tanpa harus mencoba untuk mengasihi-Nya.

Allah sudah tahu sebelumnya bahwa Abraham akan dengan sukacita menaati-Nya dan menguji imannya. Namun, Ia tidak akan membiarkan cobaan yang sulit bagi mereka yang tidak akan dapat menaati-Nya.

Karena itulah mengapa Ibrani 11:19 mengatakan bahwa, *"Ia berpikir bahwa Allah berkuasa membangkitkan orang-orang sekalipun dari antara orang mati, dari mana seakan-akan ia menerimanya kembali."* Abraham dapat dengan sukacita menaati perintah Allah karena ia percaya Allah dapat membangkitkan anaknya dari kematian. Akhirnya, Abraham melewati ujian iman dan menerima berkat yang luar biasa. Ia kemudian menjadi Bapa iman, berkat bagi segala bangsa, dan dia juga disebut "sahabat Allah".

Jika Anda jenis orang yang dengan sukacita menaati Allah, Anda selalu bersyukur dan gembira dalam segala jenis pencobaan dan masalah. Anda hanya bisa berterima-kasih kepada Allah dari kedalaman hati Anda dan berdoa karena Anda tahu bahwa Allah bekerja dalam segala sesuatu untuk mendatangkan kebaikan Anda dan memberkati Anda melalui berbagai pencobaan dan aniaya itu.

Allah berkenan dengan iman anda dan memberi apapun yang anda minta. Karena itulah Yesus mengatakan kepada kita dalam Matius 8:13, *"Jadilah kepadamu sesuai dengan imanmu,"* dan di dalam Matius 21:22, *"Dan segala sesuatu yang kau minta dalam doa, dengan iman, maka kau akan menerimanya."*

Jika Anda masih memiliki pemintaan doa yang belum dijawab, itu membuktikan bahwa Anda tidak sepenuhnya mempercayai Allah, melainkan ragu. Karenanya, Anda harus mencapai tahap mengasihi Allah tanpa syarat yaitu menaati Dia dengan sukacita dari dalam hati dalam keadaan apapun.

Merangkul segalanya dengan cinta dan belas kasihan

Apa yang akan Anda lakukan jika seseorang menyalahkan dan menuduh Anda tanpa alasan? Jika Anda berada di tingkat kedua iman, Anda tidak akan bisa menerimanya dan mengeluh atau bertengkar mengenai masalah itu. Lagipula, jika Anda memiliki lebih banyak kejahatan di dalam pikiranmu, Anda akan menjadi berang dan mengeluarkan hinaan kepadanya. Namun, tidak benar bagi orang percaya untuk menunjukkan segala jenis kejahatan seperti marah, berang, atau bahasa yang kasar, seperti dikatakan dalam 1 Petrus 1:16, *"Jadilah engkau kudus, karena Aku kudus."*

Jika Anda berada di tingkat ketiga iman, bagaimana Anda akan bereaksi? Anda akan merasa sakit dan tidak nyaman karena Setan bekerja di dalam pikiranmu dengan tidak henti-hentinya. Ini karena, walaupun Anda berpikir bahwa Anda harus bersukacita, Anda kekurangan rasa syukur dan sukacita yang mengalir dari dalam hati Anda.

Jika Anda berada di tingkat keempat iman, pikiran Andatidak goyah dan tidak merasa terganggu walaupun orang lain membenci atau menganiaya Anda tanpa alasan, karena Anda sudah membuang segala jenis kejahatan.

Yesus tidak merasa kesal atau sakit walaupun Dia menghadapi penganiayaan, bahaya, dipermalukan dan dihina oleh orang-orang ketika Ia sedang mengkhotbahkan injil. Dia tidak pernah mengatakan, "Aku hanya melakukan kebaikan, tetapi orang-orang jahat menganiaya aku dan bahkan mencoba membunuhku. Aku sangat sedih." Dia tidak pernah mengatakan apa-apa selain firman yang membawa hidup kepada mereka.

Jika Anda berada di tingkat keempat iman, Anda telah menyerupai hati Tuhan. Sekarang Anda berduka bagi mereka yang menganiaya Anda dan malahan berdoa bagi mereka dan bukannya membenci atau merasa marah kepada mereka. Anda mengampuni dan memahami mereka, merangkul mereka dengan cinta dan belas kasihan.

Karenanya, saya harap Anda mengerti bahwa dalam situasi yang sama, orang-orang yang pemberang atau membenci orang lain merasakan sakit dan tertekan sementara mereka yang mengampuni dan merangkul orang lain dengan cinta dan belas kasihan tidak merasa sedih, dan mengalahkan kejahatan dengan kebaikan.

4. Mengasihi Allah di Atas Segalanya

Jika Anda mencapai tingkat untuk mengasihi Tuhan hingga ke titik yang paling penuh, Anda taat penuh kepada perintah-perintah-Nya dan jiwamu baik-baik saja. Adalah suatu hal yang alami bagimu untuk mengasihi Allah di atas segalanya. Karena itulah kenapa Rasul Paulus mengaku dalam Filipi 3:7-9 bahwa ia menganggap segala sesuatu yang dimilikinya sebagai suatu kerugian dan kehilangan segala sesuatu karena ia menganggapnya sebagai "sampah":

Filipi 3:7-8 mengatakan, *"Tetapi apa yang dahulu merupakan keuntungan bagiku, sekarang kuanggap rugi karena Kristus. Malahan segala sesuatu kuanggap rugi, karena pengenalan akan Kristus Yesus, Tuhanku, lebih mulia dari pada semuanya. Oleh karena Dialah aku telah melepaskan semuanya itu dan menganggapnya sampah, supaya aku memperoleh Kristus, dan berada dalam Dia bukan dengan kebenaranku sendiri karena mentaati hukum Taurat, melainkan dengan kebenaran karena kepercayaan kepada Kristus, yaitu kebenaran yang Allah anugerahkan berdasarkan kepercayaan."*

Ketika Anda mengasihi Allah di atas segalanya

Yesus mengajar kita di dalam Keempat Injil akan jenis berkat yang diberikan kepada mereka uang membuang segala yang mereka miliki dan mengasihi Allah melebihi apapun seperti yang dilakukan oleh Rasul Paulus. Ia menjanjikan kepada kita dalam markus 10:29-30 bahwa Ia akan memberikan seratus kali gAnda berkat di dunia ini dan hidup kekal di masa yang akan datang.

Aku berkata kepadamu sesungguhnya setiap orang yang karena aku dan karena injil meninggalkan rumahnya, saudaranya laki-laki atau saudaranya perempuan, ibunya atau bapanya, anak-anaknya atau ladangnya, orang itu sekarang pada masa ini juga akan menerima kembali seratus kali lipat, rumah, saudara laki-laki, saudara perempuan, ibu, anak dan ladang, sekalipun disertai berbagai penganiayaan, dan pada zaman yang akan datang ia akan menerima hidup yang kekal.

Frasa "yang karena Tuhan dan karena injil meninggalkan rumahnya, saudaranya laki-laki atau saudaranya perempuan, ibunya atau bapanya, anak-anaknya atau ladangnya" secara rohani artinya adalah Anda tidak lagi menginginkan hal-hal duniawi, melepaskan hubungan-hubungan yang kedagingan, dan di atas segalanya mengasihi Allah yang adalah Roh.

Tentu saja, hal itu bukan berari Anda tidak mengasihi orang lain dengan alasan Anda mengasihi Allah dulu. Tentang hal ini 1 Yohanes 4:20-21 mengatakan kepada kita, *"jika seseorang berkata, 'Aku mengasihi Allah,' dan membenci saudaranya, maka dia adalah seorang pendusta; karena orang yang tidak mengasihi saudaranya yang dilihatnya, apalagi Allah yang tidak dia lihat. Dan inilah perintah yang kita dapat dari Dia, bahwa orang yang mengasihi Allah harus mengasihi saudaranya juga."*

Orang mengatakan bahwa orangtua melahirkan tubuh anak-anaknya. Manusia dibentuk di dalam rahim oleh gabungan sperma ayah dan sel telur dari ibu. Namun demikian, sperma dan sel telur orangtua dibuat oleh Allah sang Pencipta, bukan oleh orangtua itu sendiri.

Lebih lagi, tubuh yang kelihatan nantinya akan kembali menjadi segenggam tanah setelah meninggal. Tubuh manusia hanya sebuah rumah tempat tinggalnya roh dan jiwa. Tuan manusia yang sebenarnya adalah roh dan Allah sendirilah yang mengendalikan roh itu. Demikianlah, kita harus mengasihi Allah di atas segalanya jika kita mengerti baha hanya Allah yang dapat memberika hidup yang sejati, kehidupan kekal dan surga kepada kita.

Saya dulu sering berada di gerbang kematian karena saya menderita berbagai jenis penyakit yang tidak bisa disembuhkan selama tujuh tahun. Secara ajaib, saya disembuhkan sepenuhnya saat saya bertemu dengan Allah yang hidup. Mulai dari saat itu, saya telah mengasihi Dia melebihi apapun dan Ia telah memberikan begitu banyak berkat.

Di atas segalanya, saya diampuni dari semua dosa saya dan menerima keselamatan dan hidup yang kekal. Sebagai tambahan, segalanya berjalan baik dengan saya dan saya menikmati kesehatan yang baik sebagaimana jiwa saya juga baik-baik saja. Kemudian Allah memanggil saya untuk menjadi pelayan-Nya dalam melakukan misi dunia dan memberi saya kuasa.

Allah telah menyingkapkan kepada saya hal-hal yang akan datang. Ia juga telah mengirimkan kepda saya banyak pelayan yang baik dan pekerja gereja yang setia dan membuat gereja saja berkembang dalam ukuran secara eksponensial, sehingga saya dapat memperoleh pemeliharaan Allah.

Sementara itu, Ia telah memberkati saya untuk dikasihi baik oleh para anggota jemaat gereja maupun bukan orang percaya. Ia telah membawa keluarga saya mengasihi-Nya lebih dari apapun atau siapa pun, dan telah sangat melindungi mereka dari segala macam penyakit dan kecelakaan sejak mereka menerima Tuhan; tidak satu pun dari mereka pernah minum obat atau dirawat di rumah sakit. Dengan begini, Ia telah memberkati saya begitu banyak sehingga saya tidak kekurangan apapun.

Memenuhi kasih rohani

Jika Anda mengasihi Allah melebihi apa pun, Anda hidup

dalam kelimpahan karena Ia membimbing Anda dalam segala keadaan dan kebahagiaan sejati dari atas akan datang ke dalam hati Anda.

Akibatnya, Anda berbagi kasih yang melimpah itu dengan orang lain karena kasih rohani turun penuh ke atasmu. Anda dapat mengasihi semua orang dengan kasih yang kekal tidak berubah karena tidak ada kejahatan sama sekali di dalam pikiran Anda.

Kasih rohani diterangkan secara terinci di dalam 1 Korintus 13:4-7:

> *Kasih itu sabar; kasih itu murah hati; ia tidak cemburu; ia tidak memegahkan diri dan tidak sombong; ia tidak melakukan yang tidak sopan dan tidak mencari keuntungan diri sendiri, ia tidak pemarah dan tidak menyimpan kesalahan orang lain, ia tidak bersukacita karena ketidakadilan, tetapi karena kebenaran; ia menutupi segala sesuatu, percaya segala sesuatu, mengharapkan segala sesuatu, sabar menanggung segala sesuatu.*

Sekarang, ada konflik, perselisihan, dan pertengkaran di dunia ini dan cekcok antara suami dan istri atau di antara anggota keluarga di banyak rumah, karena tidak ada kasih rohani di antara mereka. Selalu ada bentrokan dan mereka tidak dapat membuat dan memelihara rumah yang manis dan damai karena setiap orang memaksakan bahwa hanya dialah yang benar dan ingin dikasihi.

Namun, saat orang-orang mengasihi Allah di atas segalanya,

mereka memperoleh kasih rohani dengan membuang kasih kedagingan. Kasih kedagingan berubah dan egois, sementara kasih rohani mendahulukan orang lain dalam pikiran yang rendah hati dan mencari keuntungan bagi orang lain sebelum diri sendiri. Jika Anda memiliki kasih rohani ini, rumah Anda pasti akan dipenuhi oleh kebahagiaan dan keselarasan.

Seperti yang sering terjadi, saat Anda mulai mengasihi Allah, Anda dianiaya oleh anggota keluarga atau temanmu yang tidak percaya kepada Allah (Markus 10:29-30). Namun hal itu tidak berlangsung lama. Jika jiwa anda sejahtera dan Anda mencapai tingkat keempat iman, maka aniaya itu diubah menjadi berkat dan orang-orang yang menganiaya itu jadi mengasihi dan mendukung Anda

2 Korintus 11:23-28 menggambarkan betapa beratnya aniaya yang dialami oleh Paulus ketika dia mengkhotbahkan injil bagi Tuhan. Ia bekerja lebih keras bagi Tuhan melebihi siapa pun, dimasukkan ke dalam penjara lebih sering dari siapa pun, didera dengan lebih brutal, dan selalu terancam kematian. Namun tetap saja, Paulus mengucap syukur dan bersukacita bukannya merasa marah.

Seperti itu juga, jika Anda mencapai tingkat keempat iman di mana Anda mengasihi Allah melebihi segala hal, bahkan jika Anda harus berjalan melalui lembah bayangan kematian, tempat itu bisa menjadi surga dan aniaya segera berubah menjadi berkat karena Allah beserta Anda.

Di dalam Matius 5:11-12 Yesus berkata kepada kita, *"Berbahagialah kamu, jika karena Aku kamu dicela dan dianiaya dan kepadamu difitnahkan segala yang jahat. Bersukacita dan bergembiralah, karena upahmu besar di sorga; sebab demikian juga telah dianiaya nabi-nabi yang sebelum kamu."*

Karenanya, Anda harus mengerti bahwa bahkan jika pencobaan dan masalah datang atas Anda karena Tuhan, ketika Anda bersukacita dan senang, Anda tidak hanya menerima kasih Allah, pengakuan dan upah di surga tetapi juga seratus kali lipat dalam masa sekarang ini.

Buah-buah Roh Kudus dan Keberkatan

Saat Anda mencapai tingkat keempat iman, Anda akan menghasilkan buah Roh Kudus secara melimpah dan Keberkatan mulai datang kepadamu. Galatia 5:22-23 mengatakan kepada kita tentang buah-buah Roh Kudus: *"Tetapi buah Roh ialah: kasih, sukacita, damai sejahtera, kesabaran, kemurahan, kebaikan, kesetiaan, kelemahlembutan, penguasaan diri. Tidak ada hukum yang menentang hal-hal itu."*

Buah dari Roh Kudus adalah kasih Yesus Kristus yang memberika air kepada musuh ketika dia haus dan memberinya makanan ketika dia lapar. Saat Anda menghasilkan buah sukacita, damai yang sejati dan kebahagiaan akan turun atas Anda karena Anda hanya mencari dan melakukan kebaikan dan keindahan. Anda juga akan damai dengan semua orang dalam kekudusan ketika Anda melahirkan buah damai.

Sebagai tambahan, Anda berdoa terus-menerus dalam syukur dan sukacita dengan buah kesabaran walaupun Anda menemui penderitaan pencobaan. Dengan buah kebenaran, Anda mengampuni hal-hal dan orang-orang yang tidak terampuni, mengerti hal-hal yang tidak dapat Anda mengerti, dan merawat orang lain sehingga mereka dapat menjadi lebih sejahtera dari pada Anda. Dengan buah kebenaran, Anda dapat membuang segala jenis kejahatan, mencari kebaikan yang indah, dan tidak mengabaikan atau menyakiti perasaan orang lain.

Dengan buah kesetiaan, Anda sepenuhnya taat pada firman Allah dan setia kepada Tuhan sampai mengorbankan nyawamu sendiri karena Anda merindukan mahkota kehidupan. Dengan buah kelemah lembutan yang selembut kapas, Anda dapat memberikan pipi kiri Anda saat orang menampar pipi Anda yang kanan, dan merangkul semua orang dengan cinta dan belas kasihan.

Akhirnya, dengan buah pengendalian diri, Anda mengikuti perintah yang diberikan Allah, tanpa keras kepala atau setengah-setengah, dan mencapai kehendak Allah dalam sikap yang cantik dan selaras.

Sebagai tambahan, Anda akan melihat bahwa Keberkatan yang digambarkan dalam Matius 5, yang tidak berubah dan kekal, mulai turun atas Anda juga.

Saat Anda melahirkan buah Roh Kudus dengan melimpah dan Keberkatan mulai datang kepadamu dalam cara ini, Anda sangat dekat dengan tingkat kelima iman, di mana Anda akan dibawa dalam jalan yang sejahtera dan akan dengan cepat diberikan hal-hal yang bahkan hanya ada di dalam pikiran Anda.

Untuk dapat mencapai puncak gunung, Anda harus memanjat gunung itu selangkah demi selangkah. Di puncaknya, Anda akan merasa sangat segar dan gembira walaupun perjalanannya sangat sukar. Petani bekerja keras dengan harapan akan mendapat panen yang melimpah karena mereka percaya bahwa mereka akan dapat memanen sebanyak yang mereka kerjakan dengan penuh keringat. Demikian juga, kita dapat memanen berkat yang Allah janjikan kepada kita di dalam Alkitab saat kita hidup dalam kebenaran.

Semoga Anda memiliki iman untuk mengasihi Allah di atas segalanya dengan membuang dosamu melalui tekun bergumul melawannya dan hidup sesuai kehendak Allah, dalam nama Tuhan kita saya berdoa!

Bab 8

IMAN UNTUK MEMPERKENAN ALLAH

"Saudara-saudaraku yang kekasih, jikalau hati kita tidak menuduh kita,
maka kita mempunyai keberanian percaya untuk mendekati Allah;
dan apa saja yang kita minta, kita memperolehnya dari pada-Nya,
karena kita menuruti segala perintah-Nya
dan berbuat apa yang berkenan kepada-Nya."

(1 Yohanes 3:21-22)

Orangtua dipenuhi dengan sukacita dan kebanggaan terhadap anak-anaknya saat mereka taat, menghargai dan mengasihi orangtuanya dari dalam hati mereka. Orangtua tidak hanya akan memberi anak-anak seperti ini apa pun yang mereka minta, tetapi juga memberi kepada mereka hal-hal yang mereka inginkan dalam hatinya tanpa diminta dengan mencari apa yang mereka butuhkan.

Demikian juga, saat Anda taat dan memperkenan Allah, Anda akan menerima dari-Nya bukan saja apa pun yang Anda minta, melainkan juga apa pun yang Anda inginkan di dalam hati karena Allah sangat disenangkan dengan imanmu dan mengasihimu. Memang, tidak ada yang mustahil saat Anda memiliki hubungan seperti itu dengan-Nya.

Sekarang, mari kita pelajari iman yang memperkenan Allah dan bagaimana cara untuk memperolehnya.

1. Tingkat Kelima Iman

Iman untuk memperkenan Allah lebih tinggi daripada iman untuk mengasihi Allah di atas segalanya. Lalu, apakah iman untuk menyenangkan Dia? Di sekitar kita, kita melihat anak-anak yang sungguh mengasihi orangtuanya dan menaati kehendak mereka dan memahami hati orangtuanya dalam segala sesuatu. Lebih jauh lagi, hanya ketika Anda dapat mengerti dimensi kasih maka Anda dapat menyenangkan orangtua Anda, barulah Anda bisa mengerti iman yang memperkenan Allah.

Kasih seperti apa yang dapat memperkenan Allah?

Dalam dongeng-dongeng Korea, ada anak laki-laki, anak perempuan, atau menantu yang berbakti yang tindakan kasihnya menyenangkan hati orangtuanya dan bahkan menggerakkan surga. Sebagai contoh, ada sebuah cerita tentang seorang anak laki-laki yang merawat ibunya yang tua dan sedang sakit di tempat tidur. Ia melakukan segala usaha, dalam kesia-siaan, agar ibunya sembuh.

Pada suatu hari, anak itu mendengar bahwa ibunya yang sakit itu dapat disembuhkan jika dia meminum darah dari jari anak laki-lakinya. Anak itu dengan sukarela memotong jarinya dan membiarkan sang ibu meminum darahnya. Kemudian ibunya pun segera pulih. Tentu saja tidak ada bukti medis bahwa darah laki-laki itu dapat memulihkan orang sakit. Namun, kasihnya yang penuh pengorbanan dan ketulusannya menggerakkan Allah dan Ia memberikan anugerah-Nya, sama seperti peribahasa Korea yang berkata, "Ketulusan menggerakkan surga."

Ada lagi kisah mengharukan lainnya tentang seorang anak laki-laki yang merawat orangtuanya yang sakit. Ia pergi ke dalam gunung di tengah musim dingin, mengeruk salju dari jalannya yang telah setinggi lutut untuk mencari tanaman obat dan buah yang misterius dan langka, yang dikatakan dapat membuat orangtuanya yang sakit menjadi baik.

Ada juga kisah lain tentang seorang pria dan istrinya yang

melayani orangtua mereka yang renta dengan setia dengan memberi makanan yang baik setiap hari, walaupun mereka berdua dan anak-anaknya sering kelaparan.

Bagaimana dengan orang-orang di jaman kita? Ada orang-orang yang menyembunyikan makanan lezat supaya mereka bisa memberi makan anak-anaknya tetapi memberi sedikit kepada orangtuanya dengan enggan. Anda tak akan pernah mengatakan bahwa hal itu merupakan bentuk kasih yang asli jika mereka mencurahkan kasih mereka kepada anak-anaknya tetapi melupakan kemurahan dan kasih orangtuanya. Orang yang sungguh-sungguh mengasihi orangtuanya akan menyajikan makanan yang baik kepada orangtuanya, dan mungkin bahkan mencoba menutupi bahwa anak-anak mereka sendiri kelaparan. Dapatkan Anda mengorbankan diri sendiri untuk orangtua Anda seperti itu?

Karenanya kita harus mengetahui perbedaan jelas antara kasih yang taat dengan sukacita dan syukur, serta kasih yang menyenangkan orangtua. Dulu tidaklah mudah untuk menemukan anak-anak dengan kasih yang menyenangkan orangtua, dan sekarang hal itu menjadi semakin sulit karena dunia sekarang dipenuhi oleh dosa dan kejahatan.

Sama dengan kasih orangtua, yang dikatakan sebagai kasih yang paling luhur dan indah. Bahkan ibu saya, yang sangat sayang kepada saya, mengatakan kepada saya sambil menangis pedih, "Mati sajalah, dan itu akan menjadi kewajibanmu sebagai anakku," karena saya sakit selama bertahun-tahun dan tidak ada harapan untuk sembuh.

Namun, bagaimana Allah mahakasih menunjukkan kasih-Nya kepada kita? Ia tidak hanya memberi kita Anak-Nya yang tunggal untuk mati di kayu salib agar dapat membuka jalan menuju keselamatan dan surga, tetapi juga kasih-Nya yang kekal.

Dalam hal saya, sejak saya bertemu Allah, saya selalu merasa dan menyadarai akan kasih-Nya yang berlimpah sehingga saya dapat mengerti kasih-Nya dari kedalaman hati saya dan dengan cepat tumbuh ke dalam ukuran iman yang penuh. Saya jadi mengasihi Dia di atas segalanya dan juga memiliki iman yang memperkenan Allah.

Memiliki iman yang memperkenan Allah

Dalam Mazmur 37:4 Allah menjanjikan kepada kita, "Bergembiralah karena TUHAN; maka Ia akan memberikan kepadamu apa yang diinginkan hatimu". Jika Anda memperkenan Allah, Ia tidak hanya akan memberikan apa pun yang Anda minta, tetapi juga semua yang Anda inginkan di dalam hati.

Ketika saya akan memulai gereja saya, saya hanya mempunyai uang $10 saja. Namun, Allah memberkati saya untuk menyewa bangunan seluas hampir 900 kaki persegi untuk mendirikan gereja saat saya berdoa dalam iman. Allah juga memberikan gereja saya kebangunan rohani yang besar dan berkat dalam jumlah yang besar, dipadatkan, diguncang dan tumpah saat saya berdoa dengan visi dan mimpi yang besar untuk misi dunia dari sejak permulaan.

Demikian juga, segala sesuatu adalah mungkin bagi Anda saat Anda memiliki iman yang memperkenan Allah karena Yesus mengingatkan kepada kita dalam Markus 9:23, "'Jika Kau dapat?' Tidak ada yang mustahil bagi orang yang percaya".

Juga seperti yang disebutkan dalam Ulangan 28, Anda akan diberkati saat Anda masuk dan keluar, Anda akan meminjamkan kepada banyak orang tetapi tidak akan meminjam dari siapa pun, dan Tuhan akan membuat Anda menjadi kepala. Lebih lagi, tanda-tanda akan menyertaimu seperti yang dijanjikan dalam Markus 16.

Yesus juga menjanjikan kepadamu berkat yang tidak terbayangkan dalam Yohanes 14:12-13. mari kita baca bersama ayat-ayat ini untuk melihat berkat apa yang akan mengikutimu saat Anda memperkenan Allah dalam iman:

> *Aku berkata kepadamu: sesungguhnya barangsiapa percaya kepada-Ku, ia akan melakukan juga pekerjaan-pekerjaan yang Aku lakukan, bahkan pekerjaan-pekerjaan yang lebih besar dari pada itu; sebab Aku pergi kepada Bapa. Dan apa juga yang kamu minta dalam nama-Ku, Aku akan melakukannya, supaya Bapa dipermuliakan di dalam Anak.*

Berkat yang diberikan kepada Henokh

Di dalam Alkitab, kita melihat banyak bapa iman yang memperkenan Allah. Di antara mereka, bagaimana Henokh disebutkan dalam Ibrani 11 memperkenan Allah dan berkat apa yang diterimanya?

> *Karena iman Henokh terangkat, supaya ia tidak mengalami kematian, dan ia tidak ditemukan, karena Allah telah mengangkatnya. Sebab sebelum ia*

terangkat, ia memperoleh kesaksian, bahwa ia berkenan kepada Allah. Tetapi tanpa iman tidak mungkin orang berkenan kepada Allah. Sebab barangsiapa berpaling kepada Allah, ia harus percaya bahwa Allah ada, dan bahwa Allah memberi upah kepada orang yang sungguh-sungguh mencari Dia.

Kejadian 5:21-24 menggambarkan Henokh sebagai orang yang memperkenan Allah karena ia dikuduskan pada usia 65 tahun dan setia dalam segenap rumah Allah. Henokh berjalan dengan Allah selama 300 tahun, berbagi kasih dengan-Nya dan tidak melihat kematian karena Allah mengangkatnya. Ia diberkati dengan sangat melimpah karena kemudian ia tinggal di sisi tahta Allah, berbagi kasih dengannya hingga titik yang paling penuh.

Sama halnya, adalah mungkin untuk diangkat ke surga tanpa melihat kematian jika Anda memiliki iman yang memperkenan Allah. Nabi Elia juga tidak melihat kematian tetapi diangkat ke surga karena ia bersaksi kepada Allah yang hidup dan menyelamatkan banyak orang dengan menunjukkan kepada mereka pekerjaan-pekerjan ajaib dengan iman yang memperkenan Allah.

Apakah Anda percaya bahwa Allah ada dan bahwa Ia memberi upah bagi mereka yang dengan tulus mencari-Nya? Jika Anda mempunyai iman seperti itu, sudah sepatutnya Anda dikuduskan sepenuhnya dan mempersembahkan bahkan hidupmu untuk memenuhi kewajiban yang diberikan Allah.

2. Iman untuk Mengorbankan Nyawa Sendiri

Yesus memerintahkan kepada kita dalam Matius 22:37-40 sebagai berikut: *"Kasihilah Tuhan, Allahmu, dengan segenap hatimu dan dengan segenap jiwamu dan dengan segenap akal budimu. Itulah hukum yang terutama dan yang pertama. Dan hukum yang kedua, yang sama dengan itu, ialah, 'Kasihilah sesamamu manusia seperti dirimu sendiri.' Pada kedua hukum inilah tergantung seluruh hukum Taurat dan kitab para nabi."*

Seperti yang dikatakan Yesus, orang-orang yang mengasihi Allah memperkenan Dia tidak hanya dengan mengasihi Allah dengan segenap hati, jiwa dan pikiran mereka, tetapi juga mengasihi sesama mereka seperti kepada dirinya sendiri. Anda dapat menyebut iman yang memperkenan Allah ini sebagai "iman Kristus" atau "iman rohani penuh" karena iman itu cukup kuat bagimu untuk bahkan memberikan hidupmu sendiri tanpa segan bagi Yesus Kristus.

Iman untuk mengorbankan nyawa-Nya bagi kehendak Allah

Yesus sepenuhnya menaati kehendak Allah. Dia disalibkan di kayu salib, menjadi buah yang pertama dari kebangkitan dan sekarang duduk di sebelah tahta Allah, semua ini karena Ia memiliki iman untuk sepenuhnya mengorbankan diri-Nya sampai titik memberikan nyawanya melampaui ketaatan penuh. Karenanya, Allah bersaksi tentang Yesus, dengan mengatakan, *"Inilah Anak yang Ku-kasihi, kepada-Nyalah Aku berkenan"* (Matius 3:17, 17:5), dan *"Lihatlah, itu Hamba-Ku yang*

Kupilih, yang Kukasihi, yang kepada-Nya jiwa-Ku berkenan" (Matius 12:18). Sepanjang sejarah gereja, ada banyak bapa iman yang memberikan nyawa mereka tanpa segan, seperti Yesus, untuk kehendak Allah. Selain Petrus, Yakobus, dan Yohanes yang mengikuti Yesus sepanjang waktu, banyak orang lainnya yang memberikan nyawa mereka untuk Yesus Kristus tanpa keraguan atau penyesalan. Petrus mati di kayu salib digantung terbalik; Yakobus dipenggal; dan Yohanes dimasukkan ke dalam minyak mendidih di kuali besi tetapi ia tidak mati, dan dibuang ke pulau Patmos.

Banyak orang Kristen mati di Coloseum Roma sebagai mangsa singa dengan memuji Allah. Banyak yang lain memegang teguh iman mereka dengan menjalani hidup mereka di Catacomb, "sebuah kuburan bawah tanah" tanpa pernah melihat sinar matahari. Allah berkenan dengan iman mereka karena mereka hidup seperti yang diperintahkan oleh Kitab suci sebagai berikut: *"Sebab jika kita hidup, kita hidup untuk Tuhan, dan jika kita mati, kita mati untuk Tuhan. Jadi baik hidup atau mati, kita adalah milik Tuhan."* (Roma 14:8).

Di tahun 1992, saya mulai mengalami pendarahan dari hidung karena terlalu banyak bekerja dan tidak cukup tidur. Hampir semua darah saya sepertinya keluar dari tubuh saya. Akibatnya, saya segera berada dalam kondisi kritis. Pelan-pelan saya kehilangan kesadaran dan akhirnya mencapai pintu kematian.

Waktu itu, saya merasa bahwa saya akan segera berada dalam tangan Yesus, tetapi tidak mempunyai keinginan untuk mengandalkan perawatan medis. Saya tidak pernah berpikir tentang menemui dokter untuk pendarahan hidung saya. Saya tidak pergi ke rumah sakit atau mengandalkan pengobatan duniawi lainnya bahkan saat menghadapi kematian, karena saya percaya pada Allah yang mahakuasa, Bapa saya. Keluarga saya dan anggota jemaat gereja juga tidak mendesak saya untuk dirawat di rumah sakit. Mereka sangat mengenal saya bahwa saya selalu memberikan hidup saya sepenuhnya kepada Allah, bukan kepada dunia atau manusia mana pun.

Bahkan saat saya pingsan akibat pendarahan hebat, roh saya bersyukur kepada Allah karena saya bisa berdiam dalam tangan Yesus dan mendapat istirahat yang kekal. Harapan saya satu-satunya adalah untuk bertemu dengan Tuhan Yesus.

Namun, Allah, dalam suatu peglihatan, menunjukkan kepada saya apa yang akan terjadi kepada gereja saya setelah saya mati. Sebagian orang akan tetap di gereja saya, memegang iman mereka, sementara banyak orang lain akan kembali ke dunia, meninggalkan Allah dan berdosa melawan-Nya.

Setelah melihat ini, saya tidak dapat beristirahat dalam tangan Yesus. Sebaliknya, saya dengan sungguh-sungguh meminta Allah untuk menguatka saya karena saya merasakan kesedihan yang sangat dalam bagi mereka yang kembali ke dunia. Kemudian, dengan pertolongan Allah yang menyembuhkan saya, saya bangun dari tempat tidur dan segera duduk, walaupun saya hampir mati dan menjadi sepucat salju.

Setelah kesadaran saya pulih, saya melihat banyak pekerja gereja meneteskan airmata dalam kebahagiaan. Bagaimana mereka tidak tergerak setelah mengalami pekerjaan Allah yang ajiab dan penuh kuasa dalam membangkitkan orang mati?

Dengan begini, Allah disenangkan oleh mereka yang

menunjukkan iman mereka untuk mempersembahkan nyawa mereka tanpa segan dan menjawab mereka dengan cepat. Karena para martir di masa awal gereja, injil tersebar dengan cepat ke seluruh dunia. Bahkan di Korea, darah para martir membantu penyebaran injil yang cepat.

Iman untuk menaati semua kehendak Allah

1 Tesalonika 5:23 berkata, *"Semoga Allah damai sejahtera menguduskan kamu seluruhnya dan semoga roh, jiwa dan tubuhmu terpelihara sempurna dengan tak bercacat pada kedatangan Yesus Kristus, Tuhan kita."* Di sini, "roh yang terpelihara sempurna" merujuk pada keadaan yang sepenuhnya menyerupai hati Yesus Kristus.

Seorang manusia roh adalah orang yang hidup hanya oleh kehendak Allah karena ia dapat selalu mendengar suara Roh Kudus dan hatinya menjadi kebenaran itu sendiri dengan sepenuhnya menyatakan Firman Allah. Anda dapat menjadi seorang manusia roh dan mencapai karakter seperti Yesus ketika Anda sepenuhnya dikuduskan dengan membuang segala jenis kejahatan dengan bergumul melawan dosa yang ada di dalammu.

Lebih lagi, saat seorang manusia rohani terus memperlengkapi dirinya dengan Firman Allah, maka kebenaran akan sepenuhnya memerintah tidak hanya hatimu tetapi juga seluruh hidupmu.

Anda kemudian dapat menyebut iman seperti ini sebagai "iman yang penuh" atau "iman rohani Yesus Kristus yang sempurna". Anda akan dapat memperoleh iman seperti itu ketika Anda memiliki hati yang tulus seperti yang digambarkan dalam

Ibrani 10:22: *"Karena itu marilah kita menghadap Allah dengan hati yang tulus ikhlas dan keyakinan iman yang teguh, oleh karena hati kita telah dibersihkan dari hati nurani yang jahat dan tubuh kita telah dibasuh dengan air yang murni."*

Namun, bukan berarti bahwa Anda bisa setara dengan Yesus walaupun jika Anda memiliki karakter Yesus dan iman Kristus. Misalnya seorang anak sangat menghormati ayahnya dan sangat ingin mencoba untuk menyerupai ayahnya. Ia mungkin saya menyerupai karakter atau kepribadian ayahnya tetapi tidak akan pernah bisa menjadi ayahnya.

Sama juga, Anda tidak akan pernah bisa sama seperti Yesus Kristus. Ia menetapkan urutan rohani dalam Matius 10:24-25 sebagai berikut: *"Seorang murid tidak lebih dari pada gurunya, atau seorang hamba dari pada tuannya. Cukuplah bagi seorang murid jika ia menjadi sama seperti gurunya dan bagi seorang hamba jika ia menjadi sama seperti tuannya."*

Bagaimana dengan hubungan antara Musa yang memimpin Israel keluar dari Mesir dan Yosua yang menggantikan Musa dan membawa orang-orangnya ke Kanaan? Musa membelah Laut Merah dan mengeluarkan air dari batu, tetapi Yosua tidak kurang dari Musa dalam melakukan mukjizat Allah: Ia membuat aliran Sungai Yordan berhenti pada saat banjir, tembok Yerikho runtuh, dan matahari serta bulan berhenti bergerak selama hampir seharian. Tetap saja, Yosua tidak bisa lebih tinggi daripada Musa yang telah berbicara berhadapan muka dengan Allah secara terbuka dan bukan dalam teka-teki.

Di dunia ini, seorang murid mungkin lebih tinggi dari pada gurunya tetapi hal seperti itu mustahil terjadi di alam roh. Ini karena alam roh hanya dapat dimengerti dengan bantuan Allah dan bukan dengan buku-buku atau pengetahuan duniawi. Karenanya, orang yang secara roh didisiplinkan oleh seporang guru rohani tidak akan lebih tinggi daripada gurunya yang mewujudkan dan melakukan berbagai hal dalam anugerah Allah.

Di dalam Alkitab, Elisa menerima dua bagian dari roh Elia dan melakukan lebih banyak mukjizat, tetapi dia lebih kecil daripada Elia yang diangkat ke surga hidup-hidup. Juga selama masa-masa awal gereja, Timotius melakukan banyak hal bagi Tuhan Yesus tetapi tidak bisa menjadi lebih besar daripada gurunya, Rasul Paulus.

Karena tidak ada batas dalam alam roh, maka tidak ada seorang pun yang dapat menyelami kedalamannya. Karena inilah kenapa Anda dapat mengetahui tentang hal itu hanya melalui pengajaran Allah, bukan oleh dirimu sendiri. Sama halnya bahwa Anda tidak mengetahui seberapa dalamnya lautan itu atau apa saja jenis-jenis tumbuhan dan hewan yang tinggal di dasarnya. Namun, Anda akan melihat banyak ikan dan tumbuhan berwarna-warni ketika Anda pergi ke bawah lautan. Lebih lagi, Anda akan melihat misteri lautan sebanyak yang Anda inginkan saat Anda menjelajah lebih dalam. Demikian juga, semakin dalam Anda memasuki alam roh, maka akan semakin banyak yang akan Anda pelajari.

Allah sendiri yang mengajari saya dan membuat saya mengerti alam rohani sehingga saya dapat mencapai tingkat alam roh yang lebih dalam. Ia juga telah membimbing saya untuk mengalami sendiri alam roh itu. Ia membimbing dan mengajari saya ukuran iman secara rinci dengan cara ini dan menggunakan saya untuk membawa lebih banyak orang untuk mencapai tingkat alam roh yang lebih dalam. Setelah mengetahui ini, Anda harus memeriksa diri Anda sendiri lebih teliti dan coba untuk mencapai iman yang lebih dewasa.

3. Iman untuk Memanifestasikan Tanda-tanda dan Mukjizat

Jika Anda memiliki iman penuh sebagaimana kebenaran sepenuhnya berdiam di dalam hati Anda, maka Anda akan menaikkan doa saat Anda berjuang untuk hidup menurut kehendak Allah. Ini karena Anda harus menerima kuasa untuk dapat menyelamatkan sebanyak mungkin jiwa, yang masing-masingnya dianggap Allah lebih berharga daripada alam semesta ini.

Kenapa Yesus disalibkan? Ia ingin menyelamatkan jiwa-jiwa terhilang yang berjalan dalam jalan dosa dan menjadikan mereka anak-anak Allah.

Kenapa Yesus mengatakan, "Aku haus", saat Ia sedang digantung di kayu salib dan mengeluarkan darah selama berjam-jam di bawah terik matahari? Melalui perkataan ini, Yesus tidak meminta kita untuk meredakan hausnya secara jasmani akibat dari mengeluarkan seluruh darah-Nya tetapi untuk melegakan kehausan rohani-Nya dengan membayar harga darah-Nya. Itu adalah permohonan sungguh-sungguh kepada kita untuk menyelamatkan jiwa-jiwa yang hilang dan membawa mereka ke tangan Yesus.

Menyelamatkan banyak orang dengan kuasa

Ketika seseorang mencapai tingkat kelima iman di mana ia memperkenan Allah, ia merenung dengan sungguh-sungguh, 'Bagaimana supaya aku dapat membawa banyak orang kepada Bapa? Bagaimana aku dapat menyebarkan kerajaan dan kebenaran Allah?' dan sungguh-sungguh melakukan yang terbaik untuk melaksanakannya. Karenanya, ia mencoba untuk memperkenan Allah dengan melaksanakan kewajiban lain, sebagai tambahan terhadap memenuhi kewajibannya sendiri yang dipercayakan oleh Allah.

Namun, bahkan orang yang sedemikian mengabdi tidak dapat memperkenan Allah tanpa menerima kuasa karena, seperti yang diingatka kepada kita oleh 1 Korintus 4:20, *"Karena kerajaan Allah bukan terdiri atas kata-kata melainkan dalam kuasa."*

Bagaimana Anda dapat menerima kuasa untuk membawa banyak orang ke jalan keselamatan? Anda dapat menerimanya hanya dengan doa yang tidak henti-hentinya. Itu karena menyelamatkan jiwa-jiwa tidak dicapai dengan perkataan, pengetahuan, pengalaman, reputasi, atau ptoritas manusia, tetapi hanya oleh kuasa yang diberikan oleh Allah.

Demikianlah, mereka yang berada di tingkat kelima iman harus dengan penuh tekad berdoa untuk dapat menerima kuasa dengan mana mereka dapat menyelamatkan jiwa sebanyak mungkin.

Kerajaan Allah adalah tentang kuasa

Suatu kali saya bertemu seorang pendeta yang tidak hanya lembut hatinya tetapi juga mencoba untuk memenuhi kewajibannya dan berdoa untuk hidup menurut firman Allah, tetapi tidak menghasilkan cukup buah seperti yang telah ia harapkan. Jadi, apa alasannya? Jika ia sungguh-sungguh mengasihi Allah, ia seharusnya menyerahkan seluruh pikirannya, nyawanya, dan bahkan hikmatnya kepada Allah, tetapi ia tidak melakukan hal itu. Ia harusnya telah menyadari bahwa dia sendiri masih menjadi tuan atas hidupnya, dan bukannya membiarkan Allah memimpin hidupnya.

Allah tidak dapat bekerja untuknya karena pendeta itu tiidak bergantung sepenuhnya kepada Allah melakukan kwajibannya, melainkan mengandalkan pengetahuan dan pemikirannya sendiri. Demikianlah, ia tidak dapat melakukan pekerjaan Allah yang di luar kemampuan manusia, walaupun ia melihat hasil usahanya.

Karena itu, Anda harus berdoa, mendengarkan suara Roh Kudus, dan diawasi oleh Roh Kudus, dan bukannya mengandalkan pikiran, pengetahuan dan pengalaman manusia ketika Anda melakukan pelayanan bagi Allah. Hanya jika Anda menjadi seorang manusia kebenaran dan diawasi sepenuhnya oleh Roh Kudus, maka Anda akan mengalami pekerjaan-pekerjaan ajaib yang dimanifestasikan dengan kuasa-Nya yang datang dari atas.

Namun, ketika Anda mengandalkan pikiran dan teori manusia, bahkan jika Anda pikir Anda tahu akan Firman Allah, berdoa dan melakukan sebaik mungkin untuk memenuhi kewajibanmu, Allah tidak beserta dengan Anda karena sikap seperti itu adalah arogan di dalam penglihatan Allah. Karenanya, Anda harus membuang semua sifat alami dosa, berdoa tanpa henti untuk menjadi manusia rohani yang sempurna, dan meminta kuasa Allah, dengan menyadari kenapa Rasul Paulus mengaku, "Aku mati setiap hari."

Jika Anda berdoa dalam ilham dari Roh Kudus

Setiap orang yang telah menerima Tuhan Yesus haruslah berdoa karena doa adalah nafas rohani. Namun, isi dari setiap doa berbeda-beda, sesuai dengan tingkatan iman yang juga berbeda. Orang yang berada di tingkat pertama atau kedua iman terutama berdoa untuk dirinya sendiri tetapi ia bahkan hampir tidak dapat berdoa selama sepuluh menit saja karena tidak ada banyak hal yang dapat didoakan.

Dia juga tidak berdoa dalam iman dari kedalaman hatinya walaupun jika ia berdoa bagi kerajaan dan kebenaran Allah. Namun, saat ia memasuki tingkat ketiga iman, dia dapat berdoa bagi kerajaan Allah dan kebenaran-Nya, selain berdoa meminta sesuatu bagi dirinya sendiri.

Sebagai tambahan, bagaimana dia akan berdoa ketika dia sudah masuk ke tingkat keempat? Pada tingkatan ini, ia hanya berdoa bagi kerajaan dan kebenaran Allah karena ia telah sepenuhnya membuang baik tindakan dan keinginan alami dosa.

Ia tidak perlu berdoa untuk membuang dosa-dosanya karena ia sudah hidup menurut Firman Allah. Ia meminta hal-hal lain kepada Allah yang bukan untuk dirinya dan sendiri dan keluarganya. Ia akan berdoa untuk keselamatan bagi lebih banyak orang, pelebaran kerajaan Allah dan kebenarannya, dan juga berdoa untuk gerejanya, para pekerja gereja, dan semua saudara seiman. Ia berdoa secara terus menerus karena ia sadar bahwa ia tidak dapat menyelamatkan bahkan satu jiwa pun tanpa menerima kuasa Allah dari atas. Ia juga berdoa tanpa henti dengan segenap hati, jiwa, pikiran dan kekuatannya bagi kerajaan dan kebenaran Allah.

Lebih lagi, jika ia mencapai tingkat kelima iman, ia mempersembahkan doa yang dapat memperkenan Allah dan doa pengucapan syukur yang bahkan dapat menggerakkan Allah di tahta-Nya.

Dulu, butuh waktu cukup lama baginya untuk berdoa dalam kepenuhan Roh Kudus, tetapi sekarang ia dapat merasakan bahwa doanya naik ke surga dengan ilham dari Roh Kudus begitu ia berlutut untuk berdoa.

Sangat sulit untuk berdoa jika Anda berdoa untuk membuang dosa-dosamu. Tetapi tidaklah sulit ketika Anda berdoa dengan iman untuk menerima kuasa Allah untuk menyelamatkan banyak jiwa dan memperkenan Allah, dan dengan kasih yang membara bagi Tuhan.

Menunjukkan tanda-tanda ajaib dan mukjizat

Banyak tanda-tanda ajaib dan mukjizat yang dimanifestasikan melalui seseorang ketika ia terus berdoa dengan sungguh-sungguh dengan kasih yang tekun untuk menerima kuasa dari Allah. Ini berlaku untuk menunjukkan bahwa ia memiliki iman yang memperkenan Allah.

Yesus melakukan banyak tanda-tanda ajaib dan mukjizat

selama pelayanan-Nya, dengan berkata di dalam Yohanes 4:48, *"Kecuali kamu melihat tanda-tanda dan mukjizat, kamu tidak akan percaya."* Itu karena Yesus dapat dengan mudah membawa orang untuk mempunyai iman dalam Allah dengan menyaksikan Allah yang hidup dengan menunjukkan kepada mereka tanda-tanda ajaib dan mukjizat.

Saat ini, Allah juga memilih orang-orang yang tepat dan membuat mereka melakukan tanda-tanda dan mukjizat, dan bahkan melakukan hal-hal yang lebih hebat daripada yang dilakukan Yesus (Yohanes 14:12). Di gereja saya saja, tak terhitung banyaknya tanda-tanda dan mukjizat yang telah dimanifestasikan.

Sekarang mari kita periksa tanda-tanda dan mukjizat yang dimanifestasikan melalui orang-orang yang mempunyai iman yang memperkenan Allah. Pertama, saat kuasa Allah yang di luar kemampuan manusia dilakukan dan dipertunjukkan, kita menyebutnya "tanda". Sebagai contoh, orang buta bisa melihat, orang bisu bisa berbicara, yang tuli bisa mendengar, yang lumpuh berjalan, yang kakinya pendek dipanjangkan, yang bungkuk ditegakkan, dan yang lumpuh dari lahr atau menderita *cerebral palsy* (cacat mental) menjadi normal.

Mengenai tanda-tanda, Yesus mengatakan kepada kita di dalam Markus 16:17-18:

> *Tanda-tanda ini akan menyertai mereka yang percaya:*
> *dalam nama-Ku mereka akan mengusir setan-setan,*
> *mereka akan berbicara dalam bahasa-bahasa yang*
> *baru bagi mereka; mereka akan memegang ular, dan*

sekalipun mereka minum racun maut, mereka tidak akan
mendapat celaka; mereka akan meletakkan tangannya
atas orang sakit dan orang itu akan sembuh."

Di sini, "mereka yang percaya" maksudnya adalah orang-
orang yang memiliki iman bapa. Tanda-tanda yang menyertai
"orang yang percaya" dapat digolongkan ke dalam lima kategori
dan mengenai ini saya akan uraikan secara lebih terperinci dalam
bab berikutnya.

Yang kedua, di antara banyak pekerjaan Allah, "sebuah
mukjizat" dapat berupa seseorang mengubah cuaca yang
termasuk menggerakkan awan, menurunkan atau menghentikan
hujan dari langit, menggerakkan benda diam, dan semacamnya.

Menurut Alkitab, Allah mengirimkan petir dan hujan saat
Samuel berdoa (1 Samuel 12:18). Ketika Nabi Yesaya dipanggil
Allah, kita tahu bahwa *"TUHAN membuat bayangan itu*
mundur sepuluh langkah" (2 Raja 20:11). Elia juga *"berdoa*
dengan sungguh-sungguh supaya tidak turun hujan dan
terjadilah kekeringan di negeri itu selama tiga setengah tahun.
Kemudian ia berdoa lagi, dan langit pun menurunkan hujan"
(Yakobus 5:17-18).

Demikianlah, Allah kasih membawa orang-orang ke jalan
keselamatan dengan menunjukkan kepada mereka tanda-tanda
ajaib dan mukjizat yang nyata melalui orang-orang yang Ia
anggap layak. Karena itu, Anda harus memiliki iman yang teguh
dalam firman Allah yang tertulis di dalam Alkitab dan coba
untuk memperoleh iman yang memperkenan Allah.

4. Setia di Dalam Segenap rumah Allah

Orang-orang di tingkat pertama atau kedua iman dapat memasuki untuk sementara keadaan tingkat kelima iman. Itu karena saat mereka pertama kali menerima Roh Kudus, mereka dipenuhi oleh Roh Kudus sedemikian besar sehingga mereka bahkan tidak takut akan kematian, tetapi dipenuhi oleh syukur, berdoa dengan tekun, mengabarkan injil, dan datang ke semua pertemuan gereja. Mereka menerima segala yang mereka minta karena mereka ada di tingkat keempat atau kelima iman walaupun pengalaman itu hanya sementara. Ketika mereka kehilangan kepenuhannya dari Roh Kudus, mereka segera kembali ke tingkatan iman mereka yang sebenarnya.

Namun, orang-orang di tingkat kelima iman tidak pernah berubah. Itu karena mereka selalu dipenuhi oleh Roh Kudus sehingga mereka dapat dengan sempurna mengendalikan dan mengelola pikiran mereka, dan tidak hidup seperti orang-orang di tingkat pertama atau kedua iman. Lagipula, mereka benar-benar memperkenan Allah dengan berlaku setia di dalam semua rumah-Nya.

Mengenai Musa Bilangan 12:3 mengatakan kepada kita, *"Adapun Musa ialah seorang yang sangat lembut hatinya, lebih dari setiap manusia yang di atas muka bumi,"* dan ayat 7 mencatat, *"Bukan demikian hamba-Ku Musa, seorang yang setia dalam segenap rumah-Ku."* Melalui ayat ini, kita mengetahui bahwa Musa berada di tingkat kelima iman, di mana dia dapat memperkenan Allah.

Tetapi apakah tepatnya menjadi setia dalam semua rumah Allah? Mengapa Allah hanya mengakui orang-orang yang setia dalam semua rumah-Nya seperti Musa sebagai orang yang memiliki iman yang menyenangkan Allah.

Arti dari kesetiaan di dalam segenap rumah Allah

Orang yang "setia dalam segenap rumah Allah" mempunyai iman Kristus, atau "iman rohani yang lengkap"; ia melakukan segala sesuatu dengan karakter Yesus Kristus. Ia melakukan segala hal dengan hati Kristus dan hati dari roh, tanpa mengandalkan pikirannya sendiri.

Karena ia telah mencapai pikiran kebaikan, pikiran Kristus, maka ia tidak akan berbantah dan tidak akan berteriak dan orang tidak akan mendengar suaranya di jalan-jalan, buluh yang patah terkulai tidak akan diputuskannya, dan sumbu yang pudar nyalanya tidak akan dipadamkannya (Matius 12:19-20). Orang yang seperti itu telah menyalibkan dosa bersama dengan nafsu dan keinginan-keinginannya sehingga ia dapat setia pada segala kewajibannya.

Ia tidak lagi memiliki "keakuan" di dalam dirinya melainkan hanya hati Kristus – hati dari roh – karena ia telah membuang semua hal kedagingannya. Ia tidak memikirkan kehormatan, kuasa dan kekayaan duniawi.

Sebaliknya, hatinya dipenuhi dengan harapan akan hal-hal yang kekal: Bagaimana ia akan dapat mencari kerajaan Allah dan kebenaran-Nya saat masih hidup di dunia ini; bagaimana ia bisa menjadi orang besar di surga dan dikasihi oleh Allah Bapa; dan bagaimana ia akan dapat hidup bahagia selamanya dengan menyimpan upah besar di surga. Akibatnya, ia dapat menjadi setia dalam semua kewajibannya karena hanya semangat dan ketulusan untuk mencari kerajaan Allah dan kebenaran-Nya yang mengalir dari dalam hatinya.

Ada perbedaan-perbedaan dalam ukuran pengabdian di antara orang-orang yang mencari kerajaan Allah dan kebenaran-Nya. Jika ia hanya melakukan tugas yang diberikan kepadanya, maka ia hanya sekedar memenuhi tanggung-jawab pribadinya.

Sebagai contoh, ketika Anda mempekerjakan seseorang, memberinya upah, dan ia melakukan pekerjaan yang mana ia dipekerjakan dan diupah, kita tidak mengatakan bahwa dia "setia di dalam semua rumah" bahkan walaupun jika dia menyelesaikan pekerjaan itu dengan baik. Dengan "menjadi setia di dalam segenap rumah," orang itu tidak hanya menyelesaikan dengan baik pekerjaan yang diberikan kepadanya, tetapi juga melakukan lebih dari itu tanpa menyayangkan miliknya dan dengan ketulusan yang tidak sekedar menyelesaikan tugasnya saja.

Karenanya, Anda tidak dapat dianggap sebagai orang yang "setia di dalam segenap rumah Allah" walaupun jika Anda telah membuang dosa dengan bergumul menghadapinya sampai titik mengucurkan darah dalam kasih yang besar kepada Allah dan memenuhi kewajiban Anda dengan hati yang dikuduskan. Anda dapat diakui sebagai "orang yang setia di dalam segenap rumah Allah" hanya jika Anda dikuduskan penuh dan menjalankan kewajiban Anda melebihi tanggung jawab Anda dengan iman Kristus, yaitu taat sampai mati.

Setia di Dalam Segenap Rumah Allah

Anda berada di tingkat keempat iman jika Anda mengasihi

Yesus Kristus hingga ke titik yang paling penuh dan memiliki kasih rohani seperti yang digambarkan dalam 1 Korintus 13, dan menghasilkan buah-buah Roh Kudus seperti yang disebutkan di dalam Galatia 5. Yang paling utama, Anda dapat memperoleh iman yang memperkenan Allah saat Anda memperoleh Keberkatan dalam Matius 5 dan setia dalam segenap rumah Allah. Mengapa demikian?

Ada perbedaan antara kasih sebagai buah dari Roh Kudus dan kasih yang disebutkan dalam 1 Korintus 13. Kasih dalam 1 Korintus 13 adalah definisi dari kasih rohani, sementara kasih sebagai buah dari Roh Kudus merujuk pada kasih tak terbatas yang memenuhi hukum kasih.

Karenanya, kasih sebagai buah dari Roh Kudus mempunyai cakupan yang lebih luas dari kasih yang digambarkan dalam 1 Korintus 13. dengan kata lain, jika kasih Yesus Kristus yang memenuhi hukum dengan kasih di atas salib ditambahkan pada kasih di 1 Korintus 13, maka itu dapat disebut sebagai "kasih yang merupakan buah Roh Kudus."

Sukacita datang dari atas dengan kebahagiaan dan damai sejahtera rohani karena hal-hal kedagingan di dalammu menghilang sebanyak kasih rohani bertumbuh. Anda hanya dapat dipenuhi oleh sukacita jika dirimu penuh dengan hal-hal baik saja karena Anda melihat, mendengar, dan memikirkan hanya hal-hal baik.

Anda tidak membenci siapa pun karena tidak ada kebencian di dalam dirimu. Anda dilimpahi dengan sukacita karena Anda lebih memilih untuk melayani orang lain, memberikan hal-hal baik kepada mereka, dan berkorban bagi mereka. Walaupun Anda hidup di dunia ini, Anda tidak mencari hal-hal kedagingan dalam mengejar kepentingan pribadi, sebaliknya Anda dipenuhi oleh haraan surgawi, dengan memikirkan bagaimana Anda dapat memperluas kerajaan Allah dan kebenaran-Nya, dan menyenangkan Dia dengan menyelamatkan lebih banyak jiwa. Anda dapat hidup damai dengan tetangga-tetanggamu karena Anda menikmati kebahagiaan sejati dan memiliki ketenangan untuk merawatnya sebanyak sukacita yang datang kepadamu.

Lebih lagi, Anda dapat bersabar dengan pengharapan surgawi sebanyak Anda berdamai dengan orang lain. Anda dapat menunjukkan kebaikan kepada orang lain karena Anda bisa berbelas kasihan kepada mereka sebanyak Anda bersabar. Anda mencapai kebaikan karena Anda tidak bertengkar atau berteriak, tidak mematahkan buluh yang terkulai dan tidak memadamkan sumbu yang hampir padam jika Anda memiliki kebaikan. Orang-orang yang memiliki kebaikan dapat menjadi setia secara rohani karena mereka telah membuang keegoisannya.

Selain itu, ukuran kesetiaan itu berbeda di antara mereka yang setia, menurut bidang dari hati masing-masing. Semakin banyak kelembutan yang dimiliki seseorang, maka akan semakin tinggi ukuran kesetiaan yang diperolehnya. Anda dapat melihat sampai sejauh mana kelembutan seseorang jika dia setia di dalam segenap rumah Allah. Ia menjalankan semua kewajibannya dengan setia di rumah dan tempat kerja, dalam berhubungan dengan orang lain, dan di gereja. Demikianlah, Musa yang merupakan manusia yang berhati paling lembut di dunia, dapat menjadi setia dalam setiap tugas yang diberikan kepadanya.

Lebih lagi, bagaimana Anda bisa sempurna tanpa pengendalian diri? Anda harus setia dalam segenap rumah Allah dengan pengendalian diri, karena tidak mungkin untuk seimbang dalam setiap bidang tanpa hal itu. Demikianlah, Anda tidak bisa setia dalam segenap rumah Allah, tanpa buah pengendalian diri, walaupun Anda menghasilkan kedelapan buah Roh yang lainnya.

Misalnya, Anda sudah berjanji mengadakan pertemuan dengan seorang teman di suatu tempat setelah kebaktian kelompok sel. Akan terasa tidak sopan bagi teman Anda jika Anda menunda atau mengubah waktunya melalui telepon bukan karena kebaktian kelompok sel itu berlangsung terlambat, tetapi karena Anda tetap tinggal di sana setelah kebaktian untuk ngobrol dengan orang-orang di situ. Dengan tanda yang sama, bagaimana bisa Anda setia dalam segenap rumah Allah jika Anda tidak bisa memegang janji yang ringan saja atau komitmen kecil seperti ini, tanpa memiliki buah pengendalian diri? Anda harus sadar bahwa Anda akan setia dalam segenap rumah Allah hanya ketika hidup Anda dalam keseimbangan dengan buah pengendalian diri.

Kasih Rohani, Buah Roh dan Keberkatan

Keberkatan turun atas Anda di saat Anda telah memiliki kasih rohani dan buah Roh Kudus serta mempraktekkannya. Keberkatan merujuk kepada karakter seseorang sebagai sebuah wadah dan Anda dapat setia dengan sempurna dalam segenap rumah Allah hanya jika Keberkatan turun sepenuhnya kepada Anda dengan bertindak dan hidup seperti apa yang Anda tanam di dalam hati.

Sepanjang sejarah Korea, para penasehat yang setia kepada raja menjadikan masalah pemerintahan sebagai masalah mereka sendiri. Dengan begini, para penasehat ini dapat melayani para raja dan membantu mereka membuat keputusan yang tepat, walaupun itu berarti kadang-kadang mereka sendiri harus menderita atau bahkan mengalami kematian. Mereka tidak hanya mengasihi raja mereka, tetapi juga mengasihi seluruh negeri seperti mereka mengasihi dirinya sendiri, dan bertindak dengan dasar itu.

Di lain pihak, para penasihat setia ini juga melayani raja mereka sampai akhir walaupun berisiko kehilangan nyawa mereka sendiri. Namun, beberapa penasihat ada yang terlihat setia kepada rajanya tetapi mengundurkan diri dan hidup mengasingkan diri ketika raja berulang kali tidak mengikuti nasihat dan pertimbangan mereka yang tulus. Padahal, penasehat dan rakyat yang sungguh-sungguh setia tidak bersikap seperti itu. Mereka setia sampai akhir kepada raja walaupun jika sang raja mengabaikna mereka dan menolak nasihat mereka. Sang raja dapat menolak mereka, menolak pemikiran mereka, atau mempermalukan mereka tanpa alasan. Tetapi, mereka tidak merasa marah terhadap sang raja dan tidak berubah pikiran walaupun jika mereka harus kehilangan nyawa.

Karakter seseorang sebagai sebuah wadah dan karakter dari hatinya

Untuk dapat mengerti dengan jelas apa yang dimaksud dengan "menjadi setia di dalam segenap rumah Allah," pertama-tama mari kita periksa karakter seseorang sebagai sebuah wadah dan karakter dari hatinya.

Ukuran dari karakter seseorang sebagai wadah berbeda bagi

masing-masing orang, bergantung kepada seberapa banyak ia menanam hal baik ke dalam hatinya, atau seberapa banyak ia mengubah hatinya menjadi sebuah hati yang lembut. Karena itu, karakter seseorang sebagai sebuah wadah ditentukan oleh apakah ia melakukan apa yang diperintahkan kepadanya atau apakah dia taat atau tidak.

Lalu, apakah yang menjadi perbedaan besar dalam karakter seseorang sebagai sebuah wadah? Hal itu tergantung kepada bagaimana dan seperti apa hati seseorang terhadap firman Allah dan seberapa banyak ia melakukan apa yang ia pelihara di dalam hatinya. Demikianlah mereka yang merupakan wadah yang baik memelihara firman Allah dan merenungkan dalam hati mereka seperti yang dilakukan oleh Maria. *"Tetapi Maria menyimpan segala perkara itu di dalam hatinya dan merenungkannya"* (Lukas 2:19).

Karakter dari hati setiap orang berbeda, tergantung pada bagaimana ia meluaskan pikirannya dalam melaksanakan kewajibannya atau seberapa baik ia menggunakan pikirannya dalam melakukan tugasnya. Dengan contoh dari berbagai cara di mana orang merespon keadaan yang sama, saya akan menggolongkan tindakan setiap orang yang diakibatkan oleh karakter hati yang berbeda ke dalam empat kategori.

Orang yang pertama melakukan lebih dari pada apa yang diperintahkan kepadanya. Misalnya, ketika orangtua menyuruh anaknya untuk memungut sampah dari lantai, ia tidak hanya membersihkan lantai tetapi juga menyikat debu, membersihkan setiap sudut ruangan, dan mengosongkan tempat sampah. Anak ini memberi sukacita dan kepuasan kepada orangtuanya karena ia melakukan hal-hal melebihi pengharapan mereka. Seberapa besar ia akan disayangi oleh orangtuanya? Diaken Stephen dan Phillip adalah orang yang seperti itu. Mereka adalah orang-orang yang berpikiran terbuka sehingga mereka dapat melakukan tanda-tanda ajaib dan mukjizat yang luar biasa di antara orang-orang seperti yang dulu diperbuat oleh para rasul (Kisah Para Rasul 6).

Orang yang kedua adalah orang yang hanya melakukan apa yang diperintahkan kepadanya. misalnya, jika seorang anak hanya memungut potongan sampah dari lantai sesuai dengan perintah orangtuanya, ia mungkin disayangi oleh orangtuanya karena dia menaati mereka tetapi mungkin ia tidak menyenangkan mereka.

Orang yang ketiga adalah orang yang tidak melakukan apa yang seharusnya dia lakukan. Ia adalah orang yang sangat berhati dingin dan apatis sehingga ia merasa terganggu bahkan hanya dengan disuruh untuk melakukan suatu pekerjaan. Orang seperti itu, yang mengaku mengasihi Allah tetapi tidak berdoa atau menjaga domba-domba Yesus, masuk ke dalam kelompok ini. Dari salah satu perumpaan Yesus, imam dan orang Lewi yang melewati orang yang dirampok di seberang jalan, juga masuk ke dalam kelompok ini (Lukas 10). Karena orang yang seperti ini tidak memiliki kasih, mereka mungkin melakukan apa yang paling dibenci Allah, seperti bersikap sombong, melakukan perzinahan, dan mengkhianati-Nya.

Orang yang terakhir membuat masalah menjadi lebih parah dan benar-benar menghalangi terselesaikannya sebuah tugas. Akan jauh lebih baik baginya untuk tidak memulai tugas itu sedari mula. Jika ada seorang anak yang memecahkan pot bunga karena marah pada orangtuanya akibat disuruh untuk memungut sampah, maka ia masuk ke dalam kelompok ini.

Hati yang pemurah dan kesetiaan di dalam segenap rumah Allah

Saya sudah menjelaskan keempat kategori dari karakter seseorang, dan masing-masing orang dapat diakui memiliki wadah yang besar saat ia melakukan tugasnya melebihi apa yang diharapkan darinya. Itu karena derajat seseorang sebagai sebuah wadah bergantung pada seberapa besar ia meluaskan pikirannya dengan harapan dan seberapa tulus ia berusaha. Sama saja ketika ia melakukan apa pun di gereja, di tempat kerja atau di rumah.

Karenanya , ketika seseorang diberikan suatu tugas, jika ia taat dengan "Amin", ia dapat dianggap sebagai wadah yang besar. Orang tersebut dapat dianggap sebagai orang yang murah hati ketika ia tidak hanya taat pada apa yang diperintahkan kepadanya tetapi juga melakukannya melebihi harapan dengan ketulusan dan pikiran yang luas. Dalam pengertian ini, menjadi setia di dalam segenap rumah Allah berhubungan dengan ukuran kemurahan hati. Ketulusan setiap orang berbeda-beda menurut ukuran kemurahan hati.

Mari kita periksa beberapa orang yang telah setia dalam segenap rumah Allah. Dalam Bilangan 12:7-8 Anda menyadari betapa besar Allah mengasihi Musa, yang setia di dalam semua rumah-Nya. Ayat-ayat ini memberitahu kita betapa pentingnya untuk setia di dalam segenap rumah Allah:

Bukan demikian hamba-Ku Musa, seorang yang setia

dalam segenap rumah-Ku; Berhadap-hadapan Aku berbicara dengan dia, terus terang, bukan dengan teka-teki, dan ia memAndang rupa TUHAN. Mengapakah kamu tidak takut mengatai hamba-Ku Musa?

Musa tidak hanya mempunyi kasih yang tetap dan hati yang tidak berubah bagi Allah, tetapi juga memiliki sikap yang sama kepada rakyatnya dan keluarganya, dan melakukan tugasnya tanpa pernah berubah pikiran. Ia selalu dapat memilih perkara-perkara kekal dari Allah terlebih dulu, bukan kemuliaan dan kekayaannya, dan memperkenan Allah dengan iman. Ia begitu setia sehingga ia bahkan meminta Allah untuk menyelamatkan umatnya dengan risiko kehilangan nyawanya saat orang-orang Israel berbuat dosa.

Bagaimana Musa menanggapi ketika orang Israel membuat patung anak lembu emas dan menyembahnya, ketika dia turun dengan loh batu bertuliskan Sepuluh Perintah Allah setelah berpuasa selama 40 hari? Kebanyakan orang, dalam keadaan seperti itu, mungkin akan berkata, "Aku tidak tahan lagi atas orang-orang ini ya, Allah! Perbuatlah sesuai keinginan-Mu!"

Namun, Musa dengan sungguh-sungguh meminta Allah untuk mengampuni dosa-dosa mereka. Ia siap dan bersedia untuk mengorbankan nyawanya, sebagai jaminan, dari lubuk hatinya, dengan kasih yang melimpah bagi mereka.

Sama halnya dengan Abraham, bapa orang beriman. Ketika Allah berencana untuk menghancurkan kota Sodom dan Gomora, Abraham tidak menganggap hal itu tidak ada hubungan dengan dirinya. Sebaliknya, Abraham memohon kepada Allah untuk menyelamatkan penduduk Sodom dan

Gomora: *"Bagaimana sekiranya ada lima puluh orang benar dalam kota itu? Apakah Engkau akan melenyapkan tempat itu dan tidakkah Engkau mengampuninya karena kelima puluh orang benar yang ada di dalamnya itu?"* (Kejadian 18:24)

Lalu ia meminta belas kasihan Allah supaya jangan memusnahkan kota-kota itu jika ada 45 orang benar dan, kemudian ia terus saja menanyakan kepada Allah bagaimana jika jumlah orang benar itu ada 40, 30, 25, 20 atau 10. Akhirnya, Abraham menerima jawaban akhir dari Allah: *"Aku tidak akan memusnahkannya karena yang sepuluh itu"* (Kejadian 18:32). Walaupun demikian, akhirnya kedua kota itu dihancurkan karena bahkan tidak ada 10 orang benar di dalamnya.

Lagipula, Abraham melepaskan haknya kepada Lot untuk memilih tanah yang baik ketika tanah tempat mereka tinggal tidak cukup lagi bagi mereka, karena harta milik mereka yang begitu banyaknya. Lot memilih untuk dirinya sendiri daerah yang terlihat baik baginya dan pergi ke sana.

Beberapa waktu kemudian, Sodom dan Gomora dikalahkan dalam perang dan banyak orang yang ditawan termasuk Lot, keponakan Abraham. Kemudian, dengan risiko kehilangan nyawanya, Abraham mengejar musuh dengan 318 bala bantuan, menyelamatkan Lot dan tawanan lainnya dan mengambil kembali harta mereka.

Pada waktu itu raja Sodom memberi salam kepada Abraham dan berkata kepadanya, *"Berikanlah kepadaku orang-orang itu, dan ambillah untukmu harta benda itu"* (ayat 21). Tetapi Abraham tidak mengambil apa pun dari jarahan itu, dan berkata, *"Aku tidak akan mengambil apa-apa dari kepunyaanmu itu, sepotong benang atau tali kasutpun tidak,"* (ayat 23). Ia memang mengembalikan semua barang itu kepada raja Sodom (kejadian 14:1-24).

Demikian juga, Abraham memiliki karakter yang setia ketia ia bertemu atau berhubungan dengan siapa saja, tidak menyakiti atau mengganggu orang lain. Ia tidak hanya menghibur orang-orang dan memberi mereka kesenangan dan harapan, tetapi juga mengasihi dan melayani mereka dengan tulus.

Bagaimana menjadi setia dalam segenap rumah Allah

Musa dan Abraham adlaah orang-orang yang sangat murah hati, dan mereka tulus, sempurna, serta benar tanpa mengabaikan apa pun. Apa yang harus Anda lakukan untuk menjadi setia dalam segenap rumah Allah?

Pertama-tama, Anda harus menguji segala sesuatu dan berpegang pada kebaikan tanpa memadamkan api Roh Kudus dan merendahkan nubuatan. Dengan kata lain, Anda harus melihat, mendengar, dan memikirkan tentang kebaikan, berbicara kebenaran, dan hanya pergi ke tempat-tempat yang baik.

Yang kedua, Anda harus menyangkal dan mengorbankan diri Anda dengan kasih rohani bagi kerajaan Allah dan kebenaran-Nya. Untuk dapat melakukannya, Anda harus menyalibkan sifat alami dosa dengan nafsu dan keinginan-keinginannya. Anda akan dapat menentukan apakah yang harus menjadi prioritas dalam hidupmu dan melakukan apa yang menyenangkan hati Allah, ketika Anda merindukan hal-hal rohani dan tidak terikat oleh dunia.

Anda harus berusaha dengan sungguh-sungguh untuk

memiliki iman yang memperkenan Allah hingga ke titik yang paling penuh jika Anda sudah berdiri di atas batu karang iman. Jika Anda memiliki iman untuk mengasihi Allah hingga ke titik yang paling penuh, maka Anda harus masuk ke dalam dimensi di mana Anda dapat memperkenan Allah dengan menjadi setia di dalam semua rumah-Nya.

Memiliki iman untuk memperkenan Allah dapat diumpamakan seperti lulus kuliah atau sekolah. Setelah kelulusan, Anda masuk ke dalam dunia dan dapat menerapkan semua yang telah Anda pelajari di sekolah untuk menjadi berhasil di dunia.

Serupa juga, ketika Anda mencapai tingkat keempat iman, alam rohani yang lebih dalam akan tersingkap di hadapan Anda karena alam rohani besarnya tak terbatas kedalaman, luas dan tingginya.

Saat Anda memasuki tingkat kelima iman, Anda jadi mengerti hati Allah yang dalam dan pemurah sampai ke tahap tertentu. Anda akan dapat mengerti betapa besar kasih yang dimiliki Allah, dan betapa penuh kasih, belas kasihan, pengampunan, kemurahan hati, dan kebaikan yang ada pada Allah. Anda juga akan dapat mengalami kasih-Nya yang besar karena Anda merasa bahwa Tuhan sedang berjalan bersama Anda dan meluap dalam tangisan karena memikirkan Tuhan.

Karenanya, Anda harus menjadi orang yang sangat murah hati dan lebih taat, mengabdi, dan mengasihi, karena tahu bahwa ada perbedaan besar antara tingkat keempat dan kelima iman dalam hal kasih rohani dan pengorbanan. Saya juga mengharapkan supaya Anda akan menerima segalanya dari

Allah dengan jenis iman yang dapat menyenangkan Dia, dan supaya Anda akan cukup diberkati untuk menunjukkan tanda-tanda dan mukjizat dengan tekun berdoa.

Semoga Anda akan menikmati semua berkat yang telah disiapkan Allah bagi Anda, dalam nama Yesus Kristus saya berdoa!

Bab 9

TANDA-TANDA YANG MENYERTAI MEREKA YANG PERCAYA

UKURAN IMAN

~

"Tanda-tanda ini akan menyertai
mereka yang percaya:
mereka akan mengusir setan demi nama-Ku,
mereka akan berbicara dalam bahasa-bahasa yang baru;
mereka akan memegang ular,
dan sekalipun mereka minum racun maut,
mereka tidak akan mendapat celaka;
mereka akan meletakkan tangannya atas orang sakit,
dan orang itu akan sembuh."

(Markus 16:17-18)

~

Kita mendapati bahwa Yesus melakukan banyak tanda-tanda dalam Alkitab. Tanda-tanda tersebut dilakukan oleh kuasa Allah melampaui batas kemampuan manusia. Apakah tanda pertama yang dilakukan oleh Yesus?

Yaitu pada peristiwa mengubah air menjadi anggur pada pesta pernikahan di Kana Galilea, seperti dijabarkan dalam Yohanes 2:1-11. Saat Yesus mengetahui bahwa anggur telah habis, ia meminta pelayan untuk mengisi enam bejana batu dengan air sampai meluap. Mereka kemudian membagikannya dan menyerahkannya kepada tuan rumah, dan kemudian tuan rumah tersebut yang mencicipi anggur tersebut yang berasal dari air, memuji rasa anggur tersebut.

Kenapa Yesus Anak Allah mengubah air menjadi anggur sebagai tanda pertama yang Ia lakukan? Peristiwa tersebut memiliki sejumlah arti rohani. Kana di Galilea melambangkan dunia ini dan pesta pernikahan mewakili akhir jaman dari dunia ini di mana orang-orang makan, dan minum, dan ternoda sepenuhnya dengan kejahatan (Matius 24:37-38). Air melambangkan firman Allah dan anggur adalah darah berharga Yesus Kristus.

Oleh karena itu, tanda dari mengubah air menjadi anggur menunjukkan bahwa darah Yesus pada saat penyaliban-Nya akan menjadi darah yang memberikan hidup kekal bagi umat manusia. Orang-orang memuji rasa anggur tersebut. Hal ini berarti bahwa orang-orang bersukacita karena dosa-dosa mereka diampuni dengan meminum darah Yesus dan memperoleh harapan akan surga.

Diawali dengan tanda pertama ini, Yesus menunjukkan banyak tanda-tanda mukjizat. Ia menyelamatkan anak yang sekarat, melakukan mukjizat dengan memberi makan lima ribu orang dengan lima roti dan dua ikan; mengusir setan, membuat yang buta melihat, dan membuat Lazarus, yang telah mati selama empat hari, hidup kembali.

Jadi, apa tujuan utama Yesus melakukan tanda-tanda seperti itu? Yaitu untuk menyelamatkan orang-orang dan membuat mereka memiliki iman sebagaimana yang Ia katakan dalam Yohanes 4:48, *"Jika kamu tidak melihat tanda dan mujizat, kamu tidak percaya."* Itulah kenapa, bahkan sekarang pun, Allah, yang mengasihi jiwa sebagai lebih berharga daripada seluruh alam semesta, memperlihatkan kepada kita banyak tanda melalui mereka yang memiliki iman dan mampu untuk menyumbangkan kehidupan mereka untuk menyelamatkan manusia.

Sekarang mari kita lihat lebih detil pada berbagai tanda yang menyertai mereka yang memiliki iman yang berkenan kepada Allah.

1. Mengusir Setan

Alkitab mengatakan dengan jelas kepada Anda mengenai keberadaan setan, meskipun banyak orang saat ini menyangkal, "Setan tidak ada". Setan adalah sejenis roh jahat yang melawan

Allah. Pada umumnya, setan memainkan tipu muslihat pada orang yang menyembah berhala dengan memberikan mereka ujian dan masalah, dan membuat orang seperti itu melayani mereka dengan lebih giat lagi.

Tapi, Anda harus menyingkirkan dan mengambil alih apabila Anda memiliki iman sejati, karena Yesus mengtakan kepada kita, *"Tanda-tanda ini menyertai mereka yang percaya: mereka akan mengusir setan demi nama-Ku"*.

Kita juga menemukan dalam Yohanes 1:12 yang mengatakan, *"Tetapi semua orang yang menerima-Nya diberi-Nya kuasa supaya menjadi anak-anak Allah, yaitu mereka yang percaya dalam nama-Nya."* Betapa memalukannya apabila Anda sebagai anak Allah takut kepada setan atau malah menjadi pelaku tipu daya setan?

Terkadang, orang percaya baru tanpa iman rohani diganggu oleh setan saat mereka pergi ke gunung doa untuk berdoa dalam pengasingan. Sebagian orang bahkan dapat dikuasai oleh setan karena mereka meminta karunia dan kuasa Allah sementara mereka tidak berusaha untuk menyingkirkan kejahatan mereka.

Oleh karena itu, Orang-orang percaya baru harus diserrtai dengan pemimpin rohani yang mampu untuk mengusir setan dalam nama Yesus Kristus, saat mereka pergi ke kunung doa, dan barulah mereka dapat berdoa tanpa gangguan.

Mengusir setan dalam nama Yesus Kristus

Hal ini serupa dengan pendeta dan para pekerja gereja saat mereka mengunjungi anggota gereja. Pertamakali mereka harus mengusir setan melalui hal-hal rohani yang nyata, baru kemudian mereka yang menerima kunjungan akan mampu untuk membuka hati mereka, dan menerima anugerah Allah dan memperoleh iman oleh pesan mereka. Tapi, kunjungan akan berantakan apabila Anda mengunjungi anggota gereja tanpa mengusir setan terlebih dahulu. Anggota yang Anda kunjungi tersebut tidak akan membuka hati mereka sehingga ia tidak akan mampu untuk menerima anugerah dan memiliki iman. Orang dengan mata rohani terbuka dapat dengan mudah melihat roh jahat yang tersembunyi. Sebagian dari mereka malah sepenuhnya dirasuki setan, tapi dalam banyak peristiwa, orang-orang hanya sebagian saja dikendalikan oleh setan dalam pikiran mereka.

Mereka berbuat yang melawan kebenaran saat Setan bekerja dalam pikiran mereka karena mereka masih memiliki iman yang lemah atau memiliki dosa mula-mula seperti kecabulan, mencuri, marah, iri dan dengki. Hati manusia dapat berubah apabila mereka mendengar pesan yang dibawa oleh pendeta yang memiliki cukup kuasa rohani untuk mengusir setan dalam nama Yesus Kristus.

Orang-orang akan bertobat dengan air mata karena hati mereka digerakkan dengan dalam atau menyadari dosa-dosa mereka ketika pendeta menyampaikan pesan dengan kuasa Allah yang diberikan kepadanya. Mereka juga akan diberikan iman dan kekuatan untuk berjuang melawan dosa. Setelah beberapa bulan, mereka dapat melihat berapa banyak mereka berubah dalam sifat dan iman. Dengan cara ini, menjadi mungkin untuk mereka berubah bahkan dalam kebenaran.

Dalam empat injil, Anda melihat bahwa banyak orang diubah menjadi halus pembawaannya setelah mereka bertemu Yesus Kristus. Sebagai contoh, meskipun rasul Yohanes merupakan orang yang bertemperamen tinggi dan dijuluki anak guruh (Markus 3:17), ia berubah dan dipanggil sebagai "rasul kasih" sejak ia bertemu Yesus.

Serupa dengan itu, seseorang dengan iman sempurna mampu untuk mengubah orang lain seperti yang dilakukan Yesus. Ia juga mampu mengusir setan dalam nama Yesus Kristus karena ia memiliki kuasa untuk mengendalikan Setan.

Bagaimana cara untuk mengusir setan

Terdapat perbedaan kasus dalam mengusir setan. Terkadang, setan pergi setelah didoakan satu kali, dan di lain waktu setan tidak pergi bahkan setelah Anda berdoa ratusan kali. Apabila iman seseorang dikuasai setan karena Allah memalingkan wajah-Nya dari orang tersebut setelah ia mengecewakan Allah, setan dalam diri orang tersebut akan dengan mudah diusir setelah ia menerima doa dengan bertobat dan mencucurkan air mata. Ini karena ia telah memiliki iman dan mengetahui firman Allah.

Dalam kasus seperti apa yang sulit untuk mengusir setan bahkan dengan doa yang banyak? Yaitu apabila setan yang sangat jahat merasuki seseorang yang tidak memiliki iman dan tidak mengetahui kebenaran. Dalam kasus seperti itu, tidak mudah baginya untuk memiliki iman sementara dirasuki setan karena kejahatan terlalu berakar di dalam hatinya. Untuk membebaskannya, seseorang harus membantu orang tersebut untuk memperoleh iman, memahami kebenaran, bertobat, dan meruntuhkan dinding dosa.

Juga, apabila ada masalah dalam kehidupan orang tua dalam Kristus, anak terkasih mereka mungkin saja dirasuki setan.

Dalam kasus seperti itu, anak tersebut tidak akan dilepaskan dari setan sampai orang tuanya bertobat dari dosa-dosa mereka, menerima keselamatan dan berdiri kokoh di atas batu karang iman.

Ada kasus di mana seseorang dipengaruhi oleh kuasa kegelapan. Anda mungkin saja mendapati seseorang yang menjalani hidup menderita dalam iman karena ia sulit untuk membuka hatinya, dan pemikiran duniawi, keraguan, dan kelelahan mencegahnya untuk mendengar pesan meskipun ia telah berusaha keras melakukannya.

Kasus seperti itu dapat terjadi karena kuasa kegelapan dapat bekerja pada salah satu anggota keluarga apabila nenek moyangnya dulu menyembah berhala atau orangtuanya adalah tukang sihir atau penyembah berhala. Namun demikian, setan akan meninggalkannya, dan ia dan keluarganya akan diselamatkan apabila ia berubah menjadi anak terang dengan rajin mendengarkan firman Allah dan berdoa sungguh-sungguh.

Tapi, Allah sangat membenci keberhalaan yang membuat dinding tebal dosa antara Allah dan penyembah berhala. Sebagai akibatnya, ia harus tetap berjuang dengan dirinya sendiri untuk hidup dalam kebenaran sampai air matanya meruntuhkan dinding dosa. Ia dapat dengan cepat dibebaskan tergantung pada rajin tidaknya ia berdoa dan berubah.

Pengecualian di mana setan tidak mau pergi

Dalam kasus seperti apa setan tidak mau pergi meskipun seseorang memerintahkannya dalam nama Yesus Kristus.

Setan tidak mau pergi apabila seseorang pernah percaya

dalam Tuhan tapi hati nuraninya telah terbakar seperti besi panas setelah ia berpaling jauh dari Tuhan. Ia tidak dapat kembali kepada Tuhan meskipun apabila ia berusaha karena hati nuraninya yang baik telah digantikan sepenuhnya dengan kesesatan.

Itulah kenapa dalam 1 Yohanes 5:16 kita menemukan, *"Ada dosa yang mendatangkan maut; tentang itu tidak kukatakan bahwa ia harus berdoa."* Dengan kata lain, Allah tidak menjawabnya meskipun apabila ia berdoa.

Apa dosa yang mendatangkan maut? Yaitu menghujat atau berkata-kata yang melawan Roh Kudus. Orang yang melakukan dosa ini tidak dapat diampuni baik di masa kini maupun di masa yang akan datang. Oleh karena itu, orang seperti itu tidak akan pernah diselamatkan meskipun ia berdoa terus menerus.

Dalam Matius 12:31, Yesus mengatakan kepada kita bahwa menghujat terhadap Roh Kudus tidak akan diampuni. Menghujat terhadap Roh artinya adalah mengganggu pekerjaan Roh Kudus dengan pemikiran jahat, menilai dan mengutuknya atas kehendaknya sendiri. Sebagai contoh, adalah hujatan apabila orang-orang menilai gereja di mana pekerjaan Allah terjadi sebagai "bidah", membuat pengakuan yang salah dan menyebarkan isu tentang gereja tersebut (Markus 3:20-30).

Yesus juga mengatakan dalam Matius 12:32, *"Apabila seorang mengucapkan sesuatu menentang Anak Manusia, ia akan diampuni, tetapi jika ia menentang Roh Kudus, ia tidak akan diampuni, di dunia ini tidak, dan di dunia yang akan datangpun tidak".* Juga dalam Lukas 12:10 Yesus mengingatkan kita, *"Setiap orang yang mengatakan sesuatu melawan Anak Manusia, ia akan diampuni, tetapi barangsiapa yang menghujat Roh Kudus, ia tidak akan diampuni ".*

Siapapun yang berkata-kata melawan Anak Allah, karena ia tidak mengetahui-nya, dapat diampuni dosa-dosa-nya. Tapi, orang yang menghujat dan berkata-kata melawan Roh Kudus tidak dapat diampuni dan akan pergi ke jalan maut karena ia menghalangi pekerjaan Allah dan menghujat Roh meskipun apabila ia telah menerima Yesus Kristus dan menerima Roh Kudus. Oleh karena itu, Anda seharusnya tidak melakukan dosa menghujat terhadap Roh dan berkata-kata yang melawan Roh Kudus, memahami bahwa dosa-dosa ini tidak mungkin diampuni, apalagi menerima keselamatan.

Ibrani 10:26 mengatakan kepada kita bahwa apabila seseorang dengan segaja tetap melakukan dosa bahkan setelah ia menerima pengetahuan kebenaran, maka tidak ada lagi korban untuk menghapus dosa itu. Ia mengetahui dengan baik apa itu dosa melalui firman Allah dan ia seharusnya tidak melakukan hal-hal jahat.

Tapi, apabila ia melakukan dosa terus menerus dan mengetahuinya, maka hati nuraninya perlahan-lahan menjadi tidak peka untuk melakukan dosa dan dibakar seperti dengan besi panas. Pada akhirnya, ia akan diabaikan karena ia tidak dapat menerima roh pertobatan.

Selain itu, untuk mereka yang pernah diterangi hatinya, yang pernah mengecap karunia surgawi, dan yang pernah mendapat bagian dalam Roh Kudus, dan yang mengecap firman yang baik dari Allah dan karunia-karunia dunia yang akan datang, namun yang murtad lagi, tidak mungkin dibaharui sekali lagi sedemikian, hingga mereka bertobat, sebab mereka menyalibkan lagi Anak Allah bagi diri mereka dan menghina-Nya di muka umum (Ibrani 6:4-6).

Untuk orang-orang seperti itu yang telah menerima Roh Kudus, memiliki pengetahuan surga dan neraka, dan mengetahui Firman Allah, tapi masih tetap tergoda oleh dunia, merendahkan dan tidak menghargai kemuliaan Allah, maka tidak ada kesempatan tobat yang akan diberikan.

Kecuali untuk beberapa kasus yang disebutkan di atas, di mana Allah tidak akan membantu mereka, Anda dapat mengendalikan Setan dan iblis. Inilah kenapa roh jahat tidak dapat diusir apabila Anda memerintah mereka dalam nama Yesus Kristus.

Berdoa terus menerus ketika hidup sepenuhnya dalam kebenaran

Betapa menderitanya pelayan atau pekerja Allah apabila roh jahat tidak mau pergi meskipun mereka memerintahkan iblis dalam nama Yesus Kristus. Secara alami Anda perlu menerima kuasa untuk mengendalikan iblis dan setan. Untuk dapat melakukan tanda-tanda yang menyertai mereka yang percaya, Anda harus mencapai keadaan yang berkenan kepada Allah dengan tidak hanya berdiam sepenuhnya dalam kebenaran dengan kasih kepada Allah dari dalam hati Anda, tapi juga harus berdoa dengan rajin dan terus menerus.

Sesaat setelah saya mendirikan gereja, seorang anak muda yang terkena epilepsi datang dari Propinsi Gang-won untuk bertemu saya setelah mendengar berita pada kebaktian penyembuhan saya. Meskipun ia berpikir bahwa ia telah melayani Allah dengan baik sebagai guru pada sekolah minggu dan anggota dari paduan suara, ia tidak berusaha untuk menyingkirkan dosa-dosanya tapi malah tetap melakukan dosa karena ia sangat sombong. Sebagai akibatnya, roh jahat akan masuk ke dalam pikirannya dan orang tersebut akan sangat menderita.

Pekerjaan penyembuhan diwujudkan karena doa dan dedikasi sungguh-sungguh dari ayahnya untuk anaknya. Saat saya menjelaskan keberadaan setan dan mengusirnya keluar oleh doa, anak muda tersebut menjadi tidak sadar dan busa dengan bau busuk keluar dari mulutnya. Anak muda tersebut kembali ke rumah setelah ia melindungi diri dengan firman Allah di gereja saya dan menjadi manusia baru dalam Kristus. Setelah itu, saya mendengar bahwa ia dengan setia melayani gerejanya dan memberikan kesaksian atas penyembuhannya.

Selain itu, saat ini banyak orang terbebas dari iblis atau kuasa kegelapan melampaui ruang dan waktu melalui doa dengan saputangan yang dengannya saya berdoa.

Pada satu kesempatan, seorang anak muda dari Ul-san, Propinsi Kyungnam dipukuli dengan parah oleh kakak kelas dan teman-temannya selama tahun pertamanya di SMA, karena ia menolak untuk merokok. Sebagai akibatnya, anak muda tersebut mengalami penderitaan hebat, dan akhirnya menjadi dirasuki setan, dan dirawat pada lembaga penyembuhan mental selama tujuh bulan. Tapi, ia terbebas dari roh jahat setelah menerima doa dengan saputangan yang sudah saya doakan. Kesehatannya pulih dan sekarang ia menjadi pekerja hebat di gerejanya.

Pekerjaan seperti itu juga terjadi di luar negeri. Sebagai contoh, di Pakistan, seseorang telah menderita akibat roh jahat selama empat tahun tapi ia terbebas dari roh jahat tersebut melalui doa dengan saputangan, dan menerima Roh Kudus dan karunia berbicara dalam bahasa-bahasa baru.

2. Berbicara Dengan Bahasa-bahasa Baru

Tanda-tanda kedua dari mereka yang percaya adalah berbicara dalam bahasa-bahasa yang baru. Apa artinya berbicara dengan bahasa-bahasa yang baru?

1 Korintus 14-15 mengatakan, *"Aku akan berdoa dengan roh dan aku akan berdoa juga dengan akal budi; Aku akan menyanyi dengan roh dan aku akan menyanyi dengan akal budi juga."* Anda mampu melihat bahwa roh berbeda dengan pikiran. Apa perbedaan antara roh dengan pikiran?

Ada dua jenis pikiran dalam hati seseorang: Pikiran benar dan pikiran sesat. Pikiran benar adalah roh, yaitu pikiran putih. Pikiran sesat adalah daging, yaitu pikiran hitam. Setelah Anda menerima Yesus Kristus, hati Anda diisi dengan roh sebanyak Anda berdoa dan menyingkirkan dosa dengan hidup oleh Firman Allah, karena kesesatan dicabut keluar.

Pada akhirnya, hati Anda akan dipenuhi oleh iman sedikit demi sedikit, tanpa ada kesesatan yang tersisa apabila Anda mencapai tingkat keempat iman untuk mengasihi Allah pada tingkat sepenuhnya. Selain itu, apabila Anda memiliki iman yang berkenan kepada Allah, hati Anda akan diisi penuh dengan roh, dan ini disebut dengan "roh sepenuhnya". Pada tahap ini, pikiran Anda adalah roh dan roh adalah pikiran Anda.

Untuk berbicara dengan bahasa-bahasa baru

Apabila roh seperti itu bersama Anda saat Anda berdoa kepada Allah dalam ilham Roh Kudus, ini disebut dengan "berdoa dalam bahasa-bahasa baru". Berdoa dalam bahasa-bahasa baru adalah percakapan antara Anda dengan Allah dan sebaliknya, ini sangat menguntungkan untuk kehidupan Anda dalam Kristus karena Setan tidak akan mampu mencuri dengar percakapan ini.

Karunia berbicara dalam bahasa-bahasa baru umumnya diberikan kepada anak Allah apabila ia berdoa dengan sungguh-sungguh dalam kepenuhan Roh Kudus. Allah ingin memberikan karunia untuk setiap anak-Nya.

Apabila Anda berdoa terus menerus dalam bahasa-bahasa baru, Anda akan mampu untuk secara tidak sadar menyanyikan lagu dalam bahasa-bahasa baru, dansa, atau bahkan membuat gerakan ritmik dalam inspirasi Roh Kudus. Bahkan seseorang yang biasanya tidak bagus dalam bernyanyi dapat bernyanyi dengan sangat merdu dan seseorang yang biasanya tidak mahir dalam berdansa dapat berdansa lebih baik dibanding penari profesional karena Roh Kudus sepenuhnya yang mengatur mereka.

Selain itu, seseorang akan memiliki pengalaman rohani baru melalui berbicara dalam bahasa yang berbeda apabila ia masuk ke tingkat yang lebih dalam. Ini disebut "berbicara dengan bahasa-bahasa baru". Anda akan mampu untuk berbicara dalam bahasa-bahasa baru pada saat Anda berdoa dalam bahasa pada tingkat kelima iman.

Cukup penuh kuasa untuk mengusir Setan

Berbicara dalam bahasa-bahasa baru sangat penuh kuasa sehingga Setan takut dan menyingkir. Anggap Anda menghadapi seorang pencuri yang ingin menusuk Anda dengan pisau. Pada saat itu, Allah mampu untuk mengubah pikirannya atau mengirim seorang malaikat untuk menekuk lengannya apabila Anda berdoa dalam bahasa yang baru.

Juga, apabila Anda merasa tidak mudah atau merasa seperti berdoa di suatu tempat, ini karena Allah mendorong pikiran Anda melalui Roh Kudus; Ia sudah mengetahui bahwa kejadian itu akan berlangsung.

Oleh karena itu, apabila Anda berdoa dalam ketaatan untuk pekerjaan Roh Kudus, Anda akan mampu untuk mencegah bencana yang tidak terduga atau kecelakaan karena iblis meninggalkan Anda dan Allah membimbing Anda untuk menghindarinya.

Jadi, dengan berbicara dalam bahasa baru, Anda dilindungi dan dapat mencegah ujian dan kesulitan di rumah, pada pekerjaan atau bisnis, atau dimanapun tanpa campur tangan setan dan iblis.

3. Memegang Ular Dengan Tangan

Tanda ketiga yang menyertai mereka yang percaya adalah memegang ular dengan tangan. Merujuk kepada apakah "ular" itu?

Mari kita melihat pada Kejadian 3:14-15:

Lalu berfirmanlah TUHAN Allah kepada ular itu: "Karena engkau berbuat demikian, terkutuklah engkau di antara segala ternak dan di antara segala binatang hutan; dengan perutmulah engkau akan menjalar dan debu tanahlah akan kaumakan seumur hidupmu. Aku akan mengadakan permusuhan antara engkau dan perempuan ini, antara keturunanmu dan keturunannya; keturunannya akan meremukkan kepalamu, dan engkau akan meremukkan tumitnya."

Ini adalah adegan di mana ular tersebut dikutuk karena telah menggoda Hawa. Di sini, "perempuan" secara rohani merujuk kepada Israel, dan "keturunannya" merujuk pada Yesus Kristus. Karena itu, keturunan perempuan tersebut "[yang meremukkan kepala] ular" artinya yaitu Yesus Kristus akan menghancurkan kekuasaan maut Setan dan iblis. Dengan mengatakan "ular akan meremukkan tumitnya" maksudnya adalah Setan dan iblis menyalibkan Yesus.

Hal ini juga terlihat jelas bahwa "ular" merujuk kepada Setan dan iblis karena Wahyu 12:9 mengatakan, *"Dan naga besar itu, si ular tua, yang disebut Iblis atau Satan, yang menyesatkan seluruh dunia, dilemparkan ke bawah; ia dilemparkan ke bumi. Ia dilemparkan ke bumi, bersama-sama dengan malaikat-malaikatnya".*

Maka dari itu, "memegang ular" berarti bahwa Anda akan datang untuk memisahkan kumpulan Setan dan menghancurkannya dalam nama Yesus Kristus.

Menghancurkan jemaah Setan

Kita menemukan ayat berikut di dalam Kitab Wahyu:

"Aku tahu kesusahanmu dan kemiskinanmu (namun engkau kaya) dan fitnah mereka, yang menyebut dirinya orang Yahudi, tetapi yang sebenarnya tidak demikian: sebaliknya mereka adalah jemaah Iblis" (2:9).

"Lihatlah, beberapa orang dari jemaah Iblis, yaitu mereka yang menyebut dirinya orang Yahudi, tetapi yang sebenarnya tidak demikian, melainkan berdusta, akan Kuserahkan kepadamu. Sesungguhnya Aku akan menyuruh mereka datang dan tersungkur di depan kakimu dan mengaku, bahwa Aku mengasihi engkau" (3-9).

Disini, "Yahudi" sebagai orang yang dipilih Allah merujuk kepada mereka semua yang percaya dalam Allah. Mereka "yang menyebut dirinya orang Yahudi" merujuk kepada orang-orang yang memnghalangi pekerjaan Allah, menilai dan memfitnah bahwa pekerjaan Allah tidak masuk akal pikiran mereka, dan membenci serta mengeluarkan gerutuan kebencian dan kedengkian.

"Jemaah Setan" yaitu perkumpulan dua atau lebih orang dan berbicara satu sama lain dalam kesesatan, dan membuat masalah pada gereja. Sedikit orang yang menggerutu akan mengotori banyak orang dan akhirnya jemaah Setan akan terbentuk.

Tentu saja, usul dan proposal yang membangun harus

diterima untuk pembangunan gereja. Merupakan jemaah Setan, apabila sebagian anggota berselisih terhadap pelayan Allah, memecah gereja dengan alasan yang masuk akal, dan membentuk kelompok yang menentang kebenaran.

Meskipun gereja-gereja diisi dengan kasih dan kekudusan dan disatukan dalam kebenaran, ada banyak gereja yang doa dan kasihnya meredup, kebangkitan berakhir sama sekali, dan akibatnya kerajaan Allah tidak berdiri dengan kokoh, semua karena jemaah Setan.

Jemaah Setan, tidak dapat menggunakan kekuatannya apabila Anda dapat melihatnya dengan iman yang berkenan kepada Allah yaitu tingkat kelima iman.

Tidak pernah ada jemaah Setan di gereja saya sejak didirikan. Diawal-awal kependetaan saya, tentu saja, hal itu mungkin saja terjadi melalui sebagian orang yang pemikirannya dikendalikan oleh Setan karena para anggota gereja masih belum dilindungi dengan kebenaran.

Dalam setiap kesempatan, Allah memberi tahu saya dan menghancurkannya melalui pesan. Dengan cara ini, setiap usaha untuk membentuk gereja Setan dihancurkan. Saat ini, para anggota gereja saya mampu untuk membedakan dengan jelas kebenaran dari kesesatan. Mereka yang memasuki gereja dengan rahasia untuk membentuk jemaah Setan pergi atau bertobat karena di dalam sebagian mereka masih tertinggal hati yang baik. Dengan demikian, jemaah Setan tidak dapat dibentuk apabila tidak seorangpun yang membentuknya.

4. Tidak Ada Racun Yang Melukai Anda Sama Sekali

Tanda keempat yang menyertai mereka yang beriman adalah bahwa apabila mereka minum racun maut, racun tersebut tidak akan mencelakai mereka sama sekali. Apa artinya ini?

Dalam Kisah Para Rasul 28:1-6 ada kejadian di mana rasul Paulus digigit oleh seekor ular berbisa di pulau Malta. Para penduduk pulau mengira bahwa rasul Paulus akan bengkak atau segera menemui ajal (a. 6), tapi ia tidak mengalami sakit apapun. Setelah menunggu beberapa lama dan melihat tidak ada perubahan yang terjadi pada Paulus, para penduduk pulau mengubah pikiran mereka dan menganggapnya sebagai dewa (a. 6). Hal ini terjadi karena Paulus memiliki iman yang sempurna sehingga seekor ular berbisa pun tidak dapat mencelakainya.

Apabila seekor ular berbisa menggigit Anda

Orang-orang dengan iman sempurna tidak akan menjadi sakit atau terinfeksi oleh kuman, virus, tacun, apabila mereka terkena secara tidak sengaja, karena Allah membakar racun tersebut dengan api Roh Kudus.

Tetapi, apabila mereka meminumnya dengan sengaja mereka tidak dapat dilindungi karena hal ini sama saja dengan menguji Allah. Ia tidak menerima siapapun yang menguji-Nya kecuali untuk perpuluhan. Tapi, Anda dapat mengkonsumsi racun melalui racun makanan yang dimaksudkan untuk dengan sengaja mencelakai Anda.

Seorang pria dapat saja memberikan seorang perempuan

minuman dengan obat tidur untuk tujuan menggodanya, atau obat bius untuk mencuri atau mengambil uangnya. Pada peristiwa seperti ini, seseorang dengan iman sempurna akan dilindungi dan tidak mendapatkan bahaya karena racun tersebut akan dinetralkan oleh api Roh Kudus.

Api Roh Kudus membakar setiap racun

Pada akhir tahun ketiga saya di seminar teologi, saya merasa sakit yang menusuk di perut setelah minum minuman kaleng ketika saya sedang menyiapkan kebaktian kebangunan pertama saya. Saya merasa lega setelah berdoa dengan meletakkan tangan saya pada perut dan saya mengosongkan perut melalui diare. Saya tidak mengetahui bahwa minuman tersebut mengandung racun sampai hari itu.

Pada saat saya berdoa di Jochiwon, Propinsi Choongchung. Ada sebuah universitas di dekat tempat saya berdoa, demonstrasi sedang berlangsung di universitas tersebut dan polisi menggunakan gas air mata untuk menekan para demonstran. Meskipun orang-orang di sekitar saya menderita sesak pernafasan, saya tidak mengalami kesulitan apapun untuk bernafas.

Pada saat awal-awal dalam kependetaan, keluarga saya tinggal di lantai dasar bangunan gereja. Pada saat itu, Orang-orang Korea menggunakan briket batubara untuk pemanasan. Keluarga saya sangat menderita akibat gas karbon monoksida terutama saat mendung karena kurangnya aliran udara. Tapi, saya tidak pernah menderita akibat gas beracun. Roh Kudus segera melarutkan bahan beracun apapun apabila racun tersebut memasuki seseorang dengan iman yang berkenan kepada Allah, Sebagaimana Roh Kudus dalam kepenuhan-Nya bergerak dan berputar di sekitar tubuh orang tersebut.

5. Penyakit Disembuhkan Dengan Tangan Anda Pada Mereka

Tanda kelima yang menyertai mereka yang percaya adalah apabila mereka meletakkan tangan mereka pada orang sakit, orang sakit tersebut akan sembuh. Dengan anugerah Allah, tanda-tanda menyertai saya bahkan sebelum saya memulai kependetaan saya. Setelah pendirian gereja saya, tidak terhitung orang yang sudah disembuhkan dan memuliakan Allah.

Sekarang, karena saya tidak dapat meletakkan tangan saya pada setiap anggota gereja saya, saya hanya berdoa untuk si sakit dari atas mimbar. Tapi, banyak orang sakit yang telah disembuhkan dan kelemahan mereka menjadi sembuh dan kuat melalui doa tersebut.

Selain itu, selama Kebaktian Kebangunan Dua Minggu yang diadakan setiap tahun setiap bulan Mei sampai tahun 2004, berbagai penyakit mulai dari leukimia, lumpuh, sampai kanker disembuhkan. Selain itu, orang buta menjadi melihat, orang tuli menjadi mendengar, dan orang lumpuh menjadi berjalan. Melalui pekerjaan mukjizat Allah ini, tidak terhitung orang-orang yang telah bertemu Allah hidup.

Tapi, kenapa masih ada sebagian orang yang tidak mendapat jawaban di tengah pekerjaan api Roh Kudus, yang membakar kuman dan menyembuhkan sakit dan lemah seperti ini?

Pertama, kita harus ingat bahwa apabila seseorang menerima doa tanpa iman, ia tidak dapat disembuhkan. Orang tersebut tidak mendapatkan jawaban apabila ia tidak memiliki iman karena Allah bekerja berdsarkan iman masing-masing orang. Kedua, seseorang tidak dapat disembuhkan, meskipun ia memiliki iman, tapi ia memiliki dinding dosa. Dalam kasus ini, ia tidak dapat disembuhkan apabila ia menerima doa hanya kecuali apabila ia bertobat dari dosa-dosanya dan kembali ke Allah.

Ada satu hal lagi yang harus Anda ketahui: Meskipun apabila seseorang menyembuhkan seorang yang sakit melalui doa, Anda tidak dapat menganggap bahwa orang tersebut telah mencapai tingkat kelima iman. Anda mampu menyembuhkan orang sakit apabila Anda memiliki karunia penyembuhan meskipun Anda masih berada di tingkat ketiga iman.

Selain itu, seseorang yang berada pada tingkat kedua iman terkadang menyembuhkan orang sakit melalui doa apabila ia dipenuhi dengan Roh Kudus, karena ia dapat masuk ke tingkat keempat iman untuk sesaat. Selain itu, doa dari orang yang baik atau doa kasih sangat penuh kuasa dan efektif sehingga pekerjaan Allah dapat terwujud (Yakobus 5:16).

Tapi, kejadian seperti itu sangat jarang. Penyakit yang disebabkan oleh kuman atau virus seperti penyakit lemah, kanker, dan sakit paru-paru dapat disembuhkan, tapi pekerjaan besar Allah seperti membuat yang lumpuh berjalan atau yang buta melihat tidak dapat terjadi.

Bahkan meskipun setan diusir keluar melalui doa kasih atau karunia penyembuhan, tapi ia akan kembali lagi sesaat setelah itu. Tapi, apabila seseorang yang berada pada tingkat kelima iman mengusir setan, maka mereka tidak akan kembali.

Oleh karena itu, Anda dikatakan berada pada tingkat kelima iman hanya apabila Anda mampu sepenuhnya menunjukkan lima jenis tanda tersebut secara bersamaan. Lebih lagi, Anda mampu untuk menunjukkan lebih banyak lagi otoritas kuat, kuasa, dan karunia Roh Kudus apabila Anda berada pada tahap ini.

Pada saat ini di mana banyak orang penuh noda kejahatan dan dosa, mereka hanya akan memiliki iman apabila mereka melihat mukjizat penuh kuasa dan tanda-tanda lebih lagi dibanding pada jaman Yesus dahulu.

Inilah kenapa Allah menghendaki anak-anak-Nya untuk tidak hanya memperoleh iman rohani dan penuh tetapi juga menunjukkan tanda-tanda yang menyertai orang percaya, sehingga mereka dapat membimbing begitu banyak orang menuju jalan keselamatan.

Anda harus berusaha untuk menerima kekuatan, otoritas, dan kuasa dengan mengetahui bahwa Anda mampu untuk melakukan apa yang Yesus lakukan dan bahkan lebih besar lagi dari yang Ia kerjakan apabila Anda memiliki iman yang berkenan kepada Allah Kristus.

Semoga Anda dapat memperluas kerajaan Allah dan menyempurnakan kebenaran-Nya dengan iman seperti ini sehingga Anda mampu bersinar selamanya di dalam surga seperti matahari, dalam nama Yesus Kristus saya berdoa!

Bab 10

Perbedaan Tempat Tinggal Surgawi dan Mahkota

UKURAN IMAN

∾

"Janganlah gelisah hatimu;
percayalah kepada Allah, percayalah juga kepada-Ku.
Di rumah Bapa-Ku banyak tempat tinggal;
Jika tidak demikian, tentu Aku mengatakannya kepadamu;
Sebab Aku pergi ke situ untuk menyediakan tempat bagimu.
Sebab Aku pergi ke situ untuk menyediakan tempat bagimu,
Aku akan datang kembali dan membawa kamu ke tempat-Ku,
Supaya di mana aku berada di sana juga engkau."
(Yohanes 14:1-3)

∾

Untuk seorang atlet olimpiade, memenangkan medali emas adalah momen paling penting. Ia dapat memperoleh medali emas bukan karena kebetulan tapi setelah latihan keras dalam waktu lama untuk meningkatkan keterampilan dan menjauh dari hobi atau makanan kegemaran. Ia dapat bertahan dari semua latihan keras tersebut karena ia memiliki keinginan kuat untuk mendapatkan medali emas dan bahwa upayanya tersebut akan dibayar dengan pantas.

Sama halnya dengan orang-orang Kristen seperti kita. Dalam perlombaan rohani menuju kerjaan surga, kita harus bertempur dengan baik untuk mendapatkan iman, mengalahkan tubuh kita, dan membuatnya menjadi budak untuk keluar sebagai pemenang utama. People in this world make every effort to receive worldly prize and glory. Kemudian, apa yang harus Anda lakukan untuk menerima karunia dan kemuliaan dalam kerajaan surga?

1 Korintus 9:24-25 mengatakan, "Tidak tahukah kamu, bahwa dalam gelanggang pertandingan semua peserta turut berlari, tetapi bahwa hanya satu orang saja yang mendapat hadiah? Karena itu larilah begitu rupa, sehingga kamu memperolehnya. Tiap-tiap orang yang turut mengambil bagian dalam pertandingan, menguasai dirinya dalam segala hal. Mereka berbuat demikian untuk memperoleh suatu mahkota yang fana, tetapi kita untuk memperoleh mahkota yang abadi."

Bacaan ini mendorong kita untuk mengendalikan diri sendiri dalam segala hal dan berlari tanpa henti, untuk memperoleh kemuliaan yang akan Anda nikmati kemudian.

Mari kita pelajari dengan jelas bagaimana Anda dapat memiliki kerajaan surga yang mulia, dan bagaimana Anda dapat mencapai tempat tinggal yang lebih baik di dalam surga.

1. Surga Dimiliki Hanya Dengan Iman

Ada banyak orang yang meskipun mereka memiliki kehormatan dan kuasa, kekayaan dan kemakmuran serta memiliki banyak pengetahuan, tapi tidak mengetahui dari mana manusia berasal, untuk apa mereka hidup, dan sedang menuju kemana mereka. Mereka hanya berpikir bahwa dari dilahirkan, manusia makan, minum, sekolah, bekerja, menikah, dan hidup sampai mereka kembali menjadi segenggam debu setelah mati.

Tapi, orang-orang Allah yang menerima Yesus Kristus tidak berpikir seperti itu. Mereka mengetahui bahwa Bapa sejati mereka yang memberikan mereka hidup adalah Allah, karena mereka percaya bahwa Ia menciptakan manusia pertama Adam dan membuatnya memiliki anak cucu dengan memberikannya benih kehidupan. Oleh karena itu, mereka hidup untuk memuliakan Allah di saat mereka makan, minum, atau melakukan apapun karena mereka mengetahui kenapa Allah menciptakan manusia dan membuatnya hidup di dunia ini. Mereka juga hidup berdasarkan kehendak Allah karena mereka mengetahui bagaimana mereka akan diselamatkan, masuk ke kerajaan surga, dan memiliki hidup kekal, atau bagaimana mereka dapat dihukum dalam api abadi neraka.

Mereka yang memiliki iman adalah anak-anak Allah dengan kewarganegaraan surga. Ia menghendaki mereka mengtahui dengan jelas mengenai kerajaan surga dan diisi dengan harapan akan rumah mereka di sana karena lebih banyak orang mengetahui dengan jelas tentang kerajaan surga, lebih aktif lagi dalam menjadlani hidup mereka dengan iman.

Anda dapat memiliki surga hanya dengan iman dan oleh karena itu hanya mereka yang diselamatkan oleh iman yang pada akhirnya akan menuju surga. Meskipun Anda memiliki sejumlah besar uang dan semua kehormatan dan kuasa, Anda tidak dapat pergi ke surga dengan kekuatan Anda sendiri. Hanya mereka yang memiliki hak sebagai anak Allah dengan menerima Yesus Kristus dan hidup berdasarkan firman-Nya yang dapat pergi ke surga dan menikmati berkat dan kehidupan abadi.

Keselamatan dalam masa Perjanjian Lama

Apakah ini berarti bahwa mereka yang tidak mengetahui mengenai Yesus Kristus tidak dapat diselamatkan? Tidak, bukan itu maksudnya. Pada masa Perjanjian Lama adalah masa Hukum Taurat, orang-orang menerima keselamatan tergantung pada apakah mereka hidup sesuai dengan Hukum Taurat atau tidak, yang merupakan firman Allah. Tapi, pada masa Perjanjian Baru setelah Yohanes Pembabtis datang ke dunia dan bersaksi tentang Yesus Kristus, orang-orang telah diselamatkan oleh iman dalam Yesus Kristus.

Bahkan dalam masa kini, ada sebagian orang yang tidak menerima Yesus Kristus karena mereka belum memiliki kesempatan untuk mendengar tentang Yesus. Orang seperti itu akan dinilai sesuai dengan hati nurani mereka (Untuk lebih jelasnya, silahkan lihat pada Pesan Salib). Pada saat ini, banyak orang yang salah kaprah terhadap kehendak Allah mengenai keselamatan. Mereka salah mengerti bahwa mereka dapat diselamatkan hanya apabila mereka mengakui iman mereka dengan bibir dan berkata, "Saya percaya Yesus Kristus adalah Juru Selamat saya", karena dalam masa Perjanjian Baru, Allah memberikan anugerah keselamatan melalui Yesus Kristus. Orang-orang ini berpikir bahwa mereka tidak perlu berusaha untuk hidup oleh firman dan bersinar, tapi hal seperti ini benar-benar salah.

Jadi, apa sebenarnya arti diselamatkan oleh perbuatan dalam Perjanjian lama atau diselamatkan oleh iman dalam Perjanjian Baru?

Yesus tidak datang ke dunia ini untuk menyelamatkan mereka yang tidak hidup berdasarkan firman Allah; Ia datang untuk membimbing manusia hidup sesuai dengan firman Allah tidak hanya dengan perbuatan tapi juga di dalam hati mereka.

Itulah kenapa Yesus mengatakan dalam Matius 5:17, *"Janganlah kamu menyangka, bahwa Aku datang untuk meniadakan hukum Taurat atau kitab para nabi. Aku datang bukan untuk meniadakannya, melainkan untuk menggenapinya"*. Ia juga mengingatkan kita bahwa apabila seseorang melakukan dosa di dalam hatinya, berarti ia telah melakukan dosa: *"Kamu telah mendengar firman: 'Jangan berzinah'. Tetapi Aku berkata kepadamu: Setiap orang yang memAndang perempuan serta menginginkannya, sudah berzinah dengan dia di dalam hatinya"* (Matius 5:27-28).

Keselamatan dalam masa Perjanjian Baru

Selama masa Perjanjian Lama, apabila seseorang melakukan kecabulan di dalam hatinya, ia tidak dianggap melakukan dosa kecuali kalau dosa itu dilakukan dengan tindakan. Hanya apabila ia melakukan kecabulan dalam perbuatan barulah ia dianggap sebagai pendosa. Sebagai akibatnya, hanya apabila ia melakukan kecabulan dalam tindakan, barulah orang-orang akan merajamnya dengan batu sampai mati (Ulangan 22:21-24). Dengan cara yang sama, dalam masa Perjanjian Lama, apabila seseorang sangat jahat di dalam hatinya, bermaksud untuk membunuh seseorang atau mencuri sesuatu, tapi tidak memperlihatkannya dalam perbuatan, ia dapat diselamatkan karena ia tidak dianggap melakukan dosa.

Kemudian, mari kita lihat dalam 1 Yohanes 3:15 untuk memahami apa artinya diselamatkamn oleh iman dalam Perjanjian Baru: *"Setiap orang yang membenci saudaranya, adalah seorang pembunuh manusia. Dan kamu tahu, bahwa tidak ada seorang pembunuh yang tetap memiliki hidup yang kekal di dalam dirinya".*

Dalam Perjanjian Baru, apabila orang-orang tidak melakukan dosa dalam perbuatan, ia tidak dapat diselamatkan apabila ia melakukan dosa dalam hatinya, karena ini sama dengan berdosa di luarnya.

Oleh karena itu, dalam Perjanjian Baru, apabila seseorang bermaksud untuk mencuri, ia telah menjadi pencuri; apabila seseorang melihat kepada seorang perempuan dengan bernafsu, ia telah menjadi pencabul; dan apabila seseorang membenci saudaranya dan bermaksud untuk membunuhnya, ia tidak lebih baik dari pembunuh. Dengan mengetahui hal ini dengan jelas, Anda harus menerima keselamatan dengan memperlihatkan kepada Allah iman Anda dalam perbuatan tanpa melakukan dosa di dalam hati Anda.

Menyingkirkan tindakan dan hasrat dosa mula-mula

Di dalam Alkitab, Anda seringkali menemukan istilah seperti "dosa alami", "daging", "hal-hal daging", "perbuatan daging", "tubuh dosa", dan hal-hal seperti itu. Sangat sulit untuk menemukan orang yang memahami istilah ini dengan benar di tengah para orang percaya.

Berdasarkan kamus, tidak ada perbedaan arti antara "daging" dengan "tubuh", tapi berdasarkan Alkitab, hal-hal tersebut memiliki perbedaan arti secara rohani. Untuk memahami arti rohani dari istilah ini, pertama-tama Anda perlu untuk mengetahui proses dosa yang terjadi atas masnusia.

Manusia pertama sebagai roh yang hidup merupakan manusia rohani tanpa kesesatan apapun karena Allah telah mengajarkan kepadanya pengetahuan kehidupan. Maut datang kepadanya apabila ia melakukan dosa dengan melanggar perintah Allah dan makan buah dari pohon pengetahuan tentang kebaikan dan kejahatan karena ia tidak menjaga perintah Allah (Roma 6:23).

Saat roh, yang mengatur tuannya, mati, Adam tidak dapat lagi berkomunikasi dengan Allah. Selain itu, sebagai mahluk ciptaan Allah ia harus takut kepada Allah Pencipta dan menaati perintah-Nya, tapi ia tidak memenuhi tanggungjawab sebagai manusia. Ia diusir dari Taman Eden dan harus hidup di bumi, melalui air mata, kesedihan, penderitaan, penyakit, dan maut. Ia dan anak-cucunya datang untuk melakukan dosa secara bertahap menjadi semakin jahat dari generasi ke generasi.

Dalam proses menjadi ternoda dengan dosa, apabila pengetahuan kehidupan yang mula-mula diberikan oleh Allah dihilangkan dari manusia, kita mengatakan keadaan ini sebagai, "tubuh", dan ketika dosa-dosa menyertai "tubuh" ini, kita menyebutnya sebagai "daging".

Oleh karena itu, "daging" adalah istilah umum yang merujuk kepada sifat-sifat yang tidak terlihat tapi ada dan tersembunyi dalam hati seseorang, yang mampu menjadi tindakan meskipun apabila ia tidak benar-benar melakukannya. Selain itu, saat kita membagi dan mengelompokkan daging menjadi sifat-sifat yang detil, kita menyebutnya sebagai "hasrat daging".

Sebagai contoh, sifat-sifat seperti iri, dengki, benci adalah sifat yang tidak terlihat tapi dapat diperlihatkan dalam perbuatan kapanpun karena sifat-sifat tersebut tersimpan dalam hati Anda. Itulah kenapa Allah menganggapnya sebagai dosa.

Oleh karena itu, apabila Anda tidak menyingkirkan hasrat daging, mereka akan muncul dalam perbuatan, dan apabila hasrat daging muncul dalam perbuatan, kita menyebutnya sebagai "perbuatan daging". Apabila perbuatan detil dari dosa mula-mula berkumpul bersama, kita menyebutnya sebagai "daging".

Dengan kata lain, apabila kita membagi daging menjadi perbuatan detil, kita menyebutnya sebagai "perbuatan daging". Apabila Anda bermaksud untuk memukul seseorang, hati jenis ini merupakan miliknya "hasrat daging", dan apabila Anda benar-benar memukul seseorang, ini adalah "perbuatan daging".

Apa arti rohani dari "daging" seperti dijelaskan dalam Kejadian 6:3?

Berfirmanlah TUHAN: "Roh-Ku tidak akan selama-lamanya tinggal di dalam manusia, karena manusia itu adalah daging, tetapi umurnya akan seratus dua puluh tahun saja."

Ayat ini mengingatkan kita bahwa Allah tidak menghendaki untuk selamanya bersama dengan orang-orang yang tidak hidup oleh firman-Nya dengan melakukan dosa dan menjadi "daging".

Alkitab mengatakan kepada kita, bahwa Allah selalu bersama dengan orang-orang rohani seperti Abraham, Musa, Elia, Nuh, Daniel, yang mencari kebenaran dan hidup oleh firman Allah. Oleh karena itu, dengan mengetahui bahwa orang-orang daging yang tidak hidup oleh firman Allah tidak dapat diselamatkan, Anda harus berusaha sungguh-sungguh untuk menyingkirkan sesegera mungkin tidak hanya perbuatan daging tapi juga hasrat daging.

Manusia daging tidak akan mewarisi kerajaan Allah

Karena Allah adalah kasih, Ia memberikan hak untuk menjadi anak-Nya dan Roh Kudus sebagai anugerah untuk mereka yang menyadari bahwa mereka adalah pendosa, bertobat dari dosa-dosa mereka, dan menerima Yesus sebagai Juru Selamat mereka. Apabila Anda menerima Roh Kudus sebagai anugerah dan memberikan kelahiran kepada roh oleh Roh Kudus, roh mati Anda akan dibangunkan kembali.

Oleh karena itu, Anda akan mampu untuk menerima keselamatan dan memiliki kehidupan abadi karena Anda tidak lagi menjadi manusia daging tapi manusia roh. Tapi, apabila Anda tetap mejalani hidup dengan perbuatan daging, Anda tidak akan diselamatkan karena Allah tidak bersama Anda.

Perbuatan daging dijelaskan dengan detil dalam Galatia 5:19-21:

> *Perbuatan daging telah nyata, yaitu: Percabulan, kecemaran, hawa nafsu, penyembahan berhala, sihir, perseteruan, perselisihan, iri hati, amarah, kepentingan diri sendiri, percideraan, roh pemecah, kedengkian, kemabukan, pesta pora dan sebagainya. Terhadap semuanya itu kuperingatkan kamu, seperti yang telah kubuat dahulu (seperti telah banyak dikatakan dalam Perjanjian Lama), bahwa barangsiapa yang melakukan hal-hal demikian, ia tidak akan mendapat bagian dalam kerajaan Allah.*

Yesus juga mengatakan kepada kita dalam Matius 7:21, *"Bukan setiap orang yang berseru kepadaku, Tuhan, Tuhan, akan masuk ke dalam kerajaan surga, melainkan dia yang melakukan kehendak Bapa-Ku yang di surga"*. Selain itu, dengan mengatakan kepada kita berkali-kali dalam Alkitab bahwa kesesatan yang tidak hidup oleh kehendaknya tapi malah melakukan perbuatan daging tidak akan memasuki surga, Allah menghendaki setiap orang untuk menerima keselamatan hanya dengan iman dan mencapai surga.

Apabila Anda ingin menerima keselamatan oleh iman

Dalam Roma 10:9-10 mengingatkan kita, *"Sebab jika kamu mengaku dengan mulutmu, bahwa Yesus adalah Tuhan, dan percaya dalam hatimu, bahwa Allah telah membangkitkan Dia dari antara orang-orang mati, maka kamu akan diselamatkan, karena dengan hati orang percaya dan dibenarkan, dan dari mulut orang mengaku dan diselamatkan"*

Jenis iman yang Allah kehendaki adalah jenis iman yang mana Anda percaya dengan hati dan mengakuinya dengan mulut. Dengan kata lain, apabila Anda sungguh-sungguh percaya dalam hati Anda bahwa Yesus menjadi Juru Selamat Anda melalui kebangkitan pada hari ketiga setelah penyaliban-Nya, Anda dibenarkan dengan menyingkirkan dosa-dosa dan hidup oleh firman Allah. Apabila Anda mengakui dengan mulut sementara Anda hidup sesuai dengan kehendak-Nya, Anda dapat diselamatkan karena pengaukan Anda adalah benar.

Itulah kenapa Roma 2:13 mengatakan, *"Karena bukanlah orang yang mendengar hukum Taurat yang benar di hadapan Allah, tetapi orang yang melakukan hukum Tauratlah yang akan dibenarkan".* Yakobus 2:26 juga mengatakan, *"Sebab seperti tubuh tanpa roh adalah mati, demikian jugalah iman tanpa perbuatan-perbuatan adalah mati".*

Anda dapat memperlihatkan iman Anda dengan perbuatan hanya apabila Anda percaya firman Allah di dalam hati Anda, bukan apabila Anda menyimpannya sebagai potongan pengetahuan. Apabila pengetahuan tertanam di dalam hati Anda, tindakan akan mengikuti.

Oleh karena itu, apabila Anda sebelumnya pernah menjadi

seorang pembenci, Anda dapat berubah menjadi orang yang mengasihi orang lain. Apabila Anda pernah menjadi pencuri, Anda dapat berubah menjadi orang yang tidak mencuri lagi. Apabila Anda masih hidup dalam kegelapan dan mencintai dunia dan Anda mengakui iman Anda hanya dengan bibir saja, iman Anda mati karena tidak ada hubungannya dengan keselamatan.

Juga dituliskan dalam 1 Yohanes 1:7, *"Tetapi jika kita hidup di dalam terang sama seperti Dia ada di dalam terang, maka kita beroleh persekutuan seorang dengan yang lain, dan darah Yesus, Anak-Nya itu, menyucikan kita dari pada segala dosa"*.

Apabila kebenaran ada dalam Anda, Anda secara alami berjalan dalam terang karena Anda hidup oleh kebenaran. Anda menjadi orang yang benar, karena iman dalam hati Anda, karena Anda keluar dari kegelapan dan pergi menuju terang dengan menyingkirkan dosa-dosa. Sebaliknya, Anda berdusta kepada Allah apbila Anda masih hidup dalam kegelapan dan melakukan dosa dan kejahatan. Oleh karena itu, Anda harus secepatnya memperoleh iman yang disertai dengan perbuatan.

Anda harus berjalan dalam terang

Allah memerintahkan kita untuk berjuang melawan dosa sampai titik menumpahkan darah (Ibrani 12:4) karena Ia menghendaki kita menjadi sempurna sebagaimana Ia yang sempurna (Matius 5:48), dan kudus sebagaimana Ia yang kudus (1 Petrus 1:16).

Pada masa Perjanjian Lama, orang-orang diselamatkan hanya apabila perbuatan mereka sempurna; mereka tidak harus menyingkirkan dosa di dalam hati mereka karena mustahil bagi orang-orang yang merupakan umat manusia untuk menyingkirkan dosa-dosa mereka sendiri dengan kekuatan mereka sendiri.

Apabila Anda dapat menyingkirkan dosa-dosa dengan kekuatan Anda sendiri, Yesus tidak akan datang dalam bentuk daging. Tapi, karena Anda tidak dapat memecahkan masalah dosa ataupun diselamatkan dengan kekuatan Anda sendiri, maka Yesus disalibkan, dan Ia memberikan kepada siapapun yang percaya Roh Kudus sebagai anugerah dan membimbingnya menuju keselamatan.

Dengan cara ini, Anda dapat menyingkirkan segala jenis kejahatan dengan bantuan roh Kudus dan ikut serta dalam keilahian karena Roh Kudus, apabila ia datang ke dalam hati Anda, maka Anda akan menyadari dosa, kebenaran, dan penghakiman.

Oleh karena itu, Anda jangan hanya puas dengan menerima Yesus Kristus saja, tapi harus berdoa terus menerus, menyingkirkan segala jenis kejahatan, dan berjalan dalam terang dengan bantuan Roh Kudus sampai Anda mampu ikut serta dalam keilahian.

Satu-satunya jalan untuk memiliki surga adalah dengan memiliki iman rohani yang disertai dengan perbuatan, seperti kita temukan dalam Matius 7:21: *"Bukan setiap orang yang berseru kepadaku, Tuhan, Tuhan, akan masuk ke dalam kerajaan surga, melainkan dia yang melakukan kehendak Bapa ku yang di surga"*. Anda juga harus membuat segala upaya sampai Anda mencapai ukuran iman bapa karena tempat tinggal surgawi akan ditentukan oleh ukuran iman masing-masing orang.

Saya berharap Anda akan ikut serta dalam keilahian dan memiliki Yerusalem Baru di mana tahta Allah berada.

2. Surga Telah Menderita Kekerasan

Allah membuat kita memperoleh apa yang kita tebar dan mengupah kita sesuai dengan yang kita kerjakan karena begitulah Allah. Bahkan dalam surga, setiap orang diberi upah tempat tinggal yang berbeda sesuai dengan ukuran imannya dan perbedaan upah yang diberikan kepada setiap orang sesuai dengan seberapa banyak ia melayani dan mencurahkan dirinya kepada kerajaan Allah. Allah, yang mengorbankan anak tunggal-Nya untuk memberikan kita surga dan kehidupan kekal, sangat merindukan anak-Nya untuk masuk dan hidup kekal bersama-Nya dalam tempat tinggal terbaik di surga, yaitu Yerusalem Baru.

Sepanjang sejarah dunia, negara yang kuat umumnya bertempur melawan negara yang relatif lemah untuk memperluas teritorialnya. Untuk menaklukkan teritorial negara lain, suatu negara harus menginvasi negara lain dan mengalahkannya dalam perang.

Dengan cara yang sama, apabila Anda adalah anak Allah dengan kewarganegaraan surga, Anda harus maju menuju surga dengan harapan terus menerus, karena Anda mengetahui dengan baik hal ini. Sebagian orang menyangsikan bagaimana kita dapat menuju surga, yang merupakan kerajaan Allah kuasa. Oleh karena itu, pertama-tama kita perlu memahami arti rohani dati "surga menderita kekerasan" dan kemudian bagaimana untuk secara nyata mengambilnya dengan paksa.

Mulai dari masa Yohanes sang Pembabtis

Yesus mengatakan kepada kita dalam Matius 11:12, *"Sejak tampilnya Yohanes pembaptis hingga sekarang, kerajaan sorga diserong dengan kekerasan, dan orang yang keras mencoba menguasainya dengan paksa"*. Masa sebelum Yohanes sang Pembabtis merujuk kepada masa Hukum Taurat, yang mana pada masa itu orang-orang diselamatkan oleh perbuatan mereka.

Perjanjian Lama adalah bayangan dari Perjanjian Baru; rasul telah membuat orang-orang mengetahui tentang Yehova dan nubuatan mengenai Mesias. Tapi, mulai dari masa Yohanes sang Pembabtis, merupakan jaman baru Perjanjian Baru, yaitu Janji Baru, dibuka dengan menutup nubuatan Perjanjian Lama.

Juru Selamat kita Yesus tampil pada sejarah umat manusia bukan sebagai bayangan tapi sebagai diri-Nya Sendiri. Yohanes sang Pembabtis bersaksi kepada Yesus yang datang dengan cara ini. Sejak saat itu, dimulailah jaman anugerah di mana siapapun dapat menerima keselamatan dengan menerima Yesus sebagai Juru Selamat dan kemudian menerima Roh Kudus.

Siapapun yang menerima Yesus Kristus dan percaya dalam nama-Nya menerima hak untuk menjadi anak Allah dan masuk ke surga. Allah telah membagi dorga menjadi beberapa tempat tinggal dan anak-anak-Nya dapat memiliki tempat ini sesuai dengan ukuran iman mereka, karena Allah membayar upah setiap orang sesuai dengan apa yang telah dilakukan orang tersebut. Selain itu, hanya mereka yang telah disucikan sepenuhnya dengan hidup sesuai Firman Allah, dan telah menyelesaikan sepenuhnya misi mereka dapat masuk ke dalam Yerusalem Baru di mana tahta Allah berada.

Oleh karena itu, Anda harus menjadi orang kuat untuk dapat memperoleh tempat tinggal yang lebih baik di dalam surga karena Anda akan masuk ke dalam trmpat tinggal sesuai dengan ukuran iman Anda, meskipun jalan masuk ke surga itu sendiri dimiliki oleh iman.

Dari masa Yohanes sang Pembabtis sampai pada Kedatangan Kedua Tuhan kita, siapapun yang menuju surga akan berpegang pada hal ini. Yesus mengatakan kepada kita dalam Yohanes 14:6, *"Akulah jalan dan kebenaran dan hidup. Tidak ada seorangpun yang datang kepada Bapa, kalau tidak melalui Aku".*

Tuhan mengatakan kepada kita bahwa tidak seorangpun datang kepada Bapa kecuali melalui Ia karena Ia adalah jalan yang membawa pada surga, kebenaran itu sendiri, dan kehidupan. Karena alasan ini, Ia datang ke dunia ini, bersaksi kepada Allah sehingga kita dapat memahami Allah dengan jelas, dan mengajarkan kita bagaimana untuk memperoleh surga dengan menjadi teladan bagi kita.

Surga dibagi menjadi tempat tinggal yang berbeda

Surga adalah kerajaan Allah di mana anak-Nya yang diselamatkan akan hidup kekal. Tidak seperti dunia, ini adalah kerajaan damai tanpa perubahan dan korupsi. Di sini penuh kegembiraan dan kebahagiaan tanpa penyakit, kesedihan, penderitaan, dan maut, karena Setan dan iblis dan dosa tidak ada di sana.

Bahkan meskipun kita berusaha untuk membayangkan seperti apa surga itu, Anda akan benar-benar terkesima dan terpukau apabila Anda melihat keindahan dan kecerahan sesungguhnya surga. Betapa hebatnya Allah Kuasa dan Pencipta alam semesta telah menciptakan surga di mana anak-Nya akan hidup kekal. Apabila Anda mempelajari Alkitab dengan seksama, Anda menemukan bahwa surga dibagi menjadi banyak tempat tinggal.

Yesus berkata dalam Yohanes 14:2, *"Di rumah Bapa-Ku banyak tempat tinggal. Jika tidak demikian, tentu Aku mengatakannya kepadamu. Sebab Aku pergi ke situ untuk menyediakan tempat bagimu".* Nehemia juga menyebutkan beberapa "surga". *"Hanya Engkau adalah TUHAN. Engkau telah menjadikan langit, ya langit segala langit dengna bala tentaranya, dan bumi dengan segala yang ada diatasnya, dan laut dengan segala yang ada di dalamnya. Engkau memberi hidup kepada semuanya itu dan bala tentara langit sujud menyembah kepada-Mu"* (Nehemia 9:6).

Pada masa Perjanjian Lama, orang0orang berpikir bahwa hanya ada satu langit tapi sekarang dengan berkembangnya ilmu pengetahuan, kita mengetahui bahwa ada banyak ruang angkasa yang dapat kita lihat dengan mata telanjang. Yang mengejutkan, Allah telah menulis kenyataan ini dalam Alkitab.

Sebagai contoh, Raja Salomo mengakui bahwa terdapat banyak langit: *"Tetapi benarkah Allah hendak diam di atas bumi? Bahkan langit yang mengatasi segala langit pun tidak dapat memuat Engkau, terlebih lagi rumah yang kudirikan ini!"* (1 Raja-raja 8:27). Rasul Paulus mengatakan dalam 2 Korintus 12:2-4 bahwa ia telah mencapai firdaus dalam surga ketiga dan Wahyu 21 menggambarkan Yerusalem Baru di mana di sana terdapat tahta Allah.

Oleh karena itu, Anda harus mengakui bahwa surga tidak hanya terdiri dari satu tempat tinggal, tapi terdiri dari banyak tempat tinggal. Saya akan menggolongkan surga menjadi beberapa tempat tinggal sesuai dengan ukuran iman dan akan menamakannya Firdaus, Kerajaan Pertama, Kerajaan Kedua, Kerajaan Ketiga, dan Yerusalem Baru. Firdaus diperuntukkan untuk orang-orang dengan iman lemah; Kerajaan Pertama adalah untuk mereka yang memiliki iman lebih baik dibanding mereka yang di dalam Firdaus; Kerajaan Kedua adalah untuk mereka yang memiliki iman lebih baik dibanding mereka yang berada di Kerajaan Pertama; Kerajaan Ketiga adalah untuk mereka yang memiliki iman lebih baik dibanding mereka yang berada di Kerajaan Kedua. Di dalam Kerajaan Ketiga terdapat Kota Kudus Yerusalem Baru di mana terdapat tahta Allah.

Kerajaan surga menderita kekerasan oleh mereka yang memiliki iman

Di Korea, ada pulau-pulau seperti Ul-lung dan Jeju, daerah gunung dan pedesaan, kota besar dan kota kecil, dan daerah metropolitan. Di ibukota Seoul, terdapat tempat tinggal resmi presiden, Cheong Wa Dae.

Seperti halnya negara yang dibagi menjadi banyak distrik untuk tujuan administrasi, Kerajaan Surga juga dibagi menjadi beberapa tempat tinggal berdasarkan standar yang jelas. Dengan kata lain, tempat tinggal Anda ditentukan oleh sampai mana Anda hidup sesuai dengan hati Allah.

Allah juga akan senang apabila Anda hidup dengan harapan akan surga karena hal tersebut adalah bukti bahwa Anda memiliki iman, dan juga, merupakan jalan pintas bagi Anda untuk menang dalam pertempuran melawan Setan dan iblis dan menjadi kudus dengan menyingkirkan jauh-jauh perbuatan dan hasrat daging.

Setelah Anda menerima Yesus Kristus, Anda menjadi menyadari bahwa mudah untuk menyingkirkan perbuatan daging Anda, tapi tidak mudah untuk menyingkirkan hasrat daging, sifat dosa yang berakar dalam Anda.

Itulah kenapa mereka yang memiliki iman sejati berusaha terus menerus untuk berdoa dan berpuasa sehingga mereka dapat menjadi anak kudus Allah dengan sepenuhnya menyingkirkan hasrat daging.

Surga hanya dimiliki dengan iman dan tiap-tiap tempat tinggal ditentukan sesuai dengan apa yang telah dilakukan orang tersebut karena surga adalah tempat di mana Allah mengatur dengan adil dan kasih. Dengan kata lain, tempat tinggal untuk mereka yang berada pada tingkat pertama iman berbeda dengan tempat tinggal mereka yang berada pada tingkat kedua iman atau tingkat ketiga, dan seterusnya. Semakin tinggi tingkat iman Anda, Anda akan memasuki tempat tinggal yang lebih indah dan mulia lagi.

Anda harus maju menuju surga

Oleh karena itu, apabila Anda hanya memenuhi syarat untuk masuk Firdaus, Anda harus berjuang menuju Kerajaan Pertama, dan tempat tinggal yang lebih baik di dalam surga. Saat Anda maju menuju surga, berjuang melawan siapakah Anda? Ini adalah perjuangan terus-menerus melawan iblis bagi Anda untuk berpuasa untuk iman Anda dalam dunia ini dan maju menuju gerbang surga.

Iblis dan Setan akan melakukan segala upaya untuk membawa orang-orang melawan Allah sehingga mereka tidak akan masuk surga; membuat mereka ragu sehingga mereka tidak dapat memiliki iman; dan pada akhirnya membawa mereka menuju maut dengan mengajak mereka melakukan dosa. Itulah kenapa Anda harus mengalahkan iblis. Anda akan masuk ke tempat tinggal yang lebih baik hanya apabila Anda menyerupai Tuhan dengan berjuang melawan dosa-dosa sampai titik menumpahkan darah.

Anggap ada seorang petinju. Ia bertahan dari segala jenis latiha sulit untuk menjadi seorang juara dunia. Petinju tersebut mengetahui bahwa melalui latihan keras, ia dapat menjadi seorang juara dunia sehingga ia dapat menikmati kehormatan, kekayaan, dan kemakmuran. Tapi, sebelumnya ia harus melalui latihan yang menyakitkan dan bertarung melawan dirinya sendiri sampai ia memenangkan gelar juara.

Ini serupa dengan memperoleh surga dengan maju menuju surga. Anda harus bertarung dalam pertanrungan untuk menjadi kudus dengan menyingkirkan segala jenis kejahatan, dan menyelesaikan kewajiban yang diberikan Allah kepada Anda. Anda harus memenangkan pertempuran rohani merebut surga dengan berdoa terus-menerus meskipun Setan dan iblis tanpa henti menghalangi Anda dalam pertempuran menuju kerajaan surga.

Satu hal yang harus Anda ketahui adalah bahwa pertempuran

melawan iblis sebenarnya tidak terlalu berat. Siapapun yang memiliki iman mampu untuk memenangi pertempuran melawan Setan dan iblis karena Allah membantu dan membimbing mereka dengan malaikat dan penjaga surga, dan Roh Kudus.

Kita harus memperoleh surga dengan maju menuju surga dan memperoleh kemenangan dengan iman. Setelah seorang petinju memenangkan gelar juara, ia harus berusaha untuk mempertahankan gelar tersebut. Tapi, pertempuran untuk masuk ke surga sangat menggembirakan dan menyenangkan karena semakin Anda memperoleh kemenangan, maka beban dosa Anda semakin ringan. Kapanpun Anda memenangkan pertempuran, Anda akan semakin berisi, dan pertempuran menjadi semakin mudah dari hari ke hari karena segalanya menjadi bertambah mudah, dan Anda dapat menikmati kesehatan yang baik sebanyak jiwa Anda menjadi sehat juga.

Selain itu, meskipun seorang petinju menjadi seorang juara dunia dan menerima kehormatan, kekayaan dan kemakmuran, semuanya itu musnah apabila ia mati. Tapi, kemuliaan dan berkat yang Anda terima setelah pertempuran menuju surga akan kekal. Jadi, bagaimana Anda harus melakukan yang terbaik dalam pertempuran? Anda harus menjadi seorang bijak yang mencapai tempat tinggal yang lebih baik dengan sungguh-sungguh maju menuju surga, dalam pencarian kekal bukan hal-hal duniawi.

Apabila Anda ingin maju menuju surga dengan iman

Saat Yesus menjelaskan surga, Ia mengajarkan orang-orang melalui perumpamaan hal-hal duniawi sehingga orang-orang dapat memahaminya dengan lebih baik. Salah satu dari perumpamaan itu adalah tentang biji sesawi.

Hal kerajaan surga itu seumpama biji sesawi yang diambil dan ditaburkan orang diladangnya, memang biji itu yang paling kecil dari segala jenis benih; tapi apabila sudah tumbuh sesawi itu lebih besar daripada sayuran yang lain, dan bahkan menjadi pohon, sehingga burung-burung di udara datang bersarang pada cabang-cabangnya (Matius 13:31-32).

Apabila Anda mengetuk sepotong kertas dengan mata pulpen, maka setitik kecil tinta akan terdapat pada kertas tersebut. Ukuran titik tersebut hampir sama dengan biji sesawi. Bahkan biji sekecil itu akan tumbuh menjadi pohon besar, sehingga burung-burung datang dan hinggap di pohon tersebut. Yesus menggunakan perumpamaan ini untuk memperlihatkan proses pertumbuhan iman: Meskipun Anda saat ini memiliki iman yang lemah, Anda dapat memeliharanya menjadi iman yang kuat.

Yesus berfirman dalam Matius 17:20, *"Karena kamu kurang percaya; sebab aku berkata kepadamu, sesungguhnya seandainya kamu mempunyai iman sebesar biji sesawi saja kamu dapat berkata kepada gunung ini, 'pindah dari tempat ini kesana', maka gunung ini akan pindah, dan takkan ada yang mustahil bagimu".* Sebagai jawaban atas permintaan murid-murid-Nya untuk "meningkatkan iman", Yesus berfirman dalam Lukas 17:6, *"Kalau sekiranya kamu mempunyai iman sebesar biji sesawi saja, kamu dapat berkata kepada pohon ara ini: Terbantunlah engkau dan tertanamlah di dalam laut, dan ia akan taat kepadamu".*

Mungkin Anda ragu bagaimana bisa memindahkan sebuah pohon atau gunung dengan memerintahkannya oleh iman yang berukuran sebesar biji sesawi. Tapi, bahkan huruf terkecil atau bekas ketukan pulpen akan kelihatan dari firman Allah.

Jadi, apa arti rohani dari ayat ini? Anda diberikan iman yang sekecil biji sesawi apabila Anda menerima Yesus dan menerima Roh Kudus. Iman kecil ini akan bertunas dan tumbuh apabila Anda menanamnya dalam ladang hati Anda. Saat ia bertumbuh menjadi iman yang besar, Anda dapat memindahkan gunung hanya dengan memerintahkannya, dan mewujudkan pekerjaan penuh kuasa Allah seperti membuat yang buta melihat, yang tuli mendengar, yang bisu berbicara, dan yang mati hidup kembali.

Anda tidak boleh berpikir bahwa Anda tidak memiliki iman karena Anda tidak mampu memperlihatkan pekerjaan kuasa Allah atau masih memiliki masalah dalam keluarga atau bisnis. Anda sedang berjalan menuju jalan hidup kekal dengan menghadiri gereja, melakukan puji-pujian dan berdoa, karena Anda memiliki iman yang sebesar biji sesawi. Anda masih belum mengalami pekerjaan penuh kuasa Allah karena ukuran iman Anda masih kecil.

Oleh karena itu, iman Anda yang sebesar biji sesawi tersebut harus tumbuh menjadi iman yang cukup besar untuk memindahkan sebuah gunung. Sama halnya dengan Anda menanam sebiji anggur dan merawatnya, maka biji tersebut akan bertunas, berbunga, dan menghasilkan buah, iman Anda juga tumbuh melalui proses yang sama.

Anda harus memiliki iman rohani

Hal ini serupa dengan maju menuju kerajaan surga. Anda tidak dapat masuk ke dalam Yerusalem Baru hanya dengan mengatakan, "Ya, saya percaya". Anda harus mengikuti langkahnya setahap demi setahap, mulai dari firdaus sampai Anda mencapai Yerusalem Baru. Untuk mencapai Yerusalem Baru, Anda harus mengetahui dengan jelas bagaimana untuk dapat pergi ke sana. Apabila Anda tidak mengetahui jalannya, Anda tidak dapat mengikuti atau malah berhenti dari segala upaya Anda.

Orang-orang Israel yang keluar dari Mesir menggerutu terhadap Musa dan berkeluh kesah karena mereka tidak memiliki cukup iman untuk membelah Laut Merah. Kemudian, Musa yang memiliki iman besar yang mampu untuk memindahkan gunung, membelah Laut Merah menjadi dua. Tapi, iman orang-orang Israel berhenti meskipun mereka telah melihat Laut Merah terbelah.

Malah, mereka membuat patung anak sapi dan menyembahnya ketika Musa sedang berpuasa di Gunung Sinai untuk menerima Sepuluh Perintah Tuhan (Keluaran 32). Mengenai hal ini, Allah menjadi murka dan berkata kepada Musa, *"Murka-Ku bangkit terhadap mereka dan Aku akan membinasakan mereka, tetapi engkau akan Kubuat menjadi bangsa yang besar."* Orang-orang Israel masih tidak memiliki iman untuk menaati Allah meskipun mereka telah melihat banyak mukjizat dan tanda-tanda yang diwujudkan melalui Musa.

Pada akhirnya, generasi pertama bangsa Israel pada masa

Keluaran tidak dapat memasuki Kanaan kecuali Yosua dan Kaleb. Apa yang terjadi dengan generasi kedua Keluaran denganYosua dan Kaleb? Ketika para imam membawa Tabut Allah dan menginjakkan kaki di Sungai Yordan di bawah kepemimpinan Yosua, barulah air berhenti mengalir dan semua bangsa Israel dapat menyeberanginya.

Selain itu, dalam ketaatan kepada perintah Allah, mereka berbaris di sekitar Kota Yerikho selama tujuh hari dan bersorak dengan keras, dan kemudian Yerikho yang kuat runtuh. Mereka dapat mengalami pekerjaan mukjizat kuasa Allah bukan karena mereka memiliki kekuatan fisik, tapi karena mereka menaati petunjuk Yosua, yang memiliki iman besar bahkan untuk memindahkan gunung sekalipun. Oleh karena itu, pada masa tersebut orang-orang Israel juga memperoleh iman.

Bagaimana bisa Yosua memiliki iman yang kuat dan besar? Yosua mampu untuk mewarisi pengalaman dan iman Musa yang dengannya ia menghabiskan empat puluh tahun bersama di alam liar. Seperti Elisa mewarisi dua kali lipat roh Elia dengan mengikutinya sampai akhir, Yosua sebagai penerus Musa, yang telah diakui oleh Allah, menjadi manusia dengan iman besar yang melayani dan menaati Musa ketika ia mengikutinya. Sebagai hasilnya, ia memperlihatkan pekerjaan penuh kuasa bahkan sanggup menghentikan matahari dan bulan (Yosua 10:12-13).

Hal ini sama dengan orang-orang Israel yang mengikuti Yosua. Generasi pertama Keluaran, yang berumur 20 tahun atau lebih, menderita selama empat dekade dan mati di gurun. Tapi, anak cucu mereka yang mengikuti Yosua dapat masuk ke Kanaan karena mereka telah memiliki iman rohani melalui berbagai jenis kesulitan dan ujian.

Anda perlu memahami dengan jelas iman rohani. Sebagian orang berkata bahwa mereka memiliki iman yang sangat baik pada masa lalu sebagai pelayan setia pada gereja mereka. Tapi, mereka mengatakan bahwa mereka tidak lagi beriman karena iman mereka telah memudar. Pengakuan mereka tidak benar karena iman rohani tidak pernah berubah. Iman mereka di masa lalu berubah karena iman tersebut bukan merupakan iman rohani tapi merupakan iman pengetahuan. Apabila itu benar-benar merupakan iman rohani, iman tersebut tidak akan berubah atau memudar setelah waktu yang lama.

Anggap ada sebuah saputangan berwarna putih. Seperti yang saya perlihatkan kepada Anda, saya bertanya, "Anda percaya kalau saputangan ini berwarna putih?" Anda tentu saja akan mengatakan, "Ya". Kemudian, anggap sepuluh tahun sudah berlalu, dan dengan memegang sapu tangan yang sama, saya bertanya kepada Anda, "Apakah saputangan ini berwarna putih. Anda mempercayai hal ini?" Bagaimana jawaban Anda? Tidak seorangpun akan meragukan warna saputangan tersebut atau mengatakan saputangan tersebut berwarna hitam bahkan dengan berlalunya waktu. Saputangan yang sama yang saya percaya berwarna putih sepuluh atau dua puluh tahun lalu, saya akan tetap percaya berwarna putih saat ini.

Ada sebuah perumpamaan lain. Apabila Anda pergi berziarah ke Tanah Suci, Anda akan melihat bahwa mereka menjual biji sesawi yang di bungkus di dalam amplop. Pada suatu hari, seorang lelaki membeli dan menabur biji-biji tersebut di ladang, tapi biji-biji tersebut tidak bertunas; daya hidup dalam biji-biji tersebut mati karena mereka dibiarkan dalam waktu lama tanpa ditanam.

Dengan demikian, meskipun Anda telah menerima Yesus Kristus, menerima Roh Kudus, dan memiliki iman sebesar biji sesawi, Roh Kudus di dalam Anda dapat memudar apabila Anda tidak menabur iman pada ladang Anda dalam jangka waktu lama. Itulah kenapa 1 Tesalonika 5:19 mengingatkan kita, *"Jangan padamkan Roh"*. Iman Anda, meskipun hanya sebesar biji sesawi sat ini, dapat tumbuh perlahan-lahan apabila Anda menanamnya pada ladang hati Anda dan menunjukkan iman Anda dalam perbuatan. Tapi, apabila Anda tidak hidup oleh firman Allah untuk waktu yang lama sejak Anda pertama kali menerima Roh Kudus, api Roh dapat padam.

Memperoleh surga dengan iman rohani

Oleh karena itu, Anda harus hidup oleh firman Allah apabila Anda menerima Yesus Kristus dan menerima Roh Kudus. Dalam menaati Firman Allah, Anda harus menyingkirkan dosa-dosa, berdoa, melakukan puji-pujian, menjaga persaudaraan dengan saudara-saudari dalam Tuhan, menyebarkan injil, dan mengasihi sesama.

Iman Anda akan tumbuh apabila Anda menanam iman Anda seperti ini. Sebagai contoh, ketika Anda menjaga persaudaraan dengan saudara dalam iman, iman Anda mampu untuk tumbuh, karena Anda memberikan kemuliaan kepada Allah dengan berbagi kesaksian dan percakapan dalam kebenaran satu sama lain.

Anda dapat melihat bahwa iman seseorang dipengaruhi oleh orang-orang yang berada di sekitar mereka. Apabila orangtua memiliki iman yang baik, anak-anak mereka juga akan memiliki iman yang baik. Apabila teman-teman Anda memiliki iman yang baik, iman Anda juga tumbuh karena iman Anda menyerupai iman teman-teman Anda.

Sebaliknya, karena Setan dan iblis berusaha untuk menjauhkan iman Anda, Anda tidak boleh hanya melinfungi diri Anda sendiri dengan firman Allah sepanjang waktu, tapi juga berdoa terus menerus untuk memenangkan pertempuran rohani dengan bersukacita selalu dan bersyukur dalam keadaan apapun dengan kuasa dan otoritas Allah.

Jadi, iman Anda yang sebesar biji sesawi tersebut akan tumbuh menjadi sebuah pohon besar yang penuh dedaunan dan bunga, dan pada akhirnya akan menghasilkan buah yang banyak. Anda akan mampu untuk memuliakan Allah dengan menghasilkan sembilan buah Roh Kudus, buah kasih rohani, dan buah terang.

Anda mengetahui bagaimana upaya dan kesabaran petani mulai dari saat menanam biji sampai memanen hasil. Dengan cara yang sama, kita tidak dapat memiliki surga dengan hanya datang ke gereja. Kita juga harus bersungguh-sungguh dan berjuang secara rohani untuk membuatnya menjadi milik kita.

Apabila Anda menginjili orang, Anda dapat menjumpai sebagian orang yang mengatakan bahwa mereka ingin memiliki banyak uang dan menikmati hidup dahulu, baru kemudian pergi ke gereja apabila mereka mulai beranjak tua. Betapa bodohnya mereka! Anda tidak pernah tahu apa yang akan terjadi esok atau kapan Tuhan kita akan kembali.

Selain itu, Anda tidak dapat memperoleh iman dalam sehari dan iman tidak tumbuh dalam waktu singkat. Tentu saja, Anda mampu untuk memiliki iman sebagai pengetahuan sebanyak yang Anda inginkan. Tapi, Anda mampu untuk memiliki iman rohani yang diberikan Allah hanya apabila Anda menyadari firman Allah dan Anda menjalani hidup oleh firman dengan bersemangat.

Seorang petani tidak menabur benih disembarang tempat. Ia harus menyiangi lahan terlebih dahulu dan membuatnya subur. Baru kemudian ia menabur benih pada ladang itu dan merawatnya dengan menyiram, memupuk dan seterusnya. Hanya dengan demikian barulah tanaman mampu tumbuh dengan baik dan petani tersebut dapat memanen hasilnya dengan berlimpah. Oleh karena itu, apabila Anda memiliki iman yang sebesar biji sesawi, Anda harus menabur dan menanam iman Anda sehingga iman tersebut akan tumbuh menjadi pohon yang besar di mana banyak burung datang dan beristirahat.

Di satu sisi, "burung" dalam Perumpamaan Penabur dalam Matius 13:1-9 melambangkan iblis yang memakan benih-benih Firman Allah, yang jatuh di sepanjang jalan.

Dengan kata lain, burung dalam Matius 13:31-32 melambangkan orang-orang: *"Hal kerajaan surga itu seumpama biji sesawi yang diambil dan ditaburkan orang diladangnya, memang biji itu yang paling kecil dari segala jenis benih; tapi apabila sudah tumbuh sesawi tiu lebih besar daripada sayuran yang lain, dan bahkan menjadi pohon, sehingga burung-burung di udara datang bersarang pada cabang-cabangnya".*

Seperti halnya banyak burung beristirahat dan hinggap di pohon besar, apabila iman Anda bertumbuh sampai pada ukuran penuh, banyak orang dapat beristirahat secara rohani pada

Anda karena Anda mampu untuk membagi iman Anda dan menguatkan mereka dengan anugerah Allah.

Juga, semakin Anda menjadi suci, semakin Anda memiliki kasih dan kebaikan rohani. Sebagai hasilnya, Anda akan merangkul banyak orang dan ini adalah jalan pintas untuk sungguh-sungguh maju menuju surga.

Yesus berfirman dalam Matius 5:5, *"Diberkatilah orang-orang yang lembut hati karena mereka akan mewarisi bumi"*. Bacaan ini mengajarkan Anda bahwa semakin iman Anda tumbuh maka semakin Anda menjadi lembut hati, tempat lebih besar dalam surga akan Anda warisi.

Perbedaan kemuliaan dalam surga sesuai dengan tingkat iman

Rasul Paulus berkata pada tubuh kita yang dibangkitkan dalam 1 Korintus 15:41: *"Kemuliaan matahari lain dari kemuliaan bulan, dan kemuliaan bulan lain dari kemuliaan bintang-bintang, dan kemuliaan bintang satu lain dengan kemuliaan bintang lain."* Setiap orang akan menerima ukuran kemuliaan yang berbeda dalam surga karena Allah membayar upah setiap orang sesuai dengan apa yang telah mereka lakukan.

Di sini, "kemuliaan matahari" merujuk kepada kemuliaan mereka yang telah disucikan sepenuhnya dan beriman dalam segenap rumah Allah. "Kemuliaan bulan" merujuk kepada kemuliaan orang-orang yang lebih rendah dari kemegahan matahari, dan "kemuliaan bintang" merujuk kepada mereka yang memiliki iman lebih lemah dibanding mereka yang memiliki kemuliaan bulan.

Kalimat, "kemuliaan bintang satu berbeda dengan kemuliaan bintang lainnya" berarti bahwa sebagaimana halnya bintang yang memiliki perbedaan tingkat kecerahan, masing-masing kita akan menerima upah dan peringkat surgawi yang berbeda dalam surga setelah kebangkitan meskipun kita masuk ke dalam tempat tinggal yang sama.

Dengan cara ini, Alkitab mengajarkan kepada kita bahwa masing-masing kita memiliki perbedaan kemuliaan apabila kita masuk ke dalam surga setelah kebangkitan. Hal ini membimbing kita untuk menyadari bahwa tempat tinggal surgawi dan upah kita akan berbeda sesuai dengan berapa banyak kita memiliki iman rohani dengan menyingkirkan dosa-dosa dan berapa banyak kita beriman kepada kerajaan Allah ketika kita hidup di dunia ini.

Tapi, orang-orang jahat dan malas dalam menyingkirkan dosa-dosa dan memenuhi tanggungjawab mereka tidak akan dapat masuk ke dalam surga tapi malah akan dibuang ke dalam kegelapan (Matius 25). Karena itu, Anda harus bersungguh-sungguh untuk maju terus menuju surga yang indah dengan iman.

Bagaimana untuk maju menuju surga

Orang-orang di dunia ini menghabiskan seluruh hidup mereka untuk memperoleh kekayaan yang tidak dapat mereka miliki selamanya. Sebagian orang bekerja keras untuk membeli rumah dengan mengencangkan ikat pinggang mereka, sementara sebagian lainnya belajar keras dan kurang tidur supaya mereka dapat memperoleh pekerjaan yang baik. Apabila orang-orang melakukan yang terbaik untuk memiliki hidup yang lebih baik di dunia ini, yang hanya sementara ini, berapa banyak upaya yang harus kita buat untuk hidup kekal di surga? Mari kita pelajari dengan detil bagaimana untuk maju menuju surga.

Pertama-tama, Anda harus menaati firman Allah. Ia mendorong Anda untuk melanjutkan keselamatan Anda dengan takut dan gentar (Filipi 2:12). Setan dan iblis akan merampas iman Anda apabila Anda tidak sadar. Oleh karena itu, Anda harus menaati firman Allah sebagai *"lebih manis dari madu, bahkan daripada madu dari tetesan sarang lebah"* (Mazmur 19:10) dan tinggal dalam firman. Anda akan diselamatkan bukan apabila Anda menyebut Yesus, "Tuhan, Tuhan" tapi apabila Anda berbuat sesuai dengan kehendak Allah dengan bantuan Roh Kudus.

Kedua, Anda harus memakai baju zirah Allah. Supaya dapat lebih kuat dalam Tuhan dalam kuasa-Nya dan melawan rencana iblis, Anda harus memakai baju zirah Allah. Perjuangan Anda bukan melawan daging dan darah, tapi melawan penguasa, melawan otoritas, melawan kuasa kegelapan dunia ini dan melawan kekuatan rohani iblis dalam alam surgawi. Itulah kenapa, hanya apabila Anda memakai baju zirah Allah barulah Anda akan mampu untuk berdiri kokoh saat hari iblis datang dan tetap berdiri setelah Anda menyelesaikan semuanya (Efesus 6:10-13).

Oleh karena itu, Anda harus berdiri kokoh dengan sabuk kebenaran melingkari pinggang Anda, dengan penutup dada kebenaran terpasang, dan dengan kaki Anda terpasang dengan kesiagaan yang datang dari injil damai. Selain itu, angkatlah perisai iman, yang dengannya Anda dapat memadamkan semua panah api dari orang jahat. Pakailah helm keselamatan dan pedang Roh, yang merupakan firman Allah. Dan berdoa dalam Roh pada setiap kesempatan dengan segala jenis doa dan permintaan. Dengan hal-hal ini, waspadalah dan selalu berdoa (Efesus 6:14-18). Tempat tinggal Anda di surga akan ditentukan oleh berapa banyak Anda menempatkan alat persenjataan lengkap Allah dan berapa banyak Anda mengalahkan Setan dan iblis.

Ketiga, Anda harus memiliki kasih rohani setiap saat. Dengan iman, Anda mampu untuk masuk surga, dan dengan harapan akan surga, Anda mampu untuk berdiam dalam kebenaran. Dengan kuasa kasih, Anda juga mampu untuk menjadi suci dan beriman dalam semua tanggungjawab Anda.

Selain itu, Anda mampu untuk masuk ke dalam Yerusalem Baru, tempat terindah di surga, apabila Anda menyempurnakan kasih sempurna. Anda harus menyempurnakan kasih sempurna untuk dapat tinggal di dalam Yerusalem Baru di mana Allah ada karena kasih-Nya.

Sebagaimana rasul Paulus mengatakan kepada kita dalam 1 Korintus 13:13, *"Demikianlah tinggal ketiga hal ini, yaitu iman, pengharapan dan kasih, dan yang paling besar di antaranya ialah kasih"*, Anda harus maju menuju surga dengan kasih rohani. Selanjutnya, Anda perlu mengetahui bahwa tempat tinggal di dalam surga akan ditentukan sesuai dengan berapa banyak Anda menyempurnakan kasih.

3. Perbedaan Tempat Tinggal dan Mahkota

Orang-orang dalam dunia tiga dimensi tidak dapat mengetahui tentang surga, yang merupakan bagian dari dunia empat dimensi. Tapi, sebagai manusia iman, Anda menjadi tertarik dan bersukacita meskipun hanya mendengar kata "surga", karena kerajaan surga adalah rumah Anda di mana Anda akan hidup selamanya di sana. Apabila Anda belajar dengan detil tentang surga, tidak hanya jiwa Anda yang menjadi baik tapi juga iman Anda akan tumbuh lebih cepat karena Anda menjadi penuh harapan akan kerajaan surga.

Di dalam surga, terdapat banyak tempat tinggal yang telah dipersiapkan Allah untuk anak-anak-Nya (Ulangan 10:14; 1 Raja-raja 8:27; Nehemia 9:6; Mazmur 148:4; Yohanes 14:2). Masing-masing Anda akan memiliki tempat tinggal yang berbeda sesuai dengan ukuran iman Anda dan karena Allah menghendaki demikian, ia membuat Anda memungut apa yang Anda tabur (Galatia 6:7) dan mengupah Anda sesuai dengan apa yang telah Anda lakukan (Matius 16:27; Wahtu 2:23).

Seperti telah saya jelaskan sebelumnya, kerajaan surga dibagi menjadi beberapa tempat seperti Firdaus, Kerajaan Pertama, Kerajaan Kedua, dan Kerajaan Ketiga di mana terdapat Yerusalem Baru. Tahta Allah berada di Yerusalem Baru, Seperti halnya rumah dinas resmi presiden Korea, Cheong Wa Dae, berada di ibukota Seoul, dan rumah dinas resmi presiden Amerika Serikat, Gedung Putih, berada di ibukota Washington D.C.

Alkitab juga mengatakan kepada kita mengenai jenis-jenis mahkota, yang akan diberikan sebagai upah untuk anak-anak

Allah. Di tengah banyak misi, membawa jiwa-jiwa kepada Tuhan dan membangun rumah perlindungan-Nya layak untuk menerima upah besar.

Ada beberapa jalan untuk membawa jiwa-jiwa kepada Tuhan. Anda dapat ikut serta dalam menginjilkan orang-orang, membantu upaya dengan memberikan berbagai jenis persembahan, atau secara tidak langsung menginjilkan orang-orang dengan pekerjaan penuh iman untuk kerajaan Allah dengan berbagai bakat Anda. Secara tidak langsung artinya membawa jiwa-jiwa kepada Tuhan juga penting untuk memperluas kerajaan Allah, sebagaimana halnya setiap bagian tubuh Anda tidak dapat dipisahkan.

Meskipun demikian, keikutsertaan langsung dalam menginjilkan orang-orang dan membangun rumah perlindungan di mana orang-orang berkumpul untuk menyembah, layak mendapat upah besar karena hal ini dapat disamakan dengan melepaskan dahaga Yesus dan membayar kembali darah-Nya.

Ada perbedaan standar di mana Anda memperoleh mahkota di surga, dan tingkat keberhargaan mereka berbeda dari satu mahkota ke mahkota lainnya. Sesuai dengan mahkotanya, Anda akan mampu untuk mengenali ukuran penyucian, penghargaan, dan tempat tinggal surgawi dari masing-masing orang, seperti halnya pada masa kerajaan dulu, kita dapat membedakan status sosial seseorang dari pakaian mereka.

Mari kita pelajari hubungan antara ukuran iman, tempat tinggal di dalam surga, dan mahkota yang diberikan.

Firdaus untuk orang-orang yang berada pada tingkat pertama iman

Firdaus adalah tempat terendah di surga, meskipun demikian tempat ini tidak terbayangkan indahnya, penuh kebahagiaan dan kegembiraan dan tempat yang sangat damai bila dibandingkan dengan dunia ini. Oleh karena itu, betapa penuh kebahagiaannya sebuah tempat yang tidak terdapat dosa sama sekali. Firdaus masih lebih baik dibanding Taman Eden di mana Allah menempatkan Adam dan Hawa setelah ia menciptakan mereka.

Firdaus adalah tempat indah di mana Sungai Kehidupan, yang berasal dari tahta Allah, mengalir turun dari Kerajaan Ketiga, Kerajaan Kedua, dan Kerajaan Pertama. Di kedua sisi sungai berdiri pohon kehidupan, yang berbuah dua belas kali, memanen buahnya setiap bulan sekali (Wahyu 22:2).

Firdaus diperuntukkan bagi mereka yang menerima Yesus tapi tidak memiliki perbuatan iman. Itulah kenapa, orang-orang yang berada pada tingkat pertama iman, yang hanya menerima keselamatan dan Roh Kudus, masuk ke Firdaus. Tidak ada mahkota atau upah yang diberikan kepada mereka karena mereka tidak memperlihatkan perbuatan iman.

Kita menemukan dalam Lukas 23:43 bahwa pada salib Yesus mengatakan kepada seorang penjahat yang berada di sebelah-Nya, *"Sungguh Aku berkata kepadamu, hari ini juga engkau akan berada bersama-Ku di Firdaus".* Ini tidak berarti bahwa Yesus hanya tinggal di Firdaus; Yesus tinggal di mana saja di surga karena Ia adalah Pemilik Surga. Anda juga membaca dalam Alkitab bahwa Yesus, setelah kematian-Nya, pergi ke Makam Teratas, bukan ke Firdaus.

Efesus 4:9 mengatakan, *"Bukankah "Ia telah naik"* *berarti, bahwa Ia juga telah turun ke bagian bumi yang* *paling bawah?"* Juga dalam 1 Petrus 3:18-19 kita menemukan, *"Sebab juga Kristus telah mati sekali untuk segala dosa* *kita, Ia yang benar untuk orang-orang yang tidak benar,* *supaya Ia membawa kita kepada Allah; Ia, yang telah* *dibunuh dalam keadaan-Nya sebagai manusia, tetapi yang* *telah dibangkitkan menurut Roh; dan di dalam Roh itu juga* *Ia pergi memberitakan Injil kepada roh-roh yang di dalam* *penjara".* Dengan kata lain, Yesus pergi ke Makam Teratas dan menyebarkan injil di sana dan naik kembali pada hari ketiga.

Oleh karena itu, Yesus berfirman, *"Hari ini juga engkau* *akan bersamaku di Firdaus"* artinya bahwa Yesus meramalkan kenyataan bahwa dalam iman penjahat tersebut akan diselamatkan dan masuk ke Firdaus. Penjahat tersebut hanya menerima keselamatan yang memalukan dan masuk ke Firdaus karena ia hanya menerima Yesus sesaat sebelum kematiannya, dan tidak memiliki upaya apapun untuk berjuang melawan dosa-dosanya atau memnuhi kewajibannya terhadap kerajaan Allah.

Kerajaan Pertama surga

Tempat seperti apa Kerajaan Pertama Surga itu? Ada perbedaan besar mengenai kehidupan antara Firdaus dan dunia ini, Kerajaan Pertama surga adalah tempat yang lebih bahagia dan lebih gembira bila dibandingkan dengan Firdaus.

Apabila kebahagiaan orang yang telah pergi ke Kerajaan Pertama dibandingkan dengan kegembiraan ikan mas di dalam akuarium, maka kegembiraan orang yang telah pergi ke Kerajaan

Kedua dapat dibandingkan dengan kegembiraan ikan paus di Samudera Pasifik. Sebagaimana halnya ikan mas di dalam akuarium lebih nyaman dan lebih bahagia apabila ikan tersebut berada di akuarium, orang yang telah pegi ke Kerajaan Pertama merasa puas berada di sana dan merasa benar-benar bahagia.

Sekarang anda mengetahui bahwa terdapat perbedaan dalam ukuran kebahagiaan di tengah tempat tinggal surgawi. Dapatkah anda bayangkan betapa mulianya kehidupan orang yang berada di Yerusalem baru, di mana di sana terdapat singgasana Allah. Begitu cemerlang, indah, dan mendebarkan hati melampaui apapun yang pernah anda bayangkan. Itulah kenapa anda harus menumbuhkan iman dengan rajin berharap akan Yerusalem Baru tanpa pernah merasa puas dengan hanya mencapai Firdaus atau Kerajaan Pertama.

Apabila anda menjadi anak Allah dengan menerima Yesus Kristus sebagai Juru Selamat anda, dengan bantuan Roh Kudus anda dapat mencapai tingkat kedua iman yang dengannya anda berusaha untuk hidup oleh firman Allah. Pada tahap ini, anda membuat upaya untuk menjaga firman Allah sebanyak yang anda pelajari tapi masih belum sempurna dalam menjalani hidup oleh firman.

Ini serupa dengan seorang bayi yang masih belum setahun tapi berusaha untuk berdiri dan jatuh berulangkali. Setelah berlatih berkali-kali, akhirnya bayi tersebut dapat berdiri, bertatah, dan kemudian bahkan bisa berlari. Bagi ibunya, betapa membahagiakannya apabila bayinya terus bertumbuh seperti itu?

Hal ini serupa dengan tahapan-tahapan iman. Seperti halnya bayi yang berusaha berdiri, berjalan, dan berlari karena ia hidup, iman, karena memiliki hidup di dalamnya, maju ke depan untuk mencapai tingkat kedua iman, dan kemudian, tingkat ketiga iman. Oleh karena itu, Allah memberikan Kerajaan Pertama untuk mereka yang berada pada tingkat kedua iman karena Allah juga mengasihi mereka.

Mahkota keabadian

Anda akan menerima mahkota pada Kerajaan Pertama surga. Ada beberapa jenis mahkota di surga, dengan surga itu sendiri dibagi menjadi banyak tempat tinggal: Mahkota keabadian, mahkota kemuliaan, mahkota kehidupan, mahkota emas, dan mahkota kebenaran. Di antara mahkota-mahkota ini, untuk mereka yang masuk ke Kerajaan Pertama, akan diberikan mahkota keabadian.

Hal ini disebutkan dalam 2 Timotius 2:5-6, *"Seorang olahragawan hanya dapat memperoleh mahkota sebagai juara, apabila ia bertanding menurut peraturan-peraturan olahraga. Petani yang bekerja keras haruslah yang pertama menikmati hasil usahanya."* Sebagaimana halnya kita menerima upah untuk pekerjaan kita di dunia ini, kita juga akan menerima upah apabila kita berjalan di jalan sempit menuju surga.

Seorang atlet menerima medali emas atau karangan bunga hanya apabila ia telah menyelesaikan pertandingan sesuai dengan peraturan dan menang. Dengan cara yang sama, anda dapat menerima mahkota hanya apabila anda bertanding sesuai dengan firman Allah saat anda bersungguh-sungguh maju menuju surga.

Yesus berfirman, *"Bukan setiap orang yang berseru kepadaku, Tuhan, Tuhan, akan masuk ke dalam kerajaan surga, melainkan dia yang melakukan kehendak Bapa ku yang di surga"*. (Matius 7:21). Meskipun seseorang mengaku percaya dalam Allah, apabila ia mengabaikan hukum rohani, hukum Allah, ia tidak dapat diberikan mahkota apapun karena imannya hanya berupa pengetahuan dan ia sebagaimana halnya atlet tidak bertanding sesuai dengan peraturan.

Tapi, meskipun iman anda lemah, anda akan dihargai dan mungkin diberikan mahkota keabadian apabila anda berusaha untuk bertanding sesuai dengan aturan Allah. Anda akan menerima mahkota keabadian karena anda dianggap telah berpartisipasi dan bertanding dalam lomba sesuai dengan peraturan.

Perlombaan untuk orang beriman adalah perjuangan melawan iblis dan dosa. Penghargaan untuk orang yang menang lomba dengan mengalahkan iblis adalah mahkota yang kekal.

Anggap anda hanya menghadiri kebaktian penyembahan Minggu pagi dan berkumpul dengan teman-teman anda pada sore harinya. Pada kasus tersebut, anda bahkan tidak akan menerima mahkota keabadian karena anda tidak mengikuti pertempuran melawan Setan dan iblis.

1 Korintus 9:25 mengatakan, *"Dan tiap-tiap orang yang turut mengambil bagian dalam pertandingan menguasai dirinya dalam segala hal. Mereka berbuat demikian untuk memperoleh suatu mahkota yang fana, tetapi kita untuk memperoleh mahkota yang abadi."*

Adalah cara untuk setiap orang yang bertanding dalam pertandingan dengan berlatih keras dan bertanding sesuai dengan peraturan, untuk mencapai surga, kita harus berlatih keras dan hidup oleh kehendak Allah. Karena itu Allah mempersiapkan sebuah mahkota yang tidak akan musnah untuk mereka yang berusaha hidup dengan hukum-Nya di dunia ini, kita mengetahui betapa berlimpahnya kasih Allah!

Selain itu, tidak seperti Firdaus, upah dipersiapkan untuk mereka yang mencapai Kerajaan Pertama. Upah dan kemuliaan yang tepat akan diberikan untuk mereka yang masuk ke tempat ini karena dalam nama Tuhan mereka berupaya untuk kerajaan Allah.

Kerajaan Kedua

Kerajaan Kedua setingkat lebih tinggi dibanding Kerajaan Pertama. Orang-orang yang berada pada tingkat ketiga iman, yang hidup oleh firman Allah, dapat masuk ke dalam Kerajaan Kedua. Disekitar ibukota Korea, Seoul, terdapat kota-kota satelit, dan di sekitar kota-kota satelit tersebut terdapat daerah pinggiran.

Dengan cara yang sama, dalam surga, Yerusalem Baru terletak di tengah Kerajaan Ketiga dan mengelilingi Kerajaan Ketiga adalah Kerajaan Kedua, Kerajaan Pertama dan Firdaus. Tentu saja, ini tidak berarti bahwa tiap-tiap tempat tinggal surga menyebar seperti kota-kota di dunia ini.

Dengan keterbatasan pengetahuan manusia, kita tidak dapat memahami dengan baik mengenai keajaiban dan kemisteriusan yang ada di surga. Anda perlu untuk memahaminya sebanyak mungkin, tapi tetap saja anda tidak dapat memahaminya dengan baik meskipun anda berusaha untuk menggambarnya dengan pemikiran dan imajinasi anda. Anda dapat memahami surga sebanyak iman anda bertumbuh karena surga tidak dapat dijelaskan dengan apapun yang ada di dunia ini.

Raja Salomo, dengan kekayaan yang sangat besar, kemakmuran, dan kuasa, mengeluh pada usia tuanya, *"'Kesiasiaan belaka', kata Pengkhotbah, 'Segala sesuatu adalah siasia'. Apakah gunanya manusia berusaha dengan jerih payah di bawah matahari?"* (Pengkhotbah 1:2-3)

Dalam Yakobus 4:14 kita juga diingatkan, *"sedang kamu tidak tahu apa yang akan terjadi besok. Apakah arti hidupmu? Hidupmu itu sama seperti uap yang sebentar saja kelihatan lalu lenyap."* Kekayaan dan kemakmuran seseorang di dunia ini hanya untuk sesaat dan akan musnah.

Dibandingkan dengan kehidupan kekal, kehidupan yang kita jalani sekarang hanya seperti kabut yang terlihat sesaat kemudian lenyap. Tapi, mahkota yang diberikan Allah adalah kekal dan tidak pernah musnah, dan ini adalah hadiah yang sangat bernilai dan berharga yang akan menjadi sumber kebanggaan abadi seseorang.

Jadi, betapa tidak berartinya kehidupan seseorang apabila ia tidak dapat memberikan kemuliaan kepada Allah padahal ia mengaku beriman dalam Allah. Tapi, apabila seseorang berada pada tingkat ketiga iman, karena ia melakukan apapun dengan tulus, ia akan mendengar tetangganya berkata, "Setelah bertemu anda, saya harus mulai menghadiri kebaktian gereja!"

Dengan cara ini, ia memberikan kemuliaan untuk Allah dan itulah kenapa Allah memberikan upah mahkota kemuliaan.

Mahkota kemuliaan

Kita menemukan dalam 1 Petrus 5:2-4 perintah Allah untuk kita:

Gembalakanlah kawanan domba Allah yang ada
padamu, jangan dengan paksa, tetapi dengan sukarela
sesuai dengan kehendak Allah; dan jangan karena mau
mencari keuntungan, tetapi dengan pengabdian diri;
janganlah kamu berbuat seolah-olah kamu mau
memerintah atas mereka yang dipercayakan kepadamu,
tetapi hendaklah kamu menjadi teladan bagi kawanan
domba itu. Maka apabila Gembala Agung datang, kamu
akan menerima mahkota kemuliaan yang tidak dapat
layu.

Apabila anda memasuki tingkat ketiga iman, anda mengeluarkan aroma Yesus Kristus karena perkataan dan kebiasaan anda telah cukup berubah untuk menjadi terang dan garam dunia karena anda menyingkirkan dosa-dosa anda sampai menitikkan darah. Apabila seseorang, yang sebelumnya mudah marah dan memaki orang lain, menjadi lembut hati dan berkata hanya kebaikan kepada orang lain, maka tetangganya akan berkata, "Ia berubah banyak sejak ia menjadi orang Kristen". Dengan cara ini Allah akan dimuliakan karena orang tersebut.

Oleh karena itu, mahkota kemuliaan yang tidak akan pudar akan diberikan kepada orang-orang yang menjadi baik contohnya kepada kawanan domba karena mereka memuliakan Allah dengan rajin menyingkirkan dosa dan menjadi beriman pada kewajiban yang diberikan Allah kepadanya di dunia ini. Apa yang kita lakukan dalam nama Tuhan dan apa yang kita lakukan untuk memenuhi kewajiban kita sambil menyingkirkan dosa-dosa akan ditimbun di surga sebagai upah.

Kemuliaan dunia ini akan busuk, tapi semua kemuliaan

yang anda berikan kepada Allah tidak akan pernah layu, dan kemuliaan itu akan kembali kepada anda sebagai mahkota kemuliaan yang tidak akan pernah musnah selamanya.

Terkadang anda bertanya kepada diri anda sendiri, "Orang itu pasti sempurna dalam semua hal, menyerupai sikap Tuhan karena ia sangat beriman pada pekerjaan Allah. Tapi, kenapa ia masih memiliki kejahatan di dalam dirinya?"

Dalam kasus seperti itu, ia masih belum disucikan sepenuhnya oleh perjuangan melawan dosa-dosanya tapi ia memberikan kemuliaan kepada Allah dengan melakukan yang terbaik dalam memenuhi kewajibannya. Itulah kenapa ia akan mendapatkan mahkota kemuliaan yang tidak akan pernah pudar.

Jadi, kenapa disebut dengan "mahkota kemuliaan?" Kebanyakan orang menerima hadiah setidaknya sekali atau dua kali dalam masa hidup mereka. Semakin besar hadiah yang anda terima, semakin senang dan sombong anda jadinya. Meskipun demikian, tengoklah kebelakang untuk sesaat, anda akan merasa bahwa kemuliaan dunia ini tidak berarti. Itu karena surat nikah hanya akan menjadi sepotong kertas lusuh, piala akan berdebu, dan ingatan, meskipun kuat, akan menjadi pudar.

Sebaliknya, kemuliaan yang akan anda terima di surga tidak akan pernah berubah. Itulah kenapa Yesus mengatakan kepada kita, *"Tetapi kumpulkanlah bagimu harta di sorga; di sorga ngengat dan karat tidak merusakkannya dan pencuri tidak membongkar serta mencurinya"*.

Oleh karena itu, "mahkota kemuliaan", apabila dibandingkan dengan mahkota di dunia ini, memperlihatkan kepada kita bahwa kemuliaan dan kecerahannya akan abadi. Dengan melihat bahwa mahkota di surga adalah abadi, anda dapat membayangkan betapa sempurnanya segala hal di sana.

Jadi, akan bagaimana perasaan orang-orang di tempat terendah surga – Firdaus atau Kerajaan Pertama - apabila seseorang yang memakai mahkota kemuliaan datang mengunjungi mereka. Di surga, orang-orang yang berada di tempat tinggal terendah memuji dan mengagumi dari dasar hati mereka pada orang yang memiliki posisi lebih tinggi, menunduk kepadanya, bahkan tanpa mengangkat kepala mereka membungkuk terhadap raja.

Meskipun demikian, orang-orang tidak membenci atau iri atau dengki kepadanya karena tidak ada kejahatan di surga. Malah, orang-orang melihat kepadanya dengan hormat dan kasih. Di surga, anda tidak merasa sulit atau bangga apabila anda membungkuk dengan hormat atau anda menerima hormat dari orang lain karena anda hidup di tempat tinggal yang lebih tinggi. Orang-orang hanya memperlihatkan rasa hormat mereka atau menerima orang lain dengan kasih, menghormati satu sama lain sebagai mahluk yang mulia.

Kerajaan Ketiga

Kerajaan Ketiga surga diperuntukkan bagi mereka yang hidup sepenuhnya oleh firman Allah dan memiliki iman seorang martir, menganggap hidup mereka tidak berarti karena mereka mengasihi Allah sepenuhnya. Orang-orang yang berada pada tingkat keempat iman dipersiapkan untuk mati demi Tuhan.

Banyak orang Kristen dibunuh pada masa terakhir Dinasti Chosun di Korea. Selama periode itu, terdapat penganiayaan dan penindasan berat terhadap orang-orang Kristen. Pemerintah bahkan menjanjikan hadiah untuk mereka yang melaporkan keberadaan orang Kristen. Meskipun demikian, misionaris dari Amerika Serikat dan Eropa tidak takut mati dan menyebarkan injil dengan lebih giat. Banyak orang dibunuh sampai injil menjadi berkembang seperti kita lihat sekarang.

Oleh karena itu, apabila anda ingin melakukan misionari ke negara lain, saya berpesan kepada anda untuk memiliki iman martir. Meskipun menderita kesulitan ketika sedang bekerja sebagai misionaris di negara asing, ia akan mampu untuk bekerja dengan gembira dan bersyukur karena ia mengtahui bahwa penderitaan dan kesakitannya akan lebih diberikan upah di surga.

Sebagian orang mungkin berpikir, 'Sekarang, saya hidup di negara yang tidak ada penindasan karena di negara tersebut ada kebebasan beragama. Jadi, saya merasa sedih karena tidak dapat mati untuk kerajaan Allah meskipun saya memiliki iman kuat untuk mati sebagai martir'. Jangan berpikir seperti itu. Saat ini, anda tidak perlu mati sebagai martir untuk menyebarkan injil seperti pada saat awal-awal gereja.

Tapi, apabila diperlukan, pasti akan ada martir. Tapi apabila anda dapat lebih bekerja untuk Allah dengan iman untuk mengorbankan bahkan hidup anda, tidakkah Allah akan lebih berkenan kepada anda, bahkan meskipun anda tidak mati sebagai martir?

Selain itu, Allah yang mencari hati anda mengetahui apa jenis iman yang anda tunjukkan dalam situasi yang mengancam hidup anda untuk injil; ia mengetahui di dalam dan pusat hati anda. Mungkin lebih mulia bagi anda untuk hidup sebagai martir yang hidup, seperti pepatah lama yang mengatakan, "Lebih sulit untuk hidup daripada untuk mati".

Dalam hidup kita sehari-hari, kita dapat menghadapi banyak masalah hidup dan mati yang memerlukan kita untuk memiliki iman martir. Sebagai contoh, berpuasa dan berdoa siang dan malam adalah mustahil tanpa ketetapan hati yang kuat dan iman karena seseorang yang berpuasa dan berdoa untuk menerima jawaban Allah berisiko kehilangan nyawanya. Jadi, orang-orang seperti apa yang akan masuk ke Kerajaan Ketiga surga? Yaitu mereka yang telah disucikan sepenuhnya.

Pada masa-masa awal gereja, saat banyak orang yang mampu mati untuk Yesus Kristus, banyak dari mereka yang memenuhi syarat untuk masuk ke Kerajaan Ketiga. Tapi, saat ini, hanya benar-benar sedikit orang-orang yang menyingkirkan dosa terhadap Allah dapat masuk ke Kerajaan Ketiga karena orang-orang jahat sangat banyak di dunia.

Mereka dengan iman bapa dapat masuk ke Kerajaan Ketiga karena mereka menyingkirkan semua dosa dengan mengatasi segala jenis kesulitan dan ujian, menjadi disucikan sepenuhnya, dan menjadi beriman sampai titik kematian. Oleh karena itu, Allah menghargai kemuliaan mereka, memberikan malaikat dan pelayan surga untuk menjaga mereka, dan melindungi mereka dengan awan kemuliaan.

Mahkota kehidupan

Mahkota jenis apa yang akan diterima di Kerajaan Ketiga? Mereka akan dipakaikan mahkota kehidupan, sebagaimana Yesus berjanji dalam Wahyu 2:10, *"Hendaklah engkau setia sampai mati, dan Aku akan mengaruniakan kepadamu mahkota kehidupan".*

Disini, "setia" bukan hanya berarti bahwa anda setia pada kewajiban anda di gereja. Tapi sangatlah penting untuk menyingkirkan segala jenis kejahatan dengan berjuang melawan dosa-dosa anda sampai titik menumpahkan darah tanpa kompromi dengan dunia. Apabila anda menyempurnakan hati yang bersih dan suci dengan berjuang melawan dosa-dosa sampai titik kematian, anda akan menerima mahkota kehidupan.

Juga, mahkota kehidupan akan diberikan apabila anda menempatkan kehidupan anda untuk tetangga dan teman-teman anda apabila anda tabah dalam ujian dan setelah anda telah bertahan dalam ujian (Yohanes 15:13; Yakobus 1:12).

Sebagai contoh, apabila orang-orang menghadapi ujian, banyak dari mereka enggan bertahan tanpa hati yang bersyukur, menjadi gila tanpa ketahanan, atau mengeluh kepada Allah.

Sebaliknya, apabila seseorang dapat mengatasi berbagai jenis ujian dengan gembira, ia dianggap telah disucikan sepenuhnya. Orang yang sangat mengasihi Allah dapat menjadi beriman sampai titik kematian dan mengatasi berbagai jenis ujian dengan gembira.

Selain itu, ada perbedaan besar dalam kualitas hidup orang-orang tergantung apakah mereka berada di tingkat pertama, kedua, ketiga, atau keempat iman. Orang yang jahat bahkan tidak dapat membahayakan seseorang yang berada di tingkat keempat iman. Bahkan apabila penyakit tertentu menyerangnya, ia segera mengetahuinya.

Karena itu, ia meletakkan tangannya pada bagian tubuh yang sakit, dan kemudian penyakit tersebut lenyap. Apabila seseorang berada di tingkat kelima iman, tidak ada penyakit yang dapat menyerangnya karena terang kemuliaan mengelilinginya setiap saat.

Tujuan utama Allah untuk bercocok tanam umat manusia di bumi ini adalah untuk memelihara dan memperoleh anak sejati yang dapat masuk ke Kerajaan Ketiga dan yang lebih tinggi. Setiap tempat tinggal di surga adalah indah dan membahagiakan untuk ditempati, tapi surga dalam arti sesungguhnya adalah Kerajaan Ketiga dan yang lebih tinggi di mana anak suci dan sempurna Allah dapat masuk dan hidup di dalamnya. Ada area terpisah untuk anak sejati Allah yang telah hidup sesuai dengan kehendak Allah. Di sana, mereka dapat bertemu Allah secara langsung.

Selain itu, karena Allah kasih menghendaki setiap orang untuk masuk ke Kerajaan Ketiga surga atau yang lebih tinggi, ia membantu anda untuk disucikan dengan bantuan Roh Kudus dengan memberikan anda anugerah dan kuasa-Nya apabila anda berdoa dengan tekun dan mendengar firman kehidupan.

Amsal 17:3 mengatakan kepada kita, *"Kui adalah untuk melebur perak dan perapian untuk melebur emas, tetapi TUHAN lah yang menguji hati"*. Allah menyucikan kita untuk menjadikan kita anak sejati-Nya.

Saya berharap bahwa anda akan disucikan segera dengan menyingkirkan dosa-dosa anda oleh perjuangan melawan dosa-dosa sampai titik menumpahkan darah, dan memiliki iman sempurna seperti yang dikehendaki Allah kepada kita.

Yerusalem Baru

Semakin banyak anda mengetahui surga, semakin misterius

jadinya. Yerusalem Baru adalah tempat paling indah di surga dan disanalah singgasana Allah berada. Sebagian orang salah mengerti dan berpikir bahwa semua jiwa yang diselamatkan akan hidup di Yerusalem Baru, atau surga itu adalah Yerusalem Baru.

Tapi, sebenarnya tidak seperti itu. Dalam Wahyu 21:16-17, ukuran kota Yerusalem Baru adalah: Lebar, panjang dan tingginya sekitar 1.400 mil (atau sekitar 2.200 kilometer). Kelilingnya sekitar 5.600 mil. Sebuah wilayah yang sedikit lebih kecil daripada Cina.

Surga akan menjadi sesak dengan semua jiwa yang diselamatkan apabila Yerusalem Baru adalah semua surga itu. Tapi, kerajaan surga tidak terbayangkan luasnya, dan Yerusalem Baru hanya sebagian dari kerajaan surga.

Jadi, siapa yang memenuhi syarat untuk masuk Yerusalem Baru?

> *Berbahagialah mereka yang membasuh jubahnya. Mereka akan memperoleh hak atas pohon-pohon kehidupan dan masuk melalui pintu-pintu gerbang ke dalam kota itu. (Wahyu 22:14).*

Di sini "jubah" merujuk pada hati dan perbuatan anda, dan "membasuh jubah" berarti anda mempersiapkan diri sebagai mempelai Yesus Kristus dalam tingkah laku yang baik saat anda terus menerus menyucikan hati.

"Hak untuk memperoleh pohon kehidupan", menunjukkan bahwa anda akan diselamatkan oleh iman dan masuk ke surga. "Masuk melalui pintu-pintu gerbang ke dalam kota itu" berarti bahwa anda akan melalui gerbang-gerbang mutiara Yerusalem Baru setelah anda melewati setiap kerajaan surga sesuai dengan pertumbuhan iman anda. Yaitu, sampai batas mana anda disucikan anda mampu untuk lebih dekat pada Kota Suci di mana terdapat tahta Allah.

Karena itu, anda dapat masuk ke Kota Yerusalem hanya apabila anda berada di tingkat kelima iman yang dengannya anda memuliakan Allah dengan menjadi disucikan sepenuhnya dan setia pada semua tanggungjawab anda. Iman yang berkenan kepada Allah adalah jenis iman yang cukup kuat bahkan untuk menggerakkan hati Allah atau membuat-Nya bertanya kepada anda, "Apa yang harus Aku lakukan untukmu?" bahkan sebelum anda meminta apapun pada-Nya. Ini adalah iman rohani sempurna, iman Yesus Kristus yang dalam hal apapun sama dengan hati Allah.

Yesus, dalam segala hal adalah Allah tetapi Ia yang walaupun dalam rupa Allah, tidak menganggap kesetaraan dengan Allah itu sebagai milik yang harus dipertahankan. Ia telah mengosongkan diri-Nya sendiri, dan mengambil rupa seorang hamba, dan menjadi sama dengan manusia. Dan dalam keadaan sebagai manusia, Ia telah merendahkan diri-Nya dan taat sampai mati (Filipi 2:6-8).

Itulah sebabnya Allah sangat meninggikan Dia dan mengaruniakan kepada-Nya nama di atas segala nama (Filipi 2:9), kehormatan untuk duduk di sebelah kanan Allah, dan otoritas untuk menjadi Raja segala raja, dan Tuan segala tuhan.

Demikian juga, untuk dapat masuk ke dalam Yerusalem Baru, Anda harus taat sampai mati seperti Yesus bila itu merupakan kehendak Allah. Sebagian dari Anda mungkin bertanya kepada diri sendiri, "Sepertinya menjadi taat sampai mati di luar kemampuan saya. Apakah saya bisa masuk ke tingkat kelima iman?"

Benar, pengakuan seperti itu keluar dari iman anda yang lemah. Setelah anda mempelajari tentang Yerusalem baru, tidak akan ada di antara Anda yang akan membuat pengakuan seperti itu, karena Anda akan menjadi lebih berpengharapan akan kehidupan kekal di tempat yang sungguh indah.

Seperti yang sudah saya jelaskan dengan singkat mengenai kemuliaan Yerusalem Baru, kembangkanlah imajinasi Anda dan nikmati pemandangan indah dan penuh kebahagiaan dari Kota Kudus.

Keindahan Yerusalem

Sama seperti seorang mempelai perempuan mempersiapkan dirinya menjadi secantik dan seanggun mungkin untuk bertemu dengan mempelai prianya, begitu juga Allah menyiapkan dan menghias Yerusalem Baru seindah mungkin. Alkitab menggambarkannya dalam Kitab Wahyu 21:10-11:

> *Lalu di dalam roh ia membawa aku ke atas sebuah gunung yang besar lagi tinggi dan ia menunjukkan kepadaku kota yang kudus itu, Yerusalem, turun dari surga, dari Allah, kota itu penuh dengan kemuliaan Allah. Cahayanya sama seperti permata yang paling indah, bagaikan yaspis, jernih sepeti kristal.*

Selain itu, dindingnya terbuat dari batu yaspis dan dinding

kota itu memiliki 12 dasar. Kedua belas gerbang dibuat dari dua belas mutiara, masing-masing terdiri atas satu mutiara, dan jalan utama kota itu dibuat dari emas murni, seperti kaca bening (Wahyu 21:11-21).

Kenapa Allah menggambarkan secara detil tentang jalan dan dinding di antara berbagai struktur besar lainnya di kota itu? Di dunia ini, emaslah benda yang dianggap orang sebagai benda yang paling berharga dan ingin dimiliki. Orang-orang lebih menyukai emas bukan saja karena nilainya berharga tetapi juga karena emas tidak kehilangan nilainya seiring dengan waktu.

Namun, di Yerusalem Baru, bahkan jalan-jalan yang dilewati oleh orang terbuat dari emas, dan dinding kotanya terbuat dari berbagai batu mulia. Bisakah Anda bayangkan betapa indahnya bagian-bagian dalam kota itu nantinya? Itulah sebabnya Allah menggambarkan jalan dan dinding kota seperti itu.

Juga, kota itu tidak memerlukan matahari atau lampu untuk menyinarinya, karena terang Allah memberi cahaya dan tidak pernah ada malam. Di sana ada Sungai Air Kehidupan, sejernih kristal, mengalir dari tahta Allah dan dari Anak Domba ke tengah jalan utama kota itu.

Di setiap sisi Sungai itu ada pantai pasir emas dan perak dan pohon kehidupan, menghasilkan dua belas jenis buah, dan berbuah setiap bulan. Orang-orang berjalan di sekeliling taman yang dihiasi oleh Allah dengan bermacam-macam pohon dan bunga. Di semua tempat di kota itu dipenuhi oleh kebahagiaan dan damai sejahtera karena cahaya yang cemerlang dan kasih dari Tuhan kita Yesus Kristus, yang semuanya tidak dapat digambarkan dengan kata-kata dari dunia ini.

Hanya dengan melihat pemandangan yang cemerlang dan

luar biasa di sana, Anda akan terpesona: Rumah-rumah yang terbuat dari emas dan permata, dan jalan-jalan yang bening dan jernih dengan kilauan mempesona. Itu adalah dunia yang tak terjangkau imajinasi kita dan kemuliaan serta kehebatannya tidak dapat disamai.

Dan kota itu tidak memerlukan matahari dan bulan untuk menyinarinya, sebab kemuliaan Allah meneranginya dan Anak Domba itu adalah lampunya. (Wahyu 21:23).

Kemudian saya melihat surga yang baru dan bumi yang baru; karena surga yang lama dan bumi yang lama dan hancur dan tdak ada lagi lautan. Dan saya melihat kota kudus, Yerusalem Baru, turun dari surga oleh Allah, disiapkan untuk saat mempelai perempuan didandani untuk suaminya (Wahyu 21:1-2).

Lalu, untuk siapakah Kota Kudus yang demikian indah disiapkan/ Allah telah membuat Yerusalem Baru siap bagi, di antara semua orang yang diselamatkan, anak-anak sejati-Nya. Anak-anak Allah yang sejati juga sama kudus dan sempurn seperti Diri-Nya sendiri. Karena itulah Allah mendorong kita untuk dikuduskan sepenuhnya, dengan berkata: *"Jauhkanlah dirimu dari segala jenis kejahatan"* (1 Tesalonika 5:22), *"Jadilah engkau kudus, sama seperti Aku kudus"* (1 Petrus 1;16), dan *"Karena itu jadilah sempurna, sama seperti Bapamu di surga adalah kurus"* (Matius 5:48).

Namun, walaupun orang-orang dikuduskan sepenuhnya,

sebagian akan memasuki Yerusalem baru sementara yang lainnya akan tinggal di Kerajaan Ketiga dari surga tergantung pada seberapa banyak mereka menyerupai hati Tuhan dan seberapa banyak mereka melakukan dalam perbuatan. Orang-orang yang masuk ke dalam Yerusalem Baru tidak hanya dikuduskan tetapi juga memperkenan Allah dengan menyelami hati-Nya dan taat sampai mati, menurut kehendak-Nya.

Seandainya ada dua orang putra di sebuah keluarga. Pada suatu hari, sang ayah pulang dari tempat kerja dan berkata bahwa dia haus. Anak laki-laki yang lebih tua mengetahui bahwa ayahnya lebih menyukai minuman ringan maka ia membawakan ayahnya segelas soda. Ia juga memijat ayahnya dan membantunya merasa santai. Sebaliknya, anak yang lebih muda membawakan secangkir air dan kembali ke kamarnya untuk belajar. Dari keduanya, siapakah yang membuat ayah mereka lebih nyaman dan senang, karena sangat mengenal ayahnya? Tentu saja anak yang lebih tua.

Demikianlah, ada perbedaan antara mereka yang memasuki Yerusalem Baru dan mereka yang memasuki Kerajaan Ketiga Surga di dalam ukuran seberapa banyak mereka memperkenan Allah dan seberapa setia mereka terhadapa segalanya, dengan menyelami hati Allah.

Yesus membedakan iman dari tingkat kelima sebagai iman yang memperkenan Allah untuk membuat Anda mengerti kehendak Allah dengan lebih mendalam. Allah mengatakan kepada kita bahwa Ia sangat berkenan pada orang yang dikuduskan dengan iman. Allah berkata bahwa Ia bersukacita atas orang-orang yang ingin menyelamatkan orang lain dengan menyebarkan ajaran injil. Allah mengatakan bahwa mereka yang setia dalam meluaskan kerajaan dan kebenaran-Nya dipandang indah di mata-Nya.

Mahkota emas atau kebenaran

Kepada orang-orang Yerusalem baru, akan diberikan mahkota emas atau mahkota kebenaran. Mahkota-mahkota itu adalah yang paling megah di surga dan dipakai hanya pada peristiwa khusus seperti perjamuan besar.

Wahyu 4:4 mengatakan kepada kita, *"Dan sekeliling takhta itu ada dua puluh empat takhta, dan di takhta-takhta itu duduk dua puluh empat tua-tua, yang memakai pakaian putih dan mahkota emas di kepala mereka."* Kedua puluh empat tua-tua itu layak untuk duduk di sekeliling tahta Allah. Di sini, "tua-tua" tidak merujuk pada orang yang memegang jabatan sebagai penatua di gereja, melainkan orang-orang yang diakui telah mengikuti hati Allah. Mereka adalah orang-orang yang dikuduskan penuh dan menjadi bait yang terlihat dan tidak terlihat di dalam hati mereka.

Dalam 1 Korintus 3:16-17, Allah mengatakan kepada kita bahwa Roh-Nya membuat hati kita sebagai bait Allah. Karenanya, Ia akan "menghancurkan" siapa saja yang merendahkan bait itu. Membangun sebuah bait yang tidak kelihatan di dalam hati anda adalah dengan menjadi seorang manusia roh yaitu dengan membuang dosa-dosa anda, dan membangun bait yang terlihat adalah dengan memenuhi semua tugas anda di dunia ini sepenuhnya.

Angka "dua puluh empat" dari "dua puluh empat tua-tua" dimaksudkan bagi semua orang yang tidak saja memasuki gerbang keselamatan oleh iman seperti kedua belas suku Israel tetapi juga dikuduskan penuh seperti kedua belas murid Yesus. Saat anda diakui sebagai anak oleh Allah dengan iman, maka anda menjadi seorang dari bangsa Israel, dan selain anda akan dapat masuk ke dalam Yerusalem Baru jika anda dikuduskan dan setia seperti kedua belas murid Yesus. "Dua puluh empat tua-tua" melambangkan orang-orang yang dikuduskan penuh, sangat setia dalam kewajiban-kewajiban mereka, dan diakui oleh Allah. Ia memberi mereka upah mahkota emas karena mereka memiliki iman yang sama berharganya seperti emas murni.

Allah juga memberikan mahkota kebenaran kepada orang-orang yang tidak hanya membuang dosa mereka, tetapi juga memenuhi kewajiban mereka yang memuaskan Allah dengan iman yang memperkenan Allah seperti rasul Paulus. Paulus menghadapi begitu banyak kesulitan dan aniaya untuk kebenaran. Ia melakukan berbagai usaha dan menahan segala sesuatu dalam iman untuk mencapai kerajaan Allah dan kebenaran-Nya apakah pada saat ia makan atau minum, atau dalam apa pun yang ia lakukan; Paulus mempermuliakan Allah dan menunjukkan kuasa-Nya kemana pun ia pergi. Itulah sebabnya ia dapat mengatakan dengan penuh percaya diri, *"Sekarang telah tersedia bagiku mahkota kebenaran yang akan dikaruniakan kepadaku oleh Tuhan, hakim yang adil, pada harinya, tetapi bukan hanya kepadaku, melainkan juga kepada semua orang yang merindukan kedatangan-Nya"* (2 Timotius 4:8).

Kita telah mempelajari tentang surga, bagaimana anda dapat

masuk ke dalamnya, dan berbagai tempat tinggal serta mahkota yang berbeda yang diberikan sebagai upah menurut ukuran iman masing-masing orang.

Semoga anda menjadi seorang Kristen yang bijak dan merindukan bukan hal-hal yang fana melainkan hal-hal yang kekal, dan dalam iman masuk ke dalam surga dan menikmati kemuliaan dan kebahagiaan kekal di Yerusalem Baru, dalam nama Tuhan kita Yesus Kristus, saya berdoa!

Penulis
Dr. Jaerock Lee

Dr. Jaerock Lee dilahirkan di Muan, Propinsi Jeonnam, Republik Korea, pada tahun 1943. Pada umur dua puluhan, Dr. Lee menderita berbagai penyakit yang tidak tersembuhkan selama tujuh tahun dan menunggu kematian tanpa ada harapan untuk pulih. Pada suatu hari di musim semi tahun 1974, ia dibawa ke gereja oleh saudara perempuannya dan saat ia berlutut untuk berdoa, Allah yang Hidup menyembuhkannya dari semua penyakit.

Mulai saat itu Dr. Lee bertemu dengan Allah yang Hidup melalui pengalaman yang menakjubkan itu, ia telah mengasihi Allah dengan segenap hati dan keikhlasan, dan pada tahun 1978 ia dipanggil untuk menjadi pelayan Allah. Ia berdoa dengan sangat tekun sehingga ia dapat memahami kehendak Allah dan melakukan sepenuhnya, dan menaati semua firman Allah. Pada tahun 1982, ia mendirikan Gereja Pusat Manmin di Seoul, Korea, dan tidak terhitung banyaknya pekerjaan Allah, termasuk penyembuhan mukjizat dan keajaiban, telah terjadi di gerejanya.

Pada tahun 1986, Dr. Lee ditahbiskan sebagai pendeta pada Pertemuan Tahunan dari Gereja Sungkyul Yesus di Korea, dan empat tahun kemudian yaitu pada tahun 1990, khotbahnya mulai disiarkan ke Australia, Rusia, Filipina, dan banyak negara lain melalui Far East Broadcasting Company, Asia Broadcast Station, dan Washington Christian Radio System.

Tiga tahun kemudian yaitu pada tahun 1993, Gereja Pusat Manmin dipilih sebagai satu dari "50 Gereja Terkemuka Dunia" oleh majalah *Christian World* (AS) dan ia menerima Doktor Kehormatan Teologia dari Christian Faith College, Florida, AS, dan pada tahun 1996 sebuah gelar Ph.D dalam Pelayanan dari Kingsway Theological Seminary, Iowa, AS.

Sejak tahun 1993, Dr. Lee telah memimpin misi dunia melalui banyak Kebaktian Kebangunan Rohani (KKR) luar negeri di AS, Tanzania,

Uganda, Jepang, Pakistan, Kenya, Filipina, Honduras, India, Rusia, Jerman, Peru, Republik Demokrasi Kongo, dan Israel. Pada tahun 2002, ia disebut "pendeta seluruh dunia" oleh koran-koran Kristen utama di Korea untuk pekerjaannya dalam berbagai KKR Gabungan Akbar di luar negeri

Pada bulan September 2011, Gereja Manmin Pusat memiliki kongregasi dengan jumlah jemaat lebih dari seratus ribu orang. Ada sembilan ribu gereja cabang domestik dan luar negeri di seluruh dunia, dan sejauh ini telah mengirimkan 138 misionaris ke 23 negara, termasuk Amerika Serikat, Rusia, Jerman, Kanada, Jepang, Cina, Prancis, India, Kenya, dan banyak lagi.

Pada saat penerbitan buku nini, Dr. Lee telah menulis 63 buku, termasuk buku laris *Merasakan Kehidupan Kekal Sebelum Kematian, Hidupku Imanku I & II, Pesan Salib, Ukuran Iman, Surga I & II, Neraka, dan Kuasa Allah.* Tulisan-tulisannya telah diterjemahkan ke dalam lebih dari 67 bahasa.

Kolom-kolom Kristennya diterbitkan di *The Hankook Ilbo, The JoongAng Daily, The Dong-A Ilbo, The Chosun Ilbo, The Munhwa Ilbo, The Seoul Shinmun, The Kyunghyang Shinmun, The Hankyoreh Shinmun, The Korea Economic Daily, The Korea Herald, The Shisa News,* dan *The Christian Press.*

Saat ini Dr. Lee adalah pemimpin dari banyak organisasi dan asosiasi misi: Termasuk Komisaris dari The United Holiness Church Jesus Christ, Presiden dari Manmin World Mission; Pendiri dari TV Manmin, Pendiri dan Ketua Dewan Komisaris dari Global Christian Network (GCN), Pendiri dan Ketua Dewan Komisaris dari The World Christian Doctors Network (WCDN), serta Pendiri dan Ketua Dewan Komisaris dari Manmin International Seminary (MIS).

Surga I & II

Sketsa mendetil tentang indahnya lingkungan hidup yang dinikmati oleh warga sorga pada tingkatan-tingkatan berbeda di kerajaan surga.

Merasakan Kehidupan Kekal sebelum Kematian

Riwayat kesaksian Pendeta Dr. Jaerock Lee, yang dilahirkan kembali dan diselamatkan dari lembah kematian dan telah menjalani kehidupan Kristen yang teladan.

Hidupku Imanku I & II

Autobiografi Dr. Jaerock Lee yang memberikan aroma rohani yang paling wangi kepada para pembacanya, karena kehidupannya disarikan dari kasih Allah yang mekar dalam gelombang gelap, kuk yang dingin, dan keputusasaan paling mendalam.

Pesan Salib

Pesan kebangunan penuh kuasa bagi semua orang yang tertidur secara rohani! Di dalam buku ini Anda akan menemukan alasan mengapa Yesus menjadi satu-satunya Juru Selamat dan kasih sejati Allah.

Kuasa Allah

Sebuah bacan wajib yang menjadi panduan penting tentang bagaimana seseorang dapat memiliki iman sejati dan mengalami kuasa Allah yang ajaib.

Neraka

Sebuah pesan yang sungguh-sungguh kepada seluruh umat manusia dari Allah yang tidak ingin satu jiwa pun jatuh ke kedalaman neraka! Anda akan menemukan kenyataan yang-belum-pernah-terungkap-sebelumnya mengenai Hades (dunia orang mati bagian bawah) dan neraka.